KB271804

결과적 가중범의 쟁점

한국에서의 결과적 가중범의
해석론과 입법론

결과적 가중범의 쟁점

임석원 著

한국학술정보㈜

　형사법을 공부하기 위하여 대학원에 입학한 지가 어느덧 10년
이 넘었다. 본서는 그러한 저자의 조그마한 노력의 결실이라고
볼 수도 있지만 한편으로는 책이 출판되어 나온다고 생각하니
기존의 훌륭한 형법학자들이 쌓아올린 학문의 업적에 누가 됨은
물론 형법의 기본논리에 어긋난 형편없는 책이 될 수도 있다는
불안감을 떨쳐버릴 수 없다.

　오랜 연구 기간 동안 저자는 내·외부의 많은 변화를 직접 체
험하였다. 우선 석사과정에서 연구하였던 형사정책학과는 달리
박사과정에서는 주로 형법학을 연구하였다. 박사학위 취득 후의
연구과정의 대표적인 변화로는 저자의 박사학위논문인 「결과적
가중범의 미수에 관한 연구」의 부진정 결과적 가중범의 미수 인
정 여부에 관한 결론을 일부 과감히 포기하였다. 특히 공범 및
결합범과 관련하여서는 결과적 가중범 자체의 본질을 신분범으
로 보고 이론을 전개해 나가는 방식을 택하였다. 이러한 전개방
식이 반드시 맞다고는 할 수 없다. 기존의 공범처리 과정에 한해
서 신분범을 다루는 관례에서 벗어났음을 부인할 수는 없기 때
문이다.

　본서는 저자의 박사학위논문을 기초로 하여 위에서 제시한 변
화를 반영하고 수정과 보완을 한 후 계속적 연구의 결실인 결과
적 가중범의 공범과 결합범의 분야도 함께 묶어 단행본으로 출
판한 것이다. 그 결과로서 전반적으로 미수에 비하여 공범과 결
합범 분야는 분량이 상대적으로 적다. 하지만 저자의 최근의 바

뀐 견해를 최대한 반영하고 같은 일죄로서 취급되는 결합범도 부진정 결과적 가중범과 관련하여 언급해 줄 필요가 반드시 있다고 보아서 함께 묶어 보았다.

결과적 가중범은 책임원칙에 반한다는 비판을 계속 받고 있음에도 불구하고 존속해 오고 있으며 그 중요성은 판례에서 여실히 드러나고 있는 실정이다. 이는 결과적 가중범이 형법조문에 근거를 두고 있기 때문이기도 하거니와 과실에 의한 중한 결과 발생에 대하여 형법적 평가를 행할 수 있는 가장 적당한 수단으로서의 범죄 형태라는 형사정책적 이유에 기인한 것이기도 하다. 본서는 이러한 결과적 가중범이 조금이라도 더 형법상의 책임원칙에 근접해 갈 수 있도록 하기 위하여 노력을 기울인 산물이라고 본다면 좋을 것이라고 생각한다.

직장생활로 인하여 주로 평일 퇴근 후와 주말을 이용해 주경야독으로 본서를 집필하였다. 무척 힘들고 괴로운 작업이었지만 지금 저자가 하고 있는 노력이 금방 그 효과가 나타날 것이라는 생각보다는 장래의 우리 형법학의 발전의 밑거름이 되고 언젠가는 형사 실무에 그대로 반영될 것이라는 희망과 믿음이 저자를 지금까지 이끌어 주었다.

은사이신 성균관대학교 법과대학의 박광민 교수님께 진심으로 감사드린다. 박사과정 재학 중 부족하고 미천한 저자를 제자로 받아주셨을 뿐 아니라 법학자는 항상 미래를 지향하고 노력해야 한다는 삶의 모범을 손수 실천으로서 보여주셨다. 또한 학위 취득 후에도 저자를 계속하여 잡아 주시면서 버티어 나갈 수 있는 힘을 실어 주셨다.

보이지 않는 곳에서 저자가 힘들 때 쉴 수 있는 튼튼한 버팀목을 만들어 주신 아버지와 학문의 길을 선택해 나아감에 있어 저자가 어려운 난관을 만날 때마다 조언과 충고를 통하여 난관을 극복해 주는 사랑을 보여주신 어머니께도 머리 숙여 진심으로 감사드린다.

2007년 5월

자택 서재에서

저　자

차 례

표 차례

제1장 서　언

제1절 배 경

형법은 일정한 행위를 범죄로서 정의하고 이러한 범죄에 해당하는 행위가 있으면 여기에 대한 법률효과로서 일정한 형벌을 과할 것을 규정하고 있는 법규범의 총체이다. 이러한 형법은 법익을 보호하기 위한 기능을 수행한다. 이러한 법익보호수행과정에서 형법이 부과하는 형벌은 국가가 부여하는 공권력에 의한 제재 중 가장 강력한 수단이라 할 수 있으며 또한 가장 최후의 보루로서 사용되어야 함은 주지의 사실이다.

또한 형법은 보장적 기능을 수행하며 스스로의 형벌권행사를 제한함으로써 개인의 자유와 권리를 보장하는 기능을 수행하기도 한다. 이는 죄형법정주의의 원칙으로서 구체화되어 나타난다. 형법상의 결과적 가중범 규정 역시 이러한 형법의 범주에 포함되어 위에서 열거한 여러 기능을 수행해야 한다. 그러나 형법상의 결과적 가중범 규정은 형법의 여러 기능수행적 측면에서 미흡한 면이 많다.

형법상 결과적 가중범이란 기본범죄 행위에 의하여 그보다 중한 결과가 발생한 경우에 그 기본범죄와 중한 결과를 하나의 범죄로 묶어 기본범죄와 중한 결과범과의 상상적 경합(수죄)에 의한 형벌보다 중하게 처벌되는 범죄 유형을 말한다. 예컨대 '폭행행위'가 행의자의 인식을 초과하여 보다 더 중한 결과인 피해자의 '사망'이라는 결과를 초래했을 때 이 중한 결과인 사망으로 인하여 형이 가중되는 일죄인 '폭행치사죄'로 처벌된다. 이 폭행치사죄가 바로 결과적 가중범이다.[1]

현행 한국 형법상 결과적 가중범은 원칙적으로 고의와 과실이 합쳐진 독특한 구조를 갖추고 있다. 복수의 법익을 침해하고 복수의 범죄가 성립한 경우 수죄로서 처벌하는 것이 형법의 기본원칙이다. 이는 행위자 보호를 위해서도 지켜져야 한다. 만약 일죄로 처벌하는 경우 그 양형은 수죄에 의한 처벌보다 가벼워야 함은 물론이다. 그러나 이러한 결과적 가중범 규정은 그 본질을 비롯하여 미수 및 공범 등에서 위에서 열거한 형법의 기능 중 특히 죄형법정주의와 관련된 보장적 기능의 수행 면에서 미흡함을 드러내고 있다. 그 구체적 내용은 우선 입법규정에 있어서 완벽하게 완비되지 못한 입법을 가지고 있어 법률주의(성문법 주의)의 원칙 면에서 미흡하다. 그나마 규정되어 있는 조문은 논리적이고 체계적으로 명확하게 규정되어 있지 않아서 형벌권행사

---

[1] 한국 형법에서 결과적 가중범으로 처벌하는 규정은 특수공무집행방해치사상죄(제144조 제2항), 현주건조물방화치사상죄(제164조 제2항), 연소죄(제168조), 교통방해치사상죄(제188조), 체포감금등치사상죄(제281조), 강간치사상죄(제301조, 301조의 2), 인질치사상죄(제324조의 2, 제324조의 4), 폭발성물건파열치사상죄(제172조 제2항), 가스·전기 등 방류치사상죄(제177조의 2 제2항), 중상해죄(제258조 제2항, 제3항), 상해치사죄(제259조), 폭행치사상죄(제262조), 낙태치사상죄(제269조 제3항), 유기치사상죄(제275조), 강도치상죄(제337조), 강도치사죄(제338조) 등이 있다.

의 예측가능한 한계선을 제시해 주고 있지 않다. 뿐만 아니라 그 구성요건의 내용이 적절하지 못해 실질적 법치주의가 형법에 의해 구현되었다고 볼 수 없으며 이는 행위자에게 책임의 정도를 초과하지 않는 범위 내에서 형벌이 부과되어야 한다는 원칙에도 위배되는 면이 있다.

한국 형법은 1995년 12월 29일에 개정되었다. 여러 부분이 바뀌었지만 특히 결과적 가중범과 관련된 조항들이 변경되어 형벌적 측면에서 사형이 대부분 삭제되는 등 법정형도 상당히 저감되었다. 그럼에도 불구하고 결과적 가중범의 법정형은 너무 중하다는 느낌을 피할 수 없으며, 현주건조물방화치사죄(제164조 제2항)와 해상강도치사죄(제340조 제3항)에는 종전대로 사형이 존치되고 있다. 그리고 폭발성물건파열치사죄(제172조 제2항)의 경우는 그 법정형이 무기 또는 5년 이상의 징역으로서 기본범죄의 고의범인 폭발성물건파열죄(제172조 제1항)의 법정형인 1년 이상의 징역과 비교하여 무려 5배나 가중되어 있다. 또한 인질치상죄와 인질상해죄(제324조의 3), 강간치상죄와 강간상해죄(제301조)의 경우처럼 결과적 가중범과 일반 고의범의 결합범을 동일한 법정형 아래 둔 것 등 아직도 책임주의와의 조화 및 논리적 체계 면에서 상당히 부족함이 많음을 알 수 있다.

이는 과연 우리 형법상의 결과적 가중범 규정이 어떤 체계적인 고려하에 자리를 잡고 있는지를 의문 나게 하는 부분들이다. 나아가 결과적 가중범의 미수와 관련하여서는 위의 형법개정으로 인하여 현주건조물 등에의 溢水致死傷罪(제177조 제2항)의 미수(제182조)와 인질치상죄(제324조의 3)와 인질치사죄(제324조의 4), 인질강요죄(제324조의 2)에 대하여 미수범 처벌규정(제324조의 5)을 두고 있으며 강도치상죄(제337조)와 강도치사죄(제338조) 및 해상강도치상죄(제340조 제2항)와 해상강도치사죄(제340조 제3항)에 대하여도 미수범 처벌규정(제342조)을 두고 있다. 또한 성폭력범죄 및 피해자보호 등에 관한 법률 제12조에서도 특수강도강간치사상 및 특수강간치사상의 미수를 처벌하는 규정을 두고 있어서 이들 규정과 관련하여 결과적 가중범의 미수를 인정할 수 있는지 여부에 대하여 학설상 논란이 되고 있다. 결국 통설과 판례에 의하여 그동안 부정되어 왔던 결과적 가중범의 미수범이 부분적으로 형법조문에 규정되면서 그에 따른 인정 여부의 문제가 새롭게 대두하게 된 것이다.

따라서 이러한 여러 가지의 결과적 가중범과 관련된 문제를 해결하기 위하여 위에서 제시한 문제점들을 구체적으로 파악해 보고 그 해결방안을 모색해 볼 필요가 있다. 이를 위하여 우선 결과적 가중범에 관해서 이론적인 검토를 마친 후 그 미수와 공범 그리고 부진정 결과적 가중범과 본질적인 차원에서 중복의 문제점을 지닌 결합범을 하나하나 검토하고 그에 따른 결과적 가중범의 해석론상의 문제점과 그 해결방안으로서 나아갈 입법의 방향을 제시하고자 한다.

제2절 본서의 체계와 구성

1. 체　계

　본서의 범위는 현행 결과적 가중범의 규정과 해석이 형법상의 죄형법정주의 원칙으로서 구체적으로 나타나는 보장적 기능수행 면에서 미흡한 점을 밝혀내는 것을 목적으로 하였다. 그리하여 이를 좀더 논리적이고 체계적인 방향으로 해석하여 기존 해석상의 문제점을 도출해 냈다. 이러한 문제점에 따른 구체적인 해결 방안을 제시해 보고 바람직한 입법방향을 설정하는 것을 범위로 하였다.

　구체적인 범위는 다음과 같다. 우선 제2장에서는 결과적 가중범 전반에 관한 의의·종류·구조를 파악한 뒤 결과적 가중범의 성립범위를 줄이기 위하여 기본범죄와 중한 결과 간의 관련성을 기준으로 하여 책임주의와 관련된 문제점을 연구하였다.

　제3장에서는 결과적 가중범의 미수에 관한 해석론적 고찰로 들어가 현행 형법상의 결과적 가중범의 미수에 대한 문제를 제기하고 연혁·구조를 살펴보았다. 다음으로 결과적 가중범의 본질에 따른 미수의 문제점을 검토한 후 우리나라에서의 결과적 가중범의 미수의 유형과 해석론을 전개하였다. 그 다음으로는 결과적 가중범의 미수의 입법론적인 고찰을 전개하였다. 이를 위하여 독일·일본 순으로 각국의 결과적 가중범의 미수의 입법태도

와 유형을 살펴보고 유형을 각각 비교·분석한 뒤 결과적 가중범의 미수에 관한 양국의 형법전 체계를 살펴본 후 입법의 모순점과 미비점을 밝혀내고 이를 토대로 우리나라의 입법태도와 바람직한 입법론을 제시하였다.

제4장에서는 결과적 가중범의 공범에 관한 연구를 수행하였다. 우선 해석론적 고찰을 위한 전제로서 공범에 관한 문제를 해결하기 위한 결과적 가중범의 본질에 관한 문제로부터 시작하였다. 이를 위하여 구체적으로 각각의 유형별로 결과적 가중범의 외부에서 가담하는 공범의 처리와 해결방안을 제시하였다.

제5장에서는 부진정 결과적 가중범과 관련한 해결방안으로서 현행 형법상의 결합범을 자세히 분석하고 부진정 결과적 가중범과 비교·고찰한 후 결합범규정의 해결방안과 이와 연관된 부진정 결과적 가중범의 해결방안을 입법론적 대책을 중심으로 제시하였다.

2. 구 성

본서의 구성에 있어서 좀더 효율적인 연구의 목적을 달성하기 위하여 다음과 같은 연구방법으로 구성하였다.

우선 첫 번째로 본서 전체에 대한 기본적인 연구방법으로는 문헌분석적인 접근법을 사용하였다. 결과적 가중범의 쟁점에 관한 국내외의 문헌을 연구함으로써 가장 빠르게 위에서 밝힌 연구의 목적을 달성할 수 있기 때문이다. 이를 위하여 결과적 가중범의 쟁점과 관련하여 최근에 발표된 국내의 학위논문과 단행본 그리고 학술지에 실린 일반 논문은 물론 과거에 발표된 논문도 분석하여 연구하였다. 특히 미수와 관련하여서는 일본과 독일의 최근에 발표된 논문과 단행본도 아울러 분석·연구하였다. 단 수치를 이용한 도표와 통계자료를 이용하지는 않았다.

두 번째로 각국의 결과적 가중범에 관한 입법론적 고찰을 위하여 독일과 일본 그리고 한국의 가장 최근에 개정된 형법전을 비교하고 분석하여 연구하였다.

세 번째로 한국의 결과적 가중범의 쟁점에 관한 판례를 수집하고 판례의 경향을 연구하였다.

네 번째로 위와 같은 연구방법을 통하여 결과적 가중범의 쟁점에 관한 해석론과 입법론을 전개하였다.

제2장 결과적 가중범에 관한 이론적 고찰

제1절 결과적 가중범의 의의·종류·구조

1. 의 의

형법에 있어서 결과적 가중범(erfolgsqualifizierte Delikte)이란 기본범죄행위에 의하여 그보다 중한 결과가 발생한 경우에 그 기본범죄와 가중적 결과를 단일범죄로 하여 기본범죄와 중한 결과범과의 상상적 경합 예에 의한 형벌보다 중하게 처벌하는 범죄 유형, 즉 "일정한 범죄행위가 행위자의 인식·인용범위를 초과하여 더 중한 결과를 발생시킨 경우에 그 중한 결과로 인하여 형벌이 가중되는 범죄"를 말한다. 가령 앞의 사례처럼 '폭행행위'가 행의자의 인식을 초과하여 보다 더 중한 결과인 피해자의 '사망'을 초래했을 때 중한 결과인 사망으로 인하여 형이 가중되는 '폭행치사죄'로 처벌되는 경우 이 폭행치사죄가 바로 결과적 가중범이며 이 경우 폭행죄(제260조)와 과실치사죄(제267조)의 상상적 경합의 경우보다는 형이 더 중하고 살인죄(제250조)보다는 경한 죄로 처벌한다. 이러한 결과적 가중범은 기본범죄로서의 고의범과 중한 결과로서의 과실범의 두 가지 특색을 복합적으로 가진 범죄 형태라고 할 수 있다.[2]

결과적 가중범은 기본범죄의 행위에 의하여 발생된 가중적 결과에 대해서 형벌을 가중하고 그 가중적 결과는 행위자의 의도와 관계가 없음에도 불구하고 책임을 묻고 있기 때문에 형법상의 책임원칙과 관련하여 문제가 제기된다. 우선 한국 형법상의 결과적 가중범 규정은 형법상의 상상적 경합의 일반 원칙3)에 대한 예외를 인정하고 있다. 가령 폭행치사죄를 예로 들면 기본범죄인 폭행죄가 2년 이하의 징역, 500만 원 이하의 벌금, 구류, 과료(제260조 제1항)인 데 반하여 과실로 인해 사망의 결과를 야기했다는 이유 하나만으로 3년 이상의 유기징역에 해당하는 매우 무거운 형벌을 받는다(제259조). 만일 형법상의 상상적 경합의 일반 원칙을 적용한다면 과실치사죄(제267조)가 2년 이하의 금고 또는 700만 원 이하의 벌금의 형벌을 받게 되므로 2년 이하의 징역 또는 700만 원 이하의 벌금에 처하는 형벌을 받게 된다. 따라서 그 불균형의 차이가 상당히 심각함을 알 수 있다.

여기서 과연 결과적 가중범은 결과책임의 산물로서 시대착오적 유형인지 아니면 결과적 가중범의 어떠한 본질이 이러한 형벌의 불균형성을 극복하고 책임원칙에 정당하게 합치될 수 있는

---

2) 물론 결과적 가중범의 종류 중 하나인 부진정 결과적 가중범은 기본범죄의 고의범과 중한 결과의 고의범의 결합이므로 결과적 가중범의 특색인 고의범과 과실범의 결합을 가졌다고는 볼 수 없으나 이는 양형의 균형을 고려하여 인위적으로 만든 개념이라고 볼 수 있으므로 여기에서 말하는 진정한 결과적 가중범은 아니다.

3) 한국 형법 제40조는 "1개의 행위가 수 개의 죄에 해당하는 경우에는 가장 중한 죄에 정한 형으로 처벌한다"라고 하여 상상적 경합의 법효과(형벌)를 규정하는 일반 원칙을 제시하고 있다.

지를 살펴보고 또한 그에 따른 역사적 유례를 고찰해 볼 필요가
있다.

(1) 본 질

결과적 가중범의 중한 결과는 원칙적으로 상해 혹은 사망으로
되어 있다.[4] 본래 피해자의 死傷(사상)이라는 중한 결과는 사기
죄와 절도죄 그리고 공갈죄 등과 같은 범죄에 의해서도 발생할
수 있다. 그러나 이러한 범죄 유형에 있어서는 사기치사상죄 등
과 같은 결과적 가중범의 규정이 존재하지 않는다. 결국 피해자
의 死傷이라는 객관적인 가중된 결과만을 놓고 결과적 가중범의
구성을 좌지우지하는 것은 아니라는 것을 알 수 있다. 여기서 피
해자의 死傷이라는 동일한 결과를 놓고 보았을 때 결과적 가중
범의 구성을 좌우하는 것은 死傷의 결과를 발생케 하는 기본범
죄의 차이에 있다고 하는 것을 짐작할 수 있다.

이처럼 오늘날의 대다수 학자들은 결과적 가중범이라는 특수
한 범죄 유형이 현행법상 규정되어 있는 이유는 일정한 경향을
가진 범죄로서 입법자가 일정한 범죄로부터 일정한 중한 결과가
발생할 빈도가 높은 경우(기본범죄 자체에 중한 결과 발생에 대
한 고도의 위험성이 존재하는 것)를 추출하여 특별히 하나의 독
립된 범죄 유형으로 규정한 것이라 할 수 있다. 즉 피해자의 死

---

4) 다만 연소죄(제168조)는 물건에 대한 연소를 중한 결과로 하고
   있는 점에서 차이가 있다.

傷이라는 결과를 발생시키는 것에 대하여 경험상 유형적이고 고도의 위험성을 가진 범죄로부터 실제로 피해자가 死傷하였다고 하는 점에서 그 본질을 구하고 있다.[5] 예를 들면 강간죄와 강도죄, 유기죄 등과 같은 범죄 유형을 들 수 있다. 이러한 범죄 유형은 특정한 피해자에 대한 개개의 침해행위 중 피해자의 死傷이라고 하는 보다 높은 침해결과의 발생에 대한 고도의 위험성이 존재하고 있고 방화죄와 일수죄와 같은 범죄 유형에서는 불특정 다수의 피해자에 대한 포괄적인 침해행위 중에 불특정인의 死傷이라는 보다 높은 침해결과의 발생에 대한 고도의 위험성이 존재하고 있다.

　이에 반하여 사기죄와 절도죄 등의 범죄 유형은 피해자의 死傷을 발생시킬 위험성을 전혀 가지고 있지 않다고는 할 수 없어도 그것은 경험적으로 인정될 정도의 고도의 정형적이고 유형적인 것은 아니다. 따라서 가령 거기서부터 피해자의 死傷이라는 결과가 발생한다고 할지라도 결과적 가중범으로 구성할 필요는 없는 것이다. 이 점에서 결과적 가중범이라고 하는 범죄 유형은 '기본범죄에 내재하는 전형적 위험의 현실화'라고 할 수 있으며 특히 이를 하나의 독립한 범죄 유형으로 규정할 필요가 있어서 규정한 것이라고 할 수 있다.

---

5) 이용식, 「결과적 가중범에 관한연구 -전형적 위험의 실현과 미수의 인정여부에 관한 하나의 문제제기-」, 서울대학교 법학 제46권 제1호 (통권 134호), 서울대학교 입학연구소, 2005, 158면 ; 천종철, 「결과적 가중범의 미수의 문제」, 사회과학연구 제16집, 서원대학교 사회과학연구소, 2003년 2월, 168면.

다시 말하면 결과적 가중범은 고의행위와 과실행위가 단지 피상적으로 혼합된 형태가 아니다. 오히려 기본범죄와 중한 결과 사이의 내적으로 밀접한 관련 구조가 존재하는 것이기 때문에 고의범과 과실범의 단순결합의 처리방식인 상상적 경합의 사안으로 처단할 성질의 것은 아닌 것이다. 따라서 기본범죄에 내재하는 위험성이 실제로 중한 결과로 실현된 경우에 한하여 결과적 가중범이 성립한다고 할 수 있다. 피해자의 死傷이라고 하는 중한 결과가 발생하였다고 하여도 그것이 기본범죄에 내재하고 있는 위험성의 실현이라고 볼 수 없는 경우에는 결과적 가중범의 본질적인 면을 충족하였다고 할 수 없다. 단순히 기본범죄와 과실치사상죄의 상상적 경합으로 처리해야 할 것이다. 바로 이 점에 결과적 가중범의 본질이 있다.

(2) 역사적 유래

결과적 가중범은 13세기 초 교회법상의 versari in re illicita 이론에서 유래하며 이는 "그 자체로서 금지된 행위를 한 자는 그로부터 나타나는 모든 사태에 대하여 책임을 져야 한다(Versanti in re illicita imputantur omnia quae sequuntur ex delicto)"는 이론이다.[6] 이것은 허용되지 아니한 행위와 발생된 결과 사이에 인과관계만 존재하면 그 결과에 대하여 책임을 진다는 일종의

---

6) Martin Schubarth, "Das Problem der erfolgsqualifizierten Delikte", ZStW 85(1973), S. 757ff.

결과책임주의를 뜻한다. 이를 통해서 원인행위와 결과 사이의 주관적 관련은 불필요하며 외적 관련성만 있으면 이미 중죄의 죄책을 인정한다는 원칙으로 발전하게 된다.[7] 즉, 이를 통해 원인행위와 결과 사이에 주관적 관련 없이 단지 고의 기본범죄 실현과 중한 결과의 외적 야기만으로 최고형벌(사형)을 내릴 수 있는 중한 결과(Verbrechen)의 죄책을 인정한 것이다.[8]

한편 현행 독일 형법은 제18조에서 「법률이 행위의 특별한 결과에 대하여 가중된 형을 규정하고 있는 경우에는 정범 또는 공범이 그 결과에 대하여 최소한 과실의 책임을 지는 때에 한하여 가중한 형으로 처벌한다」라고 규정하고 있다. 이러한 사상이 있게 된 배경은 중세시대 교회의 불경스런 성직자를 파문하려는 데 있었다. 그 당시에는 책임주의 관점에 합일하지 않지만 교회 공동체 구성원의 정서를 교회가 고려를 안 할 수 없었던 것이다. 즉 사람을 죽인 자는 성직 업무를 수행해서는 안 된다고 그 당시의 사람들은 보았던 것이다. 물론 중세에 있어서 그리스도의 윤리와 로마법의 사상은 오직 행위의 내적 측면만이 그 책임판단의 기준이 되었다. 그러므로 책임주의 사상과 결과책임주의 간의 이와 같은 모순을 versari이론에 의해서 극복하려 했던 것이다. 그러므로 예컨대 우연하게 사람이 죽었다 할지라도 그 죽음

---

7) 조상제, 「결과적 가중범의 문제점」, 손해목 교수 회갑기념논문집, 1993, 384면 참조.

8) 그에 따른 이후의 대표적 법률규정으로는 예컨대 §§37,38 Preuß.ALR(1794) 및 현행 스페인 형법(§1 Abs.1 spa.StGB: "의도적으로 범행을 하는 자는 그로부터 발생한 결과가 원래의 의도에 상응하지 않더라도 책임을 진다")에 남아 있다.

의 원인이 행위자의 불법행위에 근거한다면 그자의 책임으로 귀속시킬 수 있다는 절충안을 끌어들였다.

이러한 versari이론은 그 후 이태리 법률가들에 의해서 형법상의 이론으로 받아들여졌다.[9] 물론 이태리 법률가들은 허용되지 않는 범죄행위라는 개념을 중한 결과 발생을 고도의 개연성으로 야기할 수 있는 그런 범죄적 행위로 이해하여 교회법상의 versari 이론에 있어서 "금지된 행위"라는 개념을 보다 축소하였다. 즉 결과적 가중범이 성립하기 위해서는 단순한 불법행위에 의한 결과의 야기만으로는 족하지 아니하고 자기의 불법행위가 중한 결과를 발생시킬 것이라는 개연성을 인식해야 한다는 것이었다.[10] 그러므로 허용되지 아니한 선행행위가 중한 결과를 발생케 하리라는 개연성이 주관적인 면에서뿐만 아니라 객관적인 면에서도 존재한다면 행위자는 중한 결과를 고의로 야기한 것처럼 처벌된다는 사상으로 발전되었다. 그 결과 결과적 가중범은 고의로 중한 결과를 발생시키는 범죄행위에 버금가는 처벌을 받게 되었다. 이러한 versari이론은 다시금 소위 개괄적 고의론에서 영향을 받아 행위자가 불법행위를 고의로 범하여 그로 인한 또 다른 결과 발생을 야기하였다면 그 결과에 대하여도 고의책임을 진다는 사상을 낳기까지 했다.[11] 이 경우 기본행위와 결과 발생 사이에 외

---

9) Friedrich Schaffstein, Die allgemeinen Lehren vom Verbrechen in ihrer Entwicklung durch die Wissenschaft des gemeinen Strafrechts, Berlin 1930, S. 107.

10) Schubarth, ZStW 85, S. 758.

11) Schubarth, ZStW 85, S. 111ff.

부적인 인과관계만 존재하면 족할 뿐 결과 발생에 대하여 고의 나 과실 같은 특별한 심리적 관계를 요구하지도 아니하였다.

그 밖에도 중세에는 간접고의론(Lehre vom dolus indirectus)도 존재하여 결과적 가중범의 법형상에 영향을 주었다.[12] 특히 Carpzov는 살인고의의 입증 시에 실무상의 어려움을 완화하기 위해서 고의살인을 인정하는 데에는 의도적인 고의살인에만 한정할 것이 아니라 상해를 하여 그 상해가 필연적으로 치사에 이르게 하거나 적어도 치사케 될 수 있고 또한 실제로 그와 같은 결과에 이르게 된 경우에도 고의살인, 즉 간접고의에 의한 살인으로 보고자 했던 것이다.[13] 중세에 있어서 그의 권위가 워낙 절대적이어서 그 후의 학자들은 그의 이론을 무비판적으로 받아들였다. 그 후 이는 고의에 의해서 결정된 과실(culpa dolo determinata)[14]이라는 법형상으로 발전하여 19세기 중엽에 이르기까지 거의 유럽 전역에 걸쳐 구성요건화되며 주로 살인죄의 장[15]에 규정되었다. 나아가

---

12) Schubarth, ZStW 85, S. 759.

13) Schubarth, ZStW 85, S. 111ff.

14) Feuerbach(Lehrbuch des peinlichen Rechts, 1847, §§59,60)는 "동시에 다른 위법한 중한 결과에로 지향된 금지된 기본행위를 의도한 자는 더 나아간 결과를 항상 예견할 수 있었다"고 하여 이러한 범죄 유형들은 이미 기본범죄의 고의가 중한 결과에 대한 과실을 결정해 주며 이는 전체로서는 (별도의 과실 검토 없이도) 과실의 범주에 속한다고 하였다. 이러한 관점은 19세기 중엽까지 독일의 개별공화국 입법에 지대한 영향을 미쳤으며 그 후 이태리에서는 이를 수정, 발전시켜 현행 형법전(§43 Abs.2 ital.StGB)에서도 고의적 범행의 시도를 통하여 원래의 의도를 넘어선 중한 결과를 발생시킨 경우 "Preterintenzion"으로 정하여 고의범과 과실범의 중간 영역에 (제3의 책임형태로서) 정립시키고 있다.

프로이센 형법전은 프랑스 형법전(code penal)[16]의 영향 아래 일률적으로 고의기본범죄를 통한 중한 결과의 "야기"만으로 성립하는 범죄로 규정하며 이는 독일제국 형법전으로 답습된다. 특히 이 시기에는 중죄인정의 법형상 해명 및 가중처벌의 제한이 아니라 당시의 시대적 사조에 따라 중한 결과의 발생에 대한 자연주의적 해명, 즉 인과관계의 인정 여부에 주된 관심이 주어졌으며 이에 대한 당시의 이론 및 판례의 지배설이었던 등가설(조건설)과 결합하게 된다.[17] 따라서 단순히 결과 야기로 인하여 가중되는 의미의 결과적 가중범이라는 명칭은 바로 이 시기의 귀속 형태를 지칭한다.

결국 위와 같은 사상 모두는 중한 결과에 대하여 책임이 없어도 결과에 대하여 고의책임이나 이와 유사한 책임을 지게 하는 이론으로서 그 결과 결과적 가중범은 고의범의 형벌과 과실범의 형벌의 단순한 결합형벌이 아니라 발생된 결과에 대하여 고의책임이나 이와 가까운 책임을 인정하고 이에 의해 특별히 무거운 형벌을 지게 되었다.

---

15) 상해치사죄를 예로 들어 보면 §806 Preuß.ALR(Grundnorm)ː "타인을 해하려는 악의적 의사로 범행하여 그로부터 사물의 통상적인 일반 과정이나 행위자가 특히 알고 있었던 과정을 통해 '필수적' 귀결로서 사망의 결과를 야기한 자는 고의살인범으로서 참수형에 처한다"는 규정은 여기에 포함되는 대표적 경우였다.

16) 프랑스의 판례와 학설은 결과적 가중범에 관하여 최근까지도 문언에 따라 기본범죄가 사망의 결과를 야기하는 것으로 족하다고 보고 있다(Vgl. Oehler Dietrich, Das erfolgsqualifizierte Delikt als Gefährdungsdelikt, ZStW 69. Band(1957) S, 503, 511).

17) 조상제, 「결과적 가중범의 객관적 가중표지와 주관적 귀속 형식」, 고려대학교 안암법학 제2집, 1994, 351면.

20세기에 진입하면서부터는 결과적 가중범의 성립을 인과관계의 해석을 통해 구성해 보려던 관점은 퇴보하고 대신 책임의 요청을 통한 결과책임의 잔재청산이 집중적으로 논의되었다. 그 결과로서 구서독형법 제56조(現 §18 StGB)가 1953년 형법개정을 통해 중한 결과에 대하여 "적어도 과실"이 있어야 한다는 점(현행 한국 형법 제15조 2항)을 명문화시키기에 이르며 이에 따라 책임요청의 관철문제는 일견 매듭지어지는 듯하였다. 그러나 결과적 가중범은 오히려 위 규정의 도입과 동시에 책임주의 원칙과의 내용적 조화의 요구라는 보다 본질적인 의문과 직면하게 된다.

현대적 의미의 형법은 거의 대부분 모든 범죄행위의 가벌성에 "적어도 과실"이 존재할 것을 당연히 요구하고 있다. 따라서 독일의 학계경향도 독일 형법 제18조의 규정에 단순히 선언적 의미만을 부여하고 오히려 이를 계기로 가중형벌에 상응한 독자적 불법 내지 책임증가에 대한 해명에 논의의 초점이 모아져 있으며 실제로 그와 같은 내용적 해명 없이 고의의 기본범죄와 중한 결과 발생의 과실만으로 결과적 가중범의 성립을 논할 수는 없다고 하고 있다. 고의의 기본범죄와 중한 결과의 과실만으로 결과적 가중범의 성립을 논하는 관점은 필연적으로 형법 제40조의 상상적 경합의 보편적 원리인 흡수주의 원칙, 즉 "한 개의 행위가 수 개의 죄에 해당하는 경우에는 가장 중한 죄에 정한 형으로 처벌한다"라는 총칙상의 일반 원칙을 무의미하게 만드는 결론에 이를 수도 있기 때문이다.[18]

2. 종 류

현재 학설은 결과적 가중범의 종류를 나눌 때 첫 번째로 진정 결과적 가중범과 부진정 결과적 가중범으로 나누는 방법이 있고 두 번째로 고의 있는 결과적 가중범과 과실 있는 결과적 가중범 그리고 우연의 결과적 가중범으로 나누는 방법이 있으며 마지막 으로 고의의 결과적 가중범과 과실의 결과적 가중범으로 나누는 3가지 방법이 있다.

(1) 진정 결과적 가중범과 부진정 결과적 가중범

첫 번째 분류방법으로서 이 방법의 분류기준은 가중된 결과가 과실에 의하여 발생한 것이냐 고의에 의하여서도 발생할 수 있 는 것이냐에 따라 전자를 진정 결과적 가중범(echte erfolgsquali- fizierte Delikte), 후자를 부진정 결과적 가중범(unechte erfolgsquali- fizierte Delikte)이라고 한다. 우리 형법상 진정 결과적 가중범이 란 고의의 기본행위와 이로 인한 중한 결과가 '과실'에 의하여 발 생한 경우에 성립하는 결과적 가중범을 말하고 대부분의 결과적 가중범이 이에 속하게 된다. 한편 부진정 결과적 가중범이란 고 의의 기본행위와 이로 인한 중한 결과가 '고의'에 의하여서도 발 생할 수 있는 경우에 성립하는 결과적 가중범을 말한다.

---

18) 조상제, 「결과적 가중범의 객관적 가중표지와 주관적 귀속 형식」, 353면.

이러한 부진정 결과적 가중범의 인정 근거에 대해서는 먼저 형법조문상의 형벌규정을 눈여겨 살펴볼 필요가 있다. 우리 형법상 몇몇 결과적 가중범과 관련된 조문에서는 중한 결과에 대한 고의살인·상해범의 형벌범위를 웃도는 법정형이 규정되어 있다. 이 경우에 그 중한 결과를 고의로 실현했을 때 결과적 가중범 구성요건의 적용을 배제하고 고의살인·상해죄의 구성요건을 적용하게 되면 모순에 빠지게 된다. 예컨대 살인의 고의로 주거용 건물에 방화하여 사람을 살해하였을 때 결과적 가중범 규정인 현주건조물방화치사죄(제164조 제2항)를 적용하지 않고 살인죄(제250조 제1항)와 현주건조물방화죄(제164조 제1항)와의 상상적 경합을 인정한다면 사형, 무기 또는 5년 이상의 징역이 적용됨으로써 중한 결과를 과실에 의해 야기한 현주건조물방화치사죄의 법정형인 사형, 무기 또는 7년 이상의 징역에 비하여 오히려 가벼운 형벌이 적용된다. 여기서 나타나는 이러한 형벌의 불균형을 시정하기 위하여 기본범죄의 고의와 가중된 결과의 고의범의 결합에서도 결과적 가중범을 인정하기 위하여 등장한 개념이 부진정 결과적 가중범(unechte erfolgsqualifizierte Delikte)이다.

이 개념에 의하면 부진정 결과적 가중범으로 해석될 수 있는 범죄로서 특수공무방해치상죄(제144조 제2항), 현주건조물방화치사상죄(제164조 제2항), 폭발성물건파열치상죄(제172조 제2항), 인질치상죄(제324조의 3), 가스·전기 등 방류치상죄(제172조의 2 제2항), 가스·전기 등 공급방해치상죄(제173조 제3항), 현주건조물일수치상죄(제177조 제2항), 교통방해치상죄(제188조 전문),

음용수혼독치상죄(제194조), 체포·감금치상죄(제281조 제1항 전
문), 중상해죄·존속중상해죄(제258조), 중권리행사방해죄(제326
조), 중손괴죄(제368조 제1항), 중손괴치상죄(제368조 제2항 전
문)를 들 수 있다.[19)]

한편 이러한 부진정 결과적 가중범에 관하여는 그 인정 여부
가 학설상 논란이 되고 있다. 먼저 부정설을 살펴보면 부진정 결
과적 가중범에 관하여 결과적 가중범 구성요건 실현과 고의살인·
상해 구성요건 실현은 택일관계에 있다고 해석한다.[20)] 이에 의하

---

19) 부진정 결과적 가중범의 미수에 대해서는 제3장에서 자세히 설명
　　하겠지만 이 중 현주건조물일수치사상죄는 형법조문에서 미수범
　　처벌규정을 두고 있으며 또한 최근 형법개정으로 신설되어 역시
　　부진정 결과적 가중범으로 해석되는 인질치상죄(제324조의 3)와
　　인질치사죄(제324조의 4)도 부진정 결과적 가중범으로서 미수범을
　　처벌하는 조항(제324조의 5)을 신설하였기 때문에 인질치사상죄에
　　대한 부진정 결과적 가중범의 미수범 인정 여부도 문제로 제기될
　　가능성이 있다: 필자의 견해로는 중상해죄, 중권리행사방해죄, 중
　　손괴죄는 부진정 결과적 가중범이 아니다. 그 이유는 제5장에서 후
　　술한다.

20) 배척설(Exklusivitätlehre)이라고도 한다. 우리나라에서 이 학설을
　　취하는 학자로는 황산덕, 형법총론(제7정판), 방문사, 1982, 141면;
　　정성근, 「결과적 가중범」, 고시계, 1983년 2월, 19~20면; 정성근/
　　박광민, 형법총론(제3판), 삼지원, 2006, 440면(정성근/박광민 교수
　　는 부진정 결과적 가중범을 인정할 때에는 결과적 가중범의 성립
　　범위가 확대되며, 형의 불균형 유무에 따라 결과적 가중범의 개념
　　(고의와 과실의 결합 형태)이 달라진다는 점과 형의 불균형문제는
　　중한 결과를 고의로 실현한 것이므로 경합론으로 처리하면 해결될
　　수 있다는 점, 그리고 중상해죄의 미수도 단순상해죄의 미수범으로
　　처벌할 수 있으므로 특별히 부진정 결과적 가중범을 인정할 필요
　　가 없다고 보고 있다. 그러나 이렇게 볼 경우 중상해죄의 가중된
　　결과로서의 생명에 대한 위험 발생에의 "중한 고의"에 대한 비난

면 중한 결과를 고의로 실현한 경우는 고의결과범으로서 고의살인·상해죄가 될 뿐이지 결과적 가중범의 구성요건을 적용할 여지가 없다고 보며, 형법 제15조 2항을 엄격하게 해석하여 중한 결과 발생에 대한 예견가능성, 즉 과실을 명문으로 요구하고 있으므로 중한 결과에 대해 고의 있는 결과적 가중범이란 생각하기 곤란하다는 점을 논거로 들고 있다.[21] 즉, 한국 형법 제15조 제2

가능성이 배제되고 단순결과에 따른 우연책임을 지게 되는 불합리함을 배제할 수 없다); 백형구, 「결과적 가중범」, 월간고시, 1988년 1월, 101~102면; 김선복, 「결과적 가중범의 미수」, 비교형사법연구 창간호, 1999년 9월, 한국비교형사법학회, 101~102면(김선복 교수는 진정 결과적 가중범과 부진정 결과적 가중범과의 구별이 필요하다고 하면서도 고의의 기본범죄를 통해서 과실로 중한 결과를 발생시킨 경우 그 불법 내용과 책임 내용은 기본범죄의 고의범이나 중한 결과의 과실범에 비해 현저히 증가하므로 이를 하나의 독자적인 범죄로 인정하여 중하게 처벌해야 할 필요가 있으나 고의의 기본범죄에 의하여 고의로 중한 결과를 발생시킨 경우에 고의의 결과범으로 처벌하거나 법익이 동일하면 기본범죄와 결과범죄의 상상적 경합으로 처벌할 수 있기 때문에(예를 들면 단순상해의 고의로 범죄를 실행할 때 중상해에 대한 미필적 고의가 있다면 중상해죄로 처벌하면 된다.) 굳이 부진정 결과적 가중범을 인정할 필요가 없다고 주장한다. 그러나 이러한 김선복 교수의 견해는 중상해죄에 있어서 단순상해죄+과실에 의한 중상해 및 단순상해죄+고의에 의한 중상해 모두를 결과적 가중범으로 인정하므로 결국은 부진정 결과적 가중범을 인정하는 결과를 가져오게 됨을 주의할 필요가 있다): 권오걸, 형법총론, 형설출판사, 2005, 384면.

21) 다만 김용욱 교수는 가령 예를 들면 현주건조물방화치사죄(제164조 제2항 2문)가 부진정 결과적 가중범이라면 「현주건조물 등에의 방화죄를 범하여 사람을 사망에 이르게 하는 것」이라는 구성요건은 이러한 해석에 의할 때 「현주건조물 등에의 방화죄를 범하여 객관적으로 귀속가능하게 사람의 사망을 야기하는 것」이라는 의미로 해석되어 주관적 불법표지에 대한 평가척도는 전혀 포함되지

38

항은 "중한 결과를 예견할 수 없었을 때에는 결과로 인하여 형이 중한 범죄로 벌하지 아니한다"라고 소극적으로 규정하고 있을 뿐이며 독일 형법 제18조처럼 '적어도 과실로'와 같은 명시적 표현이 포함되어 있지 않다. 따라서 굳이 부진정 결과적 가중범이라는 모습의 구성요건을 해석론상 만들어 낼 필요가 없다는 점과 만약 부진정 결과적 가중범을 인정하게 되면 강간치사죄나 강도치사죄 같은 범죄가 진정 결과적 가중범인지 부진전 결과적 가중범인지 뚜렷이 구분되지 않아 논쟁에 휘말릴 수 있는 점[22]

않게 된다고 주장한다(김용욱, 「부진정 결과적 가중범에 대한 비판적 고찰」, 죽헌 박양빈 교수 회갑기념논문집, 현대형사법론, 1996, 94~95면). 그러나 고의범이건 과실범이건 동일법익에 대한 기수범의 객관적 귀속표지는 동일하고 다만 주관적 관련 면에서 고의기수범인가 과실기수범인가만 구별되는 것이므로 부진정 결과적 가중범의 구성요건에서의 주관적 불법표지는 공백으로 남겨둔 것이 아니라 중한 결과에 대한 고의라고 해석하면 부진정 결과적 가중범을 인정하는 데 별 무리가 없으리라고 생각한다.

[22] 가령 형법개정(1995년 12월) 이전에는 강간치사죄와 강간살인죄(구형법 제301조), 강도치사죄와 강도살인죄(구형법 제338조)는 동일 법조문 속에서 같은 법정형 아래 규정되어 있었기 때문에 강간치사죄·강도치사죄가 진정 결과적 가중범인지 아니면 부진정 결과적 가중범인지 논란되었던 적이 있었다. 이때 강간살인죄·강간치사죄와 강도살인죄·강도치사죄는 동일 조문에 규정되어 있으나 양자는 별개의 구성요건이므로 강간살인죄와 강도살인죄는 고의결합범이고 강간치사죄와 강도치사죄는 (진정)결과적 가중범에 불과하다는 입장(백형구, 「결과적 가중범」, 월간고시, 1988년 1월, 101~102면; 신동운, 「결과적 가중범」, 고시연구, 1993년 6월, 116면; 정성근, 「결과적 가중범」, 고시계, 1983년 2월, 19~20)과 전체로서의 강간치사죄, 강도치사죄 등이 부진정 결과적 가중범이라는 입장(이재상, 형법각론, 박영사, 1991, 169면)의 대립이 있었으나 이재상 교수는 형법개정 후 개정판에서 종래 부진정 결과적 가중

등을 논거로 들고 있다.

그 밖에도 고의 - 고의 결합에 결과적 가중범 구성요건을 적용하기 위해서 부진정 결과적 가중범이라는 개념을 사용할 필요는 없고 결과적 가중범은 고의 - 과실결합만을 지칭하는 개념으로 고정시키고 가벌성 공백이 의심되거나 처단형 산정의 모순이 드러나는 경우에만 결과적 가중범의 구성요건을 고의살인·상해의 구성요건으로 해석하면 족하다는 견해[23]도 있다.[24]

범이라고 보아 왔던 강간치사상죄와 강도치사상죄를 중한 결과에 대하여 고의가 있는 경우는 강도상해 및 강도살인죄와 강간상해 및 강간살인죄가 성립하는 것으로 보고 있다(이재상, 형법각론, 박영사, 2004, 170, 172, 312, 314면): 물론 개정형법에 의해서 비록 동일 조문 속이기는 하지만 강간치사죄·강간살인죄(제301조의 2)와 강도치사죄·강도살인죄(제338조)는 분리되고 고의결합범이냐 결과적 가중범이냐에 따라서 각각 차등화된 법정형이 정해짐으로써 이제는 그런 논쟁이 재현되지 않으리라고 예상된다.

23) 김용욱, 「부진정 결과적 가중범에 대한 비판적 고찰」, 94~97면(예컨대 김용욱 교수는 살인죄의 법정형이 사형, 무기 또는 5년 이상의 징역이고 현주건조물방화치사죄의 법정형이 사형, 무기 또는 7년 이상의 징역이기 때문에 현주건조물방화를 통한 고의적인 살인의 경우에 이 현주건조물방화치사죄 구성요건을 고의살인죄의 구성요건으로 해석해 주면 된다고 하고 있으며 이는 부진정 결과적 가중범의 구성요건을 해석론상 고의살인구성요건으로 전환시키자는 의도로 보인다. 그러나 이는 다분히 자의적인 해석이다. 왜냐하면 과실로서 사망의 결과를 야기한 현주건조물방화치사죄의 법정형이 사형, 무기 또는 7년 이상의 징역이라면 사망을 고의로서 야기한 자의 법정형은 그보다도 당연히 높아야 하기 때문이다. 그리고 독일에서는 고의 - 고의 결합형식이라는 개념으로 실제 내용상 부진정 결과적 가중범의 성립을 인정하고 있다. 나아가 독일에는 형법 제212조의 "고의살인죄(Totschlag)"보다 형이 압도적으로 높은 공공위해의 수단에 의하여 사람을 살해한 자를 처벌하는 제211조의 "모살죄(Mord)"가 있다. 양형은 무기징역형이며 이 모살죄가

이에 반하여 부진정 결과적 가중범을 인정해야 한다는 긍정설을 살펴보면 중한 결과를 예견할 수 있으면 결과적 가중범이 성립하는 것이므로 여기에 중한 결과에 대하여 고의가 있는 경우를 제외한다고 할 수 없으며, 기본행위에 기하여 고의로 중한 결과를 발생시킨 경우에 과실 있는 결과적 가중범보다 무겁게 처벌하는 규정이 마련되어 있지 않은 한 중한 결과에 대하여 고의 있는 경우까지도 결과적 가중범에 포함시키는 해석이 불가피하다. 따라서 고의범의 불법이 과실범에 비해 더 중하므로 고의로 중한 결과를 야기하는 경우도 결과적 가중범에 포함된다고 보아야 한다.

또한 한국 형법 제15조 제2항이 「결과로 인하여 형이 중한 범죄에 있어서 그 결과의 발생을 예견할 수 없었을 때에는 중한 죄로 벌하지 아니한다」라고 규정한 것을 "중한 결과에 대한 예견가능성이 없으면 결과적 가중범으로 벌할 수 없다"고 소극적으로 해석하여 결과적 가중범의 가중된 결과의 구성요건을 고의 살인·상해의 구성요건으로 해석하는 것도 가능하다. 그 밖에 우리나라에서는 어떤 구성요건이 결과적 가중범인지를 묻는 것이

있으므로 현주공용건조물방화살인은 대부분 모살죄에 해당되어 형벌모순이 그리 크지 않다).

24) 독일에서는 잠깐 '부진정 결과적 가중범'이라는 용어가 사용되었으나 Claus Lorenzen의 비판 이후 이러한 용어를 사용하는 학자는 소수에 불과하게 되었다. 이에 대하여는 Claus Lorenzen, "Zur Rechtsnatur und Verfassungsrechtlichen Problematik der erfolgsqualifizierten Delikte", Berlin 1981, S. 28f; 여전히 부진정 결과적 가중범이라는 용어를 사용하는 학자는 Peter Cramer, Strafgesetzbuch Kommentar, 24. Aufl., 1991, §18 Rn.2.

일반적이나 이는 결과적 가중범이 인정된 이유를 간과한 질문형
식이며 오히려 어떤 경우에 고의고의 결합에도 결과적 가중범
구성요건을 적용할 수 있는가로 고쳐서 물어야 할 것이다. 그 이
유는 어떤 구성요건이 그 자체로서 부진정 결과적 가중범이기
때문에 고의고의 결합에도 적용되는 것이 아니라 반대로 고의
고의 결합에도 적용되지 않으면 형벌의 부당함이 초래되기 때
문에 비로소 결과적 가중범이라고 부를 수 있게 되기 때문이다.

  예컨대 현주건조물방화치사죄(형법 제164조 제2항: 사형, 무기
또는 7년 이상의 징역)는 그 자체로서 부진정 결과적 가중범인
것이 아니라 살인죄(제250조 제1항: 사형, 무기 또는 5년 이상의
징역)와 관련하여 비로소 부진정 결과적 가중범이라고 부를 수
있는 것일 뿐 영아살해죄(제251조: 10년 이하의 징역)와 관련해
서도 여전히 그런 것은 아니다. 산모가 집에 방화하여(참작할 만
한 동기로) 영아를 살해한 경우에 현주건조물방화치사죄를 적용
하여 사형, 무기 또는 7년 이상의 징역에 처하는 것은 납득할 수
없기 때문이다. 따라서 "어떠한 결과적 가중범이 중한 결과의 발
생에 대하여 고의가 있는 경우인 부진정 결과적 가중범인지는
그에 대하여 가해지는 형벌의 불균형 여부를 검토하여 상대적으
로 결정하여야 한다"는 생각도 있는 것[25]을 비롯하여 우리나라

---

25) 김용욱, 「부진정 결과적 가중범에 대한 비판적 고찰」, 94면 참조:
   김용욱, 「개정형법과 결과적 가중범」, 사회과학연구 13집, 배제대학
   교 사회과학연구소, 1996년 2월, 286면 이하 참조: 한편 독일 형법
   제18조는 '적어도 과실(wenigstens Fahrlässigkeit)'이라는 표현을
   사용하여 이를 근거로 결과적 가중범의 구성요건에는 가중된 결과
   의 고의범도 함께 내포되어 있는 것으로 해석하는 것이 독일의 통

42

와 독일의 지배적인 견해[26]에 따르면 일부 결과적 가중범 구성
요건에는 가중된 결과를 고의범으로서 행한 고의살인죄나 상해
죄의 구성요건도 포함되어 있는 것으로 해석함으로써 부진정 결
과적 가중범을 인정하고 있다. 우리나라의 판례도 마찬가지 입장
이다.[27]

(2) 고의있는 결과적 가중범·과실있는 결과적 가중범· 우연의 결과적 가중범

두 번째 분류방법이며 이 방법의 기준은 중한 결과 발생에 대해
서 고의가 있는가 없는가에 따른 구별이라는 점에서 진정·부진정

설이다.

26) 김성돈, 형법총론, 현암사, 2006, 563면; 김일수/서보학, 새로 쓴 형
법총론(제11판), 박영사, 2006, 471면; 김선복, 앞의 글, 101면; 박
상기, 형법총론(제6판), 박영사, 2004, 298면; 배종대, 형법총론(제8
전정판), 2005, 720면; 신동운, 형법총론(제2판), 법문사, 2006, 246
면; 안동준, 형법총론, 학현사, 1998, 285면; 오영근, 형법총론(보정
판), 박영사, 2005, §13/13; 이상우, 「결과적 가중범과 책임주의의
조화」, 법조, 2004년 4월, 204면; 이재상, 형법총론(제5판 보정판),
박영사, 2005, §15/7; 정영일, 형법총론, 박영사, 2005, 137면; 이형
국, 형법총론, 법문사, 2003, 341면; 임웅, 형법총론(개정판), 법문
사, 2003, 512면(임웅 교수는 법정형의 불균형해소의 필요성 때문
에 부진정 결과적 가중범을 인정하며 이러한 해석은 확장해석이
아니라 '당연해석(물론해석)'에 속하고 죄형법정주의에 위배된다고
보지 않는다); 진계호, 형법총론, 대왕사, 1996, 289면; G. Jakobs,
Strafrecht, AT, 2. Aufl., 1993, S. 330 Rn, 30f; Hans Heinrich
Jescheck, Lehrbuch des Strafrecht, AT, 4, Aufl., 1988, S. 656;
Fritjof. Haft, Strafrecht, AT, 4. Aufl., 1990, S. 168.
27) 대판, 1995. 1. 20, 94도 2842; 대판 1990. 6. 26, 90도765.

결과적 가중범의 분류와 그 기준이 동일하나 고의 없는 경우를 다시 구별한다는 점에 차이가 있다. 즉 중한 결과 발생에 대해서 고의가 있는 경우를 고의 있는 결과적 가중범(vorsätzliches erfolgsqualifiziertes Delikt)이라고 하고 중한 결과 발생에 대하여 고의가 없는 경우는 다시 그 결과가 과실에 의하여 발생된 경우와 과실도 없이 우연적으로 발생된 경우를 구분한다. 과실에 의하여 중한 결과가 발생된 경우를 과실에 의한 결과적 가중범(fahrlässiges erfolgsqualifiziertes Delikt)이라고 하고 그 결과가 과실도 없이 단지 아무런 인과관계가 없는 우연에 의해 발생한 경우를 우연의 결과적 가중범(zufälliges erfolgsqualifiziertes Delikt)이라 한다.[28]

이 분류에 따르는 학설은 기본행위에 고의가 있으면 반드시 중한 결과에 대해서 과실이 없어도 이를 가중처벌하는 것이 책임주의와 모순되는 것이 아니라는 점을 논거로 들고 있다.[29] 그러나 기본범죄에 대한 고의가 있으면 중한 결과에 대해서 과실이 없어도 결과적 가중범으로 처벌할 수 있다는 것은 책임주의에 반한다고 보아야 한다. 책임주의는 결과적 가중범을 규제하는 입법 및 전체적인 통제원리이므로 결과 발생에 대하여 무과실인 경우까지 결과적 가중범으로 처벌을 확대할 수는 없기 때문이다. 형법 제15조 2항의 취지도 가중된 결과에 대하여 과실조차 없는

---

28) 木村龜二, 刑法總論, 昭和48년, 172頁 以下: 우연의 결과적 가중범과 관련하여서는 우연에 대하여 과연 형법상의 책임을 져야 하는가의 문제가 제기될 수 있을 것이다.
29) 이는 Versari원칙의 잔재라고 생각된다.

44

데도 결과적 가중범으로 처벌할 수 있다는 점을 내포하고 있지는 않다고 보아야 한다.[30]

한편 이 두 번째 분류방법에 의할 때 고의 있는 결과적 가중범이라는 개념을 눈여겨 검토해 볼 필요가 있다.

일본에서의 「고의 있는 결과적 가중범」이라는 개념은 중한 결과로 되어 있는 사실이 과실로서 실현된 경우라면 당연히 결과적 가중범으로서 처벌되는 사안에 있어서 당해 결과가 고의적으로 실현된 경우 행위자는 어떻게 처벌되어야 할까라는 문제로서 첫 번째 분류방법에서 나온 「부진정 결과적 가중범」과 일맥상통하는 면이 강하다. 그러나 처음에는 부진정 결과적 가중범이 아닌 단순한 고의결합범의 문제로서 논의가 시작되었다.

이 개념은 일본에서 강도범이 살인의 고의를 가지고 피해자를 살해한 경우를 둘러싸고 특히 논의되어 왔다. 大正11년에 大審院 連合部가 「본죄가 강도죄와 살인죄와의 결합죄 또는 강도죄와 상해치사죄와의 결합죄」라고 해석하여 결합범죄를 구성하는 각 죄의 종류를 포괄하여 중한 일죄를 구성하는 것으로 판시하여[31] 종래의 판례[32]를 변경한 이후에는 일본 형법 제240조[33] 후단

---

30) 정성근/박광민, 앞의 책(총론), 436면.

31) 大判, 大正11年12月22日, 刑集一卷, 815頁.

32) 大正11年12月22日 판례 이전에는 구법시대의 판례를 답습하여 제240조 후단의 일죄설을 채택하였다. 그러나 그 후 다시 변경되어 강도치사죄와 살인죄와의 견련범 또는 관념적 경합으로서 처벌되게 되었다. 이러한 과정을 거친 후에 판례는 다시 大正11年 判決(第240條 後段 一罪說)로 복귀하게 된 것이다.

33) 일본형법 제240조는 "강도가 사람을 사망에 이르게 한 때에는 무

일죄설이 판례의 통일적인 입장으로 되어 있다.[34] 판례의 이러한 입장은 특별결합죄로서의 강도살인죄라고 하는 범죄 유형을 상정하는 것보다 강도범인이 살인의 고의를 가지고서 피해자를 살해한 사안을 결과적 가중범과는 무관하게 해결하려고 하는 것이다. 바꿔 말해서 이러한 입장에 의하면 일본 형법 제240조 후단은 강도·상해치사죄와 강도·살인죄라고 하는 두 가지의 상이한 결합범을 병렬적으로 규정한 것으로서 살인의 고의의 유무에 의해서 각각 구분되어 성립하는 것이 된다.

한편 여기에 대하여 학설은 제240조 후단 일죄설을 채택하는 것이 통설로 되어 있다. 이와 달리 강도죄와 살인죄와의 관념적 경합을 인정하는 입장이라든가 예전의 판례에 의한 강도치사죄와 살인죄와의 관념적 경합을 인정하는 입장도 유력하게 주장되고 있다. 또한 제240조 후단 일죄설을 채택하는 통설에 있어서도 그 논리구성에는 두 가지의 방향이 있다고 말할 수 있다.

그 첫 번째는 大正11年 판결과 같은 취지로서 결합범으로서의 강도살인죄의 존재를 인정하는 것으로서 결과적 가중범과는 무관하게 제240조 후단 일죄설을 인도하는 입장이다.

또 하나의 다른 입장은 중한 결과의 고의적 실현의 경우도 결과적 가중범 개념에 포함하여 이해하는 입장으로 강도살인의 사안은 「고의 있는 결과적 가중범의 전형적인 사례이다」고 하여 제240조

기 또는 7年 이상의 징역에 처하고 사망하게 한 때에는 사형 또는 무기징역에 처한다"라고 규정되어 있다.

34) 大判, 昭和8年11月30日, 刑集12卷, 2177頁: 最判, 昭和32年8月1日, 刑集11卷8号, 2065頁 等.

후단 일죄설을 인도하는 입장이다. 가령 강도치사상죄가 결과적 가중범이라고 해도 치사상에 대하여 고의가 있는 경우에는 결과적 가중범이 되지 않는다고 한다면 제240조의 미수(제243조)에 해당하는 것은 강도 그 자체가 미수에 그친 경우라고 생각할 수 있다. 그렇지 않으면 형법 제243조에서 강도치사죄의 미수를 벌한다고 하고 있는 것은 입법의 과오라고 말할 수밖에 없다.[35]

반면 제240조 후단 일죄설을 채택하지 않는 학설은 어느 경우에도 이 문제를 결과적 가중범과는 무관계한 죄수(범죄경합)의 문제로서 처리하고 있다. 이러한 상황으로부터 결과적 가중범의 중한 결과로 되어 있는 사실이 고의적으로 실현된 사안을 어떻게 해결해야 하는가 하는 문제는 그것을 결과적 가중범의 사안으로서 파악해야 하는가 그렇지 않은가 하는 것에 완전히 좌지우지된다고 말해도 좋다. 그러나 이 문제는 內田 교수가 지적한 것처럼[36] 종래는 형법각론의 문제로서 개별적으로 취급되는 것이 통례였다. 따라서 이러한 전제로서의 서로 다른 관련하에서는 중한 결과의 고의적 실현의 사안의 경우에 대하여 어떻게 생각해야 하는가 하는 점을 일반적인 형태로서 검토하는 것은 상당히 의미 있다고 생각된다.[37]

---

35) 西村, Law School, 31号 90頁; 다만 西村 敎授는「제240조 후단에는 강도살인죄도 포함되고 있다고 해석하는 것으로 하면 이러한 관계에서 본 제243조는 그대로 적용되어 효과를 발휘하는 것이 된다」고 하고 있다.

36) 內田文昭, 改訂刑法 I (總論), 昭和61年, 108頁.

37) 한편 통상의 결과적 가중범이 성립하는 경우 과실설의 입장으로부터는 관념적으로는 과실치사상죄도 동시에 성립하고 있는 것으로

이러한 관점으로부터 일본에 있어서의 상황을 정리해 보면 먼저 이 문제는 처음에는 일반적으로 통상의 고의범에 관한 문제로서 결과적 가중범과는 무관하게 여겨져 왔다. 이것은 일본에 있어서 고의의 기본범 위에 과실범이 여러 겹으로 쌓인 복합적인 형태를 띤 범죄 유형으로서 결과적 가중범이 일본에서 일반적으로 이해되고 있고 더군다나 중한 결과에 고의가 실현되는 것은 결과적 가중범이 아니라고 일반적으로 생각되고 있는 것과 무관하지는 않다. 일본에서 결과적 가중범은 소수의 유력한 반대는 존재하지만[38] 일반적으로 한국과 마찬가지로 고의범(기본범)과 과실범(중한 결과의 과실적 실현)이 결부된 복합 형태의 범죄 유형이라고 여겨지고 있다. 이러한 것은 예를 들면 団藤 박사가 「결과적 가중범은 고의범과 과실범의 복합 형태이다」[39]라고 주장한 것을 시작으로 많은 학자들에 의해 명시되고 있다.[40] 게

되다. 보통 결과적 가중범의 성립요건으로서의 과실을 통상의 과실보다도 중한 것으로 보는 일본 형법학계의 입장에 있어서는 과실치사상죄의 불법 내용은 결과적 가중범의 불법 내용에 완전히 포함되고 있기 때문에 양자는 법조경합의 관계에 있게 되어 결과적 가중범의 성립만을 인정한다면 족한 것이다. 그리하여 이러한 점에 있어서는 위험성설을 기반으로서 과실설을 채택하는 것은 논리에 부합된다고 이해할 수 있다.

38) 예를 들면 香川達夫, 「結果的加重犯の本質」, 學習院大學法學部研究年報2号, 昭和41年, 2頁 以下; 同・結果的加重犯の本質, 昭和53年, 67頁 以下.

39) 団藤重光, 刑法綱要總論(改訂版・昭和54年), 312頁.

40) 瀧川春雄, 新訂刑法總論講義, 昭和35年, 80頁; 福田平, 註釋刑法(2)のⅡ, 昭和44年, 317頁; 山崎一夫, 「結果的加重犯」, 現代刑法講座第3卷, 昭和54年, 110頁; 大塚仁, 「共同正犯における共同實行の概念」,

48

다가 이러한 입장에서 특징적인 점은 중한 결과의 고의적 실현의 경우를 결과적 가중범 개념으로부터 배척하고 있는 점이다. 이러한 사정은 「중한 결과에 대하여 행위자가 고의를 가지고 행위한 경우는 결국 통상의 고의범이라고밖에 볼 수 없다」,[41] 「소위 고의 있는 결과적 가중범은 두 개의 고의범의 결합범(예를 들면 강도살인은 강도와 살인의 결합범)이거나 아니면 단순한 고의범(예를 들면 상해)에 지나지 않는다」[42]라고 하는 점으로부터 더욱 명확하게 알 수 있다. 그 이유는 고의 있는 결과적 가중범이라고 하는 개념을 인정하게 되면 통상의 고의범과 결과적 가중범과의 구별이 애매하게 되기 때문이다.[43]

다만 그 이상으로 중한 결과의 과실적 실현의 경우만으로 결과적 가중범 개념을 한정해야만 하는 점에 있어서의 적극적인 이유는 명시되어 있지 않으며 단순히 그러한 부정적인 입장을 주장하는 학자가 고의 있는 결과적 가중범을 인정하는 입장에 대하여 「개념의 본질적인 한계를 초월하여 사물의 본질에 반하고 추상적인 개념형식을 농락하는 것이다」[44]라든가 「쓸데없이

同・犯罪論の基本問題, 昭和57年, 313頁 以下.

41) 大塚仁, 「責任の本質」, 同・犯罪論の基本問題, 昭和57年, 221頁.

42) 福田平, 全訂刑法總論, 昭和59年, 78頁; 井田 良, 刑法總論の理論構造, 成文堂, 2005, 422頁.

43) 下村康正, 「結果的加重犯の未遂」, 法學新報65卷4号, 昭和33年, 25頁; 竹内正, 「強盜殺人をめぐる擬律」, 法學セミナ 216号, 昭和48年, 125頁; 大塚仁, 註解刑法 增補第2版, 昭和52年, 302頁.

44) 小野清一郎, 「強姦致死罪と殺人罪との觀念的競合」, 刑事判例評釋集 第18卷 昭和31年度, 昭和53年, 166頁.

결과적 가중범의 개념을 뒤엉키게 하는 결과에 이르게 하는 입장」,45) 「결과적 가중범의 본질의 이해에 대하여 의문이 있다고 생각된다」,46) 「결과적 가중범의 통일적 파악이라고 하는 관점에서 볼 때 타당하지 않다」47) 등의 비판을 소극적으로 가하고 있다. 결국 그러한 입장에 대하여는 중한 결과의 과실적 실현의 경우만을 결과적 가중범이라고 정의하는 것이 당연한 전제로 되어 있다고도 보겠다. 어쨌든 이 입장에 대하여는 고의의 기본범과 과실적 야기에 한정되는 중한 결과와의 복합 형태적인 범죄 유형으로서 결과적 가중범을 이해하는 것으로부터 중한 결과의 고의적 실현의 사안은 본래 결과적 가중범과는 무관계한 것이 되는 것이다. 따라서 이러한 경우의 사안은 통상의 고의범에 있어서 죄수의 문제로서 처리될 수밖에 없다.

이와 달리 고의 있는 결과적 가중범이라는 개념을 인정하는 것에 의해 결과적 가중범과의 관계 가운데에서 문제를 해결하려고 하는 입장도 소수이긴 하지만 유력하게 주장되고 있다. 이러한 입장을 일반적인 형태로서 명확하게 주장하고 있는 학자는 木村 博士, 平野 博士, 內田 敎授이다.48) 이러한 입장의 학자들이

---

45) 下村康正, 「結果的加重犯及びその未遂」, 同・犯罪論の基本的思想, 昭和35年, 153頁.

46) 山火正則, 「強盗殺人罪の擬律」, 藤木英雄編・刑法Ⅱ［各論］(判例と 學說8), 昭和52年, 156頁.

47) 福田平, 「結果的加重犯の未遂はみとめられるか」, 福田平/大塚仁, 新版刑法の基礎知識(1), 昭和57年, 209頁.

48) 이와 같은 견해의 입장으로서 宮本英脩, 刑法學粹(第5版), 昭和10年, 326頁; 神山敏雄, 「強盗致死傷罪」, 現代刑法講座第4卷, 昭和57

50

현실적인 의미에서 중시하고 있는 것은 한국에서와 마찬가지로 구체적인 사안에 있어서 과형의 균형과 불균형 때문이라고 볼 수 있다.49) 일본의 학계에 있어서도 우리나라와 마찬가지로 일부의 결과적 가중범 규정에 대한 법정형의 정도가 통상의 고의범에 있어서의 법정형보다도 무겁기 때문에 중한 결과가 고의적으로 실현된 경우에 어떠한 결과적 가중범의 형태이든 결과적 가중범 규정을 적용하지 않으면 과형상 불균형이 생기는 경우가 있다. 그리하여 이러한 입장은 이러한 종류의 결과적 가중범에 있어서 중한 결과가 고의적으로 실현된 사안에 대하여 고의 있는 결과적 가중범이라고 하는 개념을 인정하여 결과적 가중범 규정만을 적용하는 것에 의해 이러한 형태의 법정형의 불균형을 직접적으로 회피하려고 하는 것이다. 이러한 점은 일본의 통설적인 입장의 다수가 이러한 종류의 사안을 통상의 고의범의 경합의 문제로서 파악하면서도 결과적 가중범 규정을 죄수처리의 형태로서 이용하는 것에 의해 간접적으로 과형의 불균형을 회피하

年, 275頁: 齊藤信宰, 「結果的加重犯について」, 東北學院大學論集 (法律學)24号, 昭和59年, 33頁 以下: 前田雅英, 「强制猥褻强姦致死傷罪の問題點」, 內田文昭編著·刑法Ⅱ(各論), (法學セミナ-別冊77号), 昭和61年, 58頁 以下: 단 日本의 학설 가운데에는 일반론으로서는 고의 있는 결과적 가중범을 명시적으로는 부정하면서 결과적 가중범 규정에 있어서의 법정형이 통상의 고의범에 있어서의 법정형보다도 무거운 경우에 한하여 예외적으로 그것을 인정하는 입장이 있다. 이러한 입장으로서는 中谷瑾子, 「刑法各論の現代の課題（上）－內田文昭敎授の『刑法各論·下』の上梓を契機として－」, Law School 33号, 昭和56年, 90頁.

49) 이러한 점은 특히 고의 있는 결과적 가중범의 存否를 그 실익의 유무에 의해 구분하는 內田 敎授의 견해에 극단적으로 나타난다.

려고 하고 있는 데에 커다란 특징이 있다.

또한 이러한 입장에 있어서는 平野 博士가 독일에 있어서의 결과적 가중범의 분류(진정 결과적 가중범과 부진정 결과적 가중범)에 호의적인 태도를 보여주고 있다.50) 게다가 木村 博士는 「예를 들면 상해치사죄의 중한 결과에 대하여 고의가 있는 경우에는 刑法 제205조(상해치사죄)와 제199조(살인죄)의 사이에는 법조경합의 관계가 문제로 되고 이러한 견지에서 상해치사죄의 가운데에는 고의에 의한 결과적 가중범을 포함해야 한다고 해석해야만 하는 경우도 있는 것을 간과해서는 안 된다」51)라고 하여 결과적 가중범 개념의 가운데에는 중한 결과의 고의적 실현을 포함하는 것과 포함해서는 안 되는 것의 두 가지 종류가 있다는 점을 강조하고 있다. 다만 이러한 입장은 고의 있는 결과적 가중범을 인정하는 것이 결과적 가중범 개념의 혼란을 초래하는 것은 아닌가 하는 비판에 대하여 적극적으로 해명하고 있지는 않다. 이러한 입장은 「결과적 가중범은 기본범에 내포된 위험성과 가중된 결과 부분과의 밀접한 관계로부터 특히 가중된 부분에 중점이 두어져 특히 중한 형벌이 규정된 범죄로서 받아들여져야만 하는 것으로서 가중된 부분에 관하여는 『적어도 과실』이 있어야만 한다고 하는 것만은 아니다. 결국 『고의 있는 결과적 가중범』을 인정하는 것은 결과적 가중범의 본질에 모순되는 것은 아니라고 생각할 수도 있다」52)라는 지적으로부터 엿볼 수 있는

---

50) 平野龍一, 「結果的加重犯について」, 同·犯罪論の諸問題(上), 昭和
　　56年, 112頁 以下 參照.
51) 木村龜二, 犯罪論の新構造(下), 昭和43年, 51頁.

52

것처럼 고의 있는 결과적 가중범이라고 하는 개념의 존재를 인
정하는 것은 반드시 논리에 어긋나는 것은 아니라는 인식에 뿌
리를 내리고 있다고 보는 것이 가능하지만 이 점을 강하게 주장
하고 있지는 않은 듯하다.

이러한 소수설의 입장이 중한 결과의 고의적 실현의 경우를
결과적 가중범으로서 어떻게 취급하고 있는가를 살펴보면 아래
와 같다.

木村 博士의 경우 고의 있는 결과적 가중범의 성립을 명시적으
로 긍정하고 있는 사안으로서는 기차전차의 전복 등을 수단으로
한 살인의 사안과 강도살인의 사안에 대한 사례가 있다.[53] 한편
平野 博士는 기차전차전복등치사죄, 강도치사죄 및 강간치사죄의
각 유형을 검토한 토대하에 기차전차전복등치사죄와 강도치사죄
는 부진정 결과적 가중범(중한 결과의 고의적 유형을 포함한 유
형)이라고 하고 강간치사죄를 진정결과적가중범(중한 결과의 고
의적 실현의 경우를 배제한 유형)이라고 주장하고 있다.[54] 또한
內田 敎授는 과형의 균형을 염두에 두어 기차전차전복등치사죄와
강도치사죄에 대하여 고의 있는 결과적 가중범의 성립을 인정하
여[55] 그 실익을 인정하고 있지만 强姦致死傷罪, 瓦斯電氣等漏出
致死傷罪(강간치사상죄, 와사전기등누출치사상죄)(제118조 2항),

---

52) 內田文昭, 刑法各論(第2版), 昭和59年, 291頁.

53) 木村龜二, 刑法各論, 昭和32年, 201頁.

54) 平野龍一, 前揭書, 114頁 以下; 同·刑法槪說, 昭和52年, 181頁, 210
頁 以下 參照.

55) 內田文昭, 刑法各論(第2版), 昭和59年, 291頁, 486頁, 487頁.

往來妨害致死傷罪(왕래방해치사상죄)(제124조 2항), 淨水汚穢等致死傷罪(정수오예등치사상죄)(제145조)에 대하여는 고의 있는 결과적 가중범을 인정하는 실익을 명시적으로 부정하고 있다.[56]

 이러한 상황으로 볼 때 일본의 형법학계에 있어서 고의 있는 결과적 가중범을 인정하는 소수설의 입장에서는 기차전차전복등치사죄와 강도치사죄가 부진정 결과적 가중범의 전형으로 취급받아 고의 있는 결과적 가중범으로서 인정받고 그 이외의 대부분의 것은 진정 결과적 가중범으로 파악되고 있는 것을 알 수 있다. 그것은 이러한 기차전차전복등치사죄와 강도치사죄의 경우에 있어서의 사안이 한국에서처럼 과형상의 불균형을 초래하기 때문이다. 다만 고의 있는 결과적 가중범을 부정하는 통설적 입장에 있어서도 진정 결과적 가중범과 비교하여 고의 있는 결과적 가중범의 성립을 반드시 본래적으로 부정해야만 하는 것이 당연하다고 하는 입장만은 아니다. 왜냐하면 상해치사죄와 살인죄와의 관계에 대하여 木村 博士의 지적[57]으로부터 엿볼 수 있는 것처럼 진정 결과적 가중범에 있어서도 고의 있는 결과적 가중범의 성립이 관념적으로 긍정된다는 토대하에 고의 있는 결과적 가중범과 살인 및 상해죄가 법조경합이 되는 결과로서 결과적 가중범 규정의 적용이 배척된다고 생각하는 것도 가능하기 때문이다. 다만 이러한 형태로서 전부의 결과적 가중범 유형에 고의 있는 결과적 가중범을 상정하는 것은 관념적으로는 가능하

---

56) 內田文昭, 前揭書, 168頁, 474頁, 484頁, 496頁 參照.
57) 木村龜二, 前揭書, 51頁.

54

지만 일본 형법학계에서 그러한 입장을 취하는 견해는 발견할 수 없다.[58] 그 근거는 이러한 사안을 범죄경합(특히 관념적 경합)으로서 취급한다면 중한 결과의 사안이 이중으로 평가되는 불합리를 초래하기 때문이라는 것이다.[59]

또한 결과적 가중범의 본질을 가중된 결과 발생의 위험성에서 구하는 위험성설의 입장에서는 가중된 결과의 고의적 실현의 사례가 결과적 가중범으로부터 배제되는 이유가 존재하지 않기 때문에 원칙적으로 고의 있는 결과적 가중범이 성립하는 것으로 되지만 한 개의 결과적 가중범이라고 하는 독립한 구성요건에 대한 고의를 사망의 부분에 대하여 이중으로 평가하게 되는 것을 피하기 위하여서라도 이론적으로는 고의 있는 결과적 가중범 일죄가 성립하는 것이 된다.

그러나 결과적 가중범의 법정형이 살인죄의 법정형보다 가벼운 경우에는 과형상의 불균형이 생기기 때문에 고의 있는 결과적 가중범 일죄의 성립을 인정하는 입장을 관철하게 된다면 고의 있는 경우를 인정하는 결과적 가중범과 인정하지 않는 결과적 가중범과의 구별을 부득이하게 해야만 한다. 예를 들면 강도치사죄는 고의 있는 경우를 포함하지만 강간치사죄는 고의 있는 경우를 포함하지 않는다고 하는 결론에 도달할 수밖에 없는 것이다.[60] 이는 독일에

---

58) 가령 예를 들면 平野龍一, 前揭論文, 117頁은「진정 결과적 가중범의 경우는 기본범과 고의범과의 관념적 경합을 인정한다」고 하여 진정 결과적 가중범에 있어서는 고의 있는 결과적 가중범을 상정하는 여지가 없는 것을 명시하고 있다.

59) 平野龍一, 前揭論文, 114頁 以下; 內田文昭, 前揭書, 290頁; 同·改訂刑法 I (總論), 昭和61年, 341頁 參照.

있어서 진정 결과적 가중범과 부진정 결과적 가중범의 구별과도 다르고 법정형으로부터의 불균형도 해결되지 않은 상태의 구별이어서 합리적인 해결방안이라고는 말할 수 없다. 그러나 그것은 일본의 형법학계에 있어서 각각의 결과적 가중범의 규정과 살인죄의 법정형의 중함이 조화를 유지하여 규정되고 있지 않은 관계로 입법적인 해결에 위임할 수밖에 없는 문제이다. 그리하여 현 시점에서의 해석론으로서 말하자면 차선의 방안으로써 나오는 해결책이 법조경합에 의한 해결방안이다.[61]

丸山雅夫 敎授에 의하면 원칙적으로 고의 있는 결과적 가중범의 존재가 인정되어 그것은 보통 고의범과 법조경합의 관계에 있게 된다. 즉 전부와 부분의 관계인 것이다. 그리하여 각각 그때마다의 불법 내용의 대소에 따라서 어느 한쪽이 다른 한쪽에 흡수되어 좀더 불법 내용이 더 큰 일죄가 성립하는 것이다. 다만 앞서 언급한 것과 마찬가지로 강간치사는 모순 없이 설명하기가 불가능하다. 「강간죄가 살인죄에 흡수된다」고 하지 않는 한 과형상의 불균형을 회피할 수 없기 때문이다. 위험성설의 입장에서는 가중된 결과에 대한 고의가 통상의 살인죄 자체를 성립하게 하

---

60) 예를 들면 강도치사죄의 법정형은 사형 또는 무기징역(일본 형법 제240조)이므로 3년 이상~무기, 사형의 법정형으로 되어 있는 살인죄(일본 형법 제199조)보다 무거우므로 고의 있는 결과적 가중범 일죄를 인정해도 무방하지만 강간치사죄의 법정형은 무기 또는 3년 이상의 징역(일본 형법 제181조)이므로 사형까지도 가능한 살인죄에 비하여 법정형이 더 가벼운 결과가 되므로 불합리한 법정형의 불균형이 발생하기 때문에 강간치사죄의 경우는 고의 있는 경우를 결과적 가중범에 포함할 수 없게 된다.

61) 丸山雅夫, 前揭論文, 47頁 以下 參照.

56

는 상해치사의 경우를 제외하고 고의 있는 결과적 가중범을 긍
정하는 토대하에 통상의 고의범과의 관념적 경합을 인정하는 것
이 논리적이라고 주장한다.

이상과 관련하여 이하에서는 고의 있는 결과적 가중범을 인정
하지 않는 일본의 통설적 입장이 중한 결과가 고의로 실현된 사
안에 대하여 죄수문제를 어떻게 다루고 있는지를 개괄적으로 살
펴보면 아래와 같다.

고의 있는 결과적 가중범의 부정설에서 주장하는 죄수처리는
우선 첫 번째로 살인죄 또는 상해죄만의 성립을 인정하는 것[62]
과 두 번째로 결과적 가중범의 기본범과 살인죄 또는 상해죄와
의 관념적 경합을 인정하는 것,[63] 세 번째로 통상의 고의범으로
서의 결과적 가중범의 성립만을 인정하는 것[64]과 마지막 네 번
째로 결과적 가중범과 살인죄 또는 상해죄와의 관념적 경합을
인정하는 것[65]의 네 가지 견해가 있다.

---

62) 유기에 의거한 살인 및 상해에 대하여 살인죄 또는 상해죄에 제
    219조(유기등치사상)가 흡수된다고 하는 것은 大塚仁, 「遺棄罪」,
    日本刑法學會編・刑事法講座 第7卷, 昭和28年, 160頁.

63) 정수오예(淨水汚穢) 등을 수단으로 한 살인 및 상해에 대하여 제
    145조(정수오예등치사상)의 기본범과 살인죄 또는 상해죄와의 관
    념적 경합을 인정하는 것은 瀧川春雄/竹內正, 刑法各論講義, 昭和
    40年, 334頁.

64) 수도에 독물혼입을 수단으로 한 살인에 대하여 제146조(수도독물
    등혼입 및 동치사) 후단이 적용된다고 하는 것은 江家義男, 刑法各
    論增補版, 昭和38年, 115頁; 団藤重光/平川宗信, 刑法各論新版, 昭
    和55年, 168頁.

65) 기차전차전복 등을 수단으로 한 살인에 대하여 제126조 3항과 살
    인죄와의 관념적 경합을 인정하는 견해로는 団藤重光, 刑法綱要總

이러한 각각의 견해에 대하여 다음의 비판이 가능하다. 우선 첫 번째 견해에 대하여는 복합적인 범죄를 수단으로 하여 가중된 결과가 고의적으로 실현된 경우 살인 및 상해죄의 불법을 초과한 부분이 모두 다 평가되지 않는다. 또한 강도살인에 있어서 과형상의 불균형이 발생한다.[66]

두 번째 견해에 대하여는 통상의 살인 및 상해죄에 있어서 상정되는 수단과 유사한 행위를 수단으로 한 결과적 가중범에 있어서는 기본범과 가중된 결과를 내용으로 하는 고의범을 굳이 별개로 평가하여 각각을 관념적 경합의 관계로서 정립시키는 것이 과연 옳은가가 의문이다. 더욱이 첫 번째 견해의 비판과 마찬가지로 강도살인에 있어서 과형상의 불균형이 생기는 문제도 발생한다.

세 번째 견해에 대하여는 모든 조문에 통일적인 적용(응용)이 불가능하다. 한 개의 결과적 가중범의 규정 가운데에 통상의 고의범도 동시에 규정되어 있다고 하는 것을 설명할 수 없고 또한 강도살인 이외에는 적용함에 있어서 타당하지 않다. 또한 결과적 가중범 규정의 법정형이 살인죄의 법정형보다도 가벼운 경우에는 형의 불균형이 발생하여 적용할 수 없다.

論改訂版, 昭和54年, 203頁.

66) 가령 예를 들면 살인의 고의를 가지고 강도행위를 행한 자는 일본 형법 제199조(살인)와 제236조(강도)의 경합범으로 처리됨으로 5년 이상~사형의 범위에 해당하는 처벌을 받게 되나 살인의 고의가 없이 과실로서 사망의 결과가 발생한 강도행위에 대하여는 제240조(강도치사상)가 적용되어 사형 또는 무기징역에 처하게 됨으로 현저한 형의 불균형이 나타나게 되는 것이다.

네 번째 견해에 대하여는 보통 결과적 가중범의 규정과 살인죄의 법정형 중에서 중한 쪽의 법정형이 적용되기 때문에 과형상의 불균형은 회피할 수 있지만 가중된 결과의 사실을 이중평가 하는 것이 된다.[67] 더구나 고의 있는 결과적 가중범을 인정하지 않음에도 어째서 결과적 가중범의 규정을 적용하여야 하는가를 설명할 수 없다. 고의가 없는 통상의 결과적 가중범과 살인죄가 동시에 성립한다면 피해자의 사망이라는 동일한 결과에 도달했을 때 고의에 의하지 않은 사망과 고의에 의한 사망이라고 하는 배타적인 관계(모순된 관계)가 되어 두 가지의 구성요건적 평가를 동시에 성립시키는 논리적 모순을 범하게 되어 허용되지 않는다.[68] 만약 이러한 경우에 관념적 경합을 인정한다면 통상의 살인죄의 경우에도 살인과 과실치사 혹은 상해치사와의 관념적 경합을 인정해야만 하게 되기 때문이다. 본래 고의 있는 경우를 결과적 가중범으로 고려하지 않는다면 이러한 사례에 있어서 결과적 가중범의 규정을 적용할 여지는 없는 것이다.

이처럼 고의 있는 결과적 가중범을 인정하지 않는 입장으로부터의 죄수처리에 관한 해결방법은 어느 경우에 있어서도 결점을 지니고 있는 것으로 볼 수밖에 없으므로 결국 형법각칙상의 형벌위협을 고려하여 부분적으로 고의 있는 결과적 가중범을 인정하는 것이 타당하다고 하겠다.

---

67) 木村龜二, 「結果的加重犯の未遂 －強盜殺人罪を中心として－」, 刑法の基本問題, 昭和54年, 326頁 以下.

68) 丸山雅夫, 「結果的加重犯における競合問題(二)」, 警察研究56卷8号, 昭和60年, 45頁.

(3) 고의의 결과적 가중범과 과실의 결과적 가중범

마지막 세 번째 분류방법의 기준은 기본행위가 고의행위이냐 과실행위이냐에 따라서 기본행위가 고의에 의한 경우를 고의의 결과적 가중범, 기본행위가 과실에 의한 경우를 과실의 결과적 가중범이라고 하는 분류방법이다.[69] 이는 위에서 설명한 행정형법상의 '환경범죄의 단속에 관한 특별조치법 제5조'에서 과실에 의한 기본범죄와 과실에 의한 중한 결과 발생이 결합된 조문이 존재한다는 데에 그 의미가 있다. 또한 위에서 살펴보았듯이 독일 형법과 일본의 형사특별법 일부에서 기본행위가 과실에 의한 경우의 결과적 가중범을 인정하고 있기 때문에 그 구분의 의미가 있다 할 것이다.

(4) 검 토

이상에서 결과적 가중범의 종류를 분류하는 기준과 그에 따른 결과적 가중범의 종류를 살펴보았다. 필자의 생각으로는 이와 같은 종류의 분류에서 문제되는 것은 우선 부진정 결과적 가중범의 인정 여부이다. 일단 부진정 결과적 가중범을 인정해야 결과적 가중범의 종류를 분류하는 의의가 있고 또한 나아가서는 부진정 결과적 가중범의 미수를 상정하는 의미도 있으며 두 번째 분류방법 중에서 일본에서 집중적으로 논의되고 있는 고의 있는

---

69) 정성근/박광민, 앞의 책(총론), 441면 참조.

결과적 가중범의 논의에 대한 결론도 더 쉽게 끌어낼 수 있기 때문이다. 일단 다음과 같은 논거로서 부진정 결과적 가중범은 인정하지 않는 편이 좋다고 생각한다.

우선 첫째로, 만약 행위자가 현주건조물방화죄를 통하여 사람의 사망을 야기한 점은 입증되었으나 살인의 고의가 있었는지는 증명하지 못했을 때이다. 부진정 결과적 가중범을 인정하지 않는다면 이 경우 in dubio pro reo 원칙에 따라 '피고인의 이익을 위해서' 현주건조물방화치사죄보다 더 가벼운 현주건조물방화죄와 살인죄의 상상적 경합을 인정하기 위하여 살인의 고의가 있었던 것으로 보아야 한다는 이상한 논리가 성립된다고 생각할 수도 있다. 그러나 현행 부진정 결과적 가중범으로 해석되는 범죄는 단지 형의 불균형을 시정하기 위해서 창조해 낸 법형상이다.[70] 그리고 이러한 부진정 결과적 가중범은 현행 형법의 결합범의 확장으로 충분히 극복할 수 있다. 다만 형의 불균형문제는 입법론적인 문제로 분류하여 해결해야 할 것이다.

둘째로, 중상해죄(제258조 제2항, 제3항)의 예에서 볼 수 있듯이 중한 결과에 상응하는 독자적인 고의범 처벌을 위한 구성요건이 없는 경우에는 중한 결과를 고의로 야기한 경우를 포함시키지 않으면 가벌성의 공백이 생기게 된다[71]는 면이 비판으로서

---

70) 이는 현행 부진정 결과적 가중범의 중한 결과가 현주건조물방화치사죄를 제외하고는 모두 치상(과실상해죄)인 점에서 알 수 있다. 즉 일정한 논리적 체계는 보이지 않는다.

71) 같은 취지로서, 김용욱, 「부진정 결과적 가중범에 대한 비판적 고찰」, 93면.

부각될 수 있다. 그러나 중상해죄의 경우의 중한 결과에 대한 고의는 별도의 고의범으로 해석하여야 한다. 대부분의 경우 생명에 대한 위험의 발생의 고의의 경우는 살인의 고의가 인정되는 경우가 많을 것이다. 따라서 살인죄를 범하려는 행위자의 실행의 착수 시기를 신체를 상해하기 시작한 때라고 구성해야 할 것이다. 즉 살인죄의 미수로서 해결이 가능하다.[72]

셋째로, 중한 결과에 대한 고의범 구성요건이 있더라도 그 법정형이 중한 결과에 대한 결과적 가중범의 법정형에 비하여 가벼운 경우에 중한 결과를 고의로 실현했을 때 결과적 가중범의 성립을 부정하고 중한 결과의 고의범만을 인정하여 기본범죄와 상상적 경합으로 처리하게 되면 과실로 중한 결과를 발생시킨 경우는 결과적 가중범으로 처벌되므로 오히려 중한 결과를 고의로 발생시킨 경우에 가벼운 형벌이 적용되는 불합리한 결과가 발생된다[73]는 비판에 대하여는 고의결합법의 확장에 의한 입법과 형량의 조정으로 해결이 가능하다.

그 논리적 구성은 부진정 결과적 가중범을 중한 결과가 고의에 의해 실현되었을 때에는 중한 결과에 중점을 두고 기본범죄

---

72) 독일의 경우는 형법 제226조의 "특히 중한 상해죄(Schwere Körperverletzung)"에서 중상해의 고의로 결과를 야기한 자를 특히 중한 죄로 규정하여 처벌하고 있다. 그러나 이러한 규정이 없는 우리나라에서는 생명에 대한 위험 발생의 고의를 살인의 고의 혹은 상해의 고의로 해석할 수밖에 없다.

73) 임웅, 앞의 책(총론), 512면; 신동운, 「결과적 가중범」, 고시연구, 1993년 6월, 115면 이하; 이용식, 「결과적 가중범」, 고시계, 1992년 11월, 108~109면.

62

의 실행에 착수한 자로 그 주체를 제한하는 부진정 신분범으로 보아 논리를 전개하면 해결이 가능할 것이다.[74]

네 번째로, 한국 형법 제15조 제2항의 규정이 "중한 결과의 발생을 예견할 수 없었을 때에는 중한 죄로 벌하지 아니한다"라고 규정한 것은 "중한 결과를 예견할 수 있었을 때에만 결과적 가중범으로 벌한다"는 취지라고 보아야 한다. "중한 결과에 대한 예견가능성이 없으면 결과적 가중범으로 벌할 수 없고 기본범죄와 중한 결과인 과실범의 단순한 상상적 경합범으로 보아야 한다"는 취지이다. 이 규정이 중한 결과에 대하여 고의 있는 경우인 부진정 결과적 가중범에 대해서까지 언급하고 있다고 보아야 한다. 형법상의 조문이 "예견가능성"이라는 용어를 사용하여 결과적 가중범의 구성요건을 제한하고 있다는 점도 부진정 결과적 가중범을 인정할 필요가 없다는 근거가 된다. 즉 중한 결과에 대하여 행위자의 과실을 요구하는 것으로서 진정 결과적 가중범이 책임주의와의 조화를 꾀하기 위한 것이 전혀 다른 중한 결과에 고의가 있는 경우까지도 포섭하다고 볼 수는 없다. 고의범과 과실범은 형법에서 전혀 다른 측면이기 때문이다.[75]

다섯 번째로, 부진정 결과적 가중범의 고유한 본질이 무엇이냐에 그 초점이 맞추어져야 한다. 고유한 본질이 실현되고 있는 이

---

74) 여기에 대한 내용은 제5장에서 자세히 기술하였다.

75) 과실범은 고의범 처벌과 달리 형법상 처벌하지 않는 것이 원칙이다. 예외적으로 규정이 있는 경우에 처벌한다고 할지라도 과실인정의 요건도 엄격하여 불인식 또는 불의욕뿐만 아니라 정상의 주의태만이라는 요건도 갖추어야 비로소 과실이 인정되게 된다(김성돈, 앞의 책(총론), 520면 참조).

상은 고의 있는 결과적 가중범, 즉 부진정 결과적 가중범은 기수에 도달하였다고 보아야 한다. 일반적으로 부진정 결과적 가중범으로 해석되는 범죄에서는 행위자는 중한 결과인 상해(현주건조물방화치사죄의 경우는 사망)의 고의를 가지고 기본범죄의 실행의 착수에 나아가는 자이다. 기본범죄에 중점을 두고 중한 결과가 과실에 의해 발생했다면 이는 진정 결과적 가중범이라는 형법상의 규정이 있는데 굳이 부진정 결과적 가중범이라는 법형상의 해석의 개념을 끌어들일 필요가 없는 것이다. 이는 부진정 결과적 가중범의 본질은 누구든지 중한 결과를 범할 수는 있지만 그 주체가 전형적인 위험성을 내포한 기본범죄라는 특정한 범죄의 실행에 착수한 자로 제한되어 특수한 결과방지의무가 주어지는 자가 주체로 되는 부진정 신분범이라는 데에 그 본질이 있다는 것을 의미한다. 즉 중한 결과가 기수에 도달하였다면 부진정 결과적 가중범은 기본범죄의 기·미수 여부에 관계없이 기수에 도달한 것이다.

다만 두 번째 분류방법 중에서 일본에서의 고의 있는 결과적 가중범의 경우는 만약 부정한다면 앞에서 살펴보았듯이 죄수처리에 관한 해결방법이 어느 경우에나 결점을 가지고 있음은 부정할 수 없다. 또한 일본에서는 만약 결과적 가중범의 본질을 기본범죄로 인한 가중된 결과 발생의 위험성에서 구하는 경우에 가중된 결과의 고의적 실현의 사례가 결과적 가중범으로부터 배제되지 않을 수도 있다.[76] 마지막으로 세 번째 분류방법에 의한

---

76) 그러나 기본범죄에 대한 고의가 있으면 중한 결과에 대해서 과실

분류인 기본범죄가 고의범인지 과실범인지에 따라서 나누는 분류방법이 문제될 수 있다. 이는 현재 한국의 '환경범죄의 단속에 관한 특별조치법' 제5조와 일본의 '인의건강에관한공해범죄의처벌에관한법률' 제3조 제2항과 과거 독일 형법상의 '실화치사죄(제309조), 과실일수치사죄(제314조)'에서 기본행위가 과실범인 결과적 가중범을 인정하고 있었으므로 과실의 결과적 가중범도 분류방법으로서 큰 의의가 있다고 본다. 다만 이 경우의 결과적 가중범은 과실범과 과실범의 결합이므로 미수범 인정 여부는 불가능하다고 판단해야 할 것이다. 과실범의 미수범은 인정하지 않기 때문이다.

3. 구 조

형법상의 결과적 가중범은 각칙상의 각각의 결과적 가중범에 대한 보충을 형법 제15조 2항(결과로 인하여 형이 중할 죄에 있어서 그 결과의 발생을 예견할 수 없었을 때에는 중한 죄로 벌하지 아니한다)에 의하여 이루는 형식을 취하고 있다.

이와 같이 한국 형법은 그 자체로서 가벌적인 기본범죄행위를

이 없어도 결과적 가중범으로 처벌할 수 있다는 우연의 결과적 가중범은 책임주의에 반한다고 보아야 한다. 책임주의는 결과적 가중범을 규제하는 입법 및 전체적인 통제원리이므로 결과 발생에 대하여 무과실인 경우까지 결과적 가중범으로 처벌을 확대할 수는 없기 때문이다. 형법 제15조 2항의 취지도 가중된 결과에 대하여 과실조차 없는 데도 결과적 가중범으로 처벌할 수 있다는 점을 내포하고 있지는 않다고 보아야 한다.

통하여 결과 발생이 예견 가능하였다면 결과적 가중범이 성립된다는 형식[77]을 취하면서 그에 대한 형벌을 근본적으로 가중하고 있어서 결과적 가중범은 고의범 및 과실범으로 크게 대별되는 전형적인 2가지 범죄 유형에 쉽게 편입되기는 힘들다.[78] 이하에서는 결과적 가중범의 기본적 구조인 기본범죄와 중한 결과에 대하여 세부적인 내용을 다루어 보기로 한다.

(1) 기본범죄

중한 결과를 초래하는 원인된 행위가 기본범죄이다. 이 행위는 이미 그 자체가 중한 결과의 발생과는 무관하게 독자적으로 가벌적인 범죄를 구성하고 있어야 한다.[79] 그 독자적인 가벌성으로

---

77) 이를 통상 고의 – 과실의 결합형식이라고 부르고 있다. 그러나 현행 형법해석상 기본범죄가 고의범이 아닌 결과적 가중범도 이론상 성립할 수 있고 중할 결과에 대하여 고의가 있는 경우(부진정 결과적 가중범)도 있으므로 위와 같은 표현은 결과적 가중범의 대체적인 특징을 나타내는 것일 뿐 결과적 가중범의 본질적인 요소라고 보기는 힘들다.

78) 이러한 구조 때문에 바로 결과적 가중범이 형법상의 이물로 취급되기도 하였고 결과적 가중범이 가중처벌을 정당화할 만큼 고의범 및 과실범과 구별되는 독자적인 불법 내용이 있지 않다는 전제하에 결과적 가중범에 대한 가중처벌은 결과책임사상의 잔재로서 "형벌은 책임에 기초하고 그 책임에 비례한다"는 책임주의에 부합하지 아니하므로 고의의 기본범죄와 실현된 결과에 대한 과실범의 상상적 경합범으로 처벌하면 족하다는 결과적 가중범 폐지론이 나오게 된 것이다.

79) Fritjof Haft, Strafrecht, AT, 2. Aufl., München: C. H. Beck, 1984, S. 158.

인하여 결과적 가중범에 있어서 중한 결과를 초래하는 행위를 '기본범죄'(Grunddelikt)라고 일컫는다.[80]

　여기서 기본범죄의 미수만으로 중한 결과에 대한 위험이 창출될 수 있는 경우에 당해 기본범죄에 대한 미수범 처벌규정이 없더라도 결과적 가중범(미수 또는 기수)으로 처벌될 수 있는지 여부가 우선 문제된다.[81] 이 경우 결과적 가중범을 전체로서 파악하면 가중처벌은 중한 결과 자체로 인한 것이 아니라 기본범죄에 내재한 위험이 중한 결과에서 실현되었다는 데에 그 정당성의 근거가 있다. 따라서 기본범죄의 미수에 대한 처벌규정이 없다면 당해 미수는 법적으로 허용된(금지되지 않은) 위험이라고 할 수 있고 따라서 그 위험이 중한 결과에서 실현되었다 하더라도 결과적 가중범으로 처벌될 수 없고 중한 결과에 대한 과실범만 성립하게 될 것이다. 그러므로 현행법하에서도 폭행치사상, 낙태치사상 또는 유기치사상죄의 경우에는 기본범죄인 폭행이나 낙태 또는 유기행위로부터 사상의 결과가 발생하였더라도 결과적 가중범으로 처벌되지 않고 단지 기본범죄나 과실치사죄 내지는 과실치상죄의 경합범으로만 처벌할 수 있을 뿐이라고 보아야 한다.[82]

---

80) Karl Heinz Gössel, "Dogmatische Überlegungen zur Teilnahme am erfolgsqualifizierten Delikt nach §18 StGB", in: Festschrift für Richard Lange zum 70. Geburtstag, Berlin: Walter de Gruyter, 1976, S. 220.

81) 이에 관한 자세한 설명은 본서 제3장 참조.

82) 신양균, 「결과적 가중범의 미수」, 고시연구, 2004년 3월, 93면.

한편 이러한 기본범죄는 일반적으로 고의범인 경우가 대부분이지만 일본의 형사특별법상 "인의건강에관한공해범죄의처벌에관한법률" 제3조 제2항은 기본범죄의 주체로서 '업무상 필요한 주의를 태만히 하여 공장 또는 사업장에서의 사업 활동에 종사하는 사람의 건강을 해하는 물질을 배출하여 공중의 생명 또는 신체의 위험을 발생하게 한 자'라고 기본범죄의 주체를 명시하고 이로 인하여 사람을 사상케 한 자는 처벌한다고 규정함으로써 기본범죄가 과실범인 결과적 가중범을 인정하고 있다. 우리 형법상으로는 기본범죄가 과실범인 경우가 규정되어 있지 않지만 특별법상[83] 기본범죄가 과실범인 경우의 규정이 존재하기 때문에

---

83) 가령 한국의 특별형법으로서 '환경범죄의 단속에 관한 특별조치법(구 "환경범죄의 처벌에 관한 특별조치법") 제5조 제2항' 등을 들 수 있다: 환경범죄의 단속에 관한 특별조치법 제3조 제1항은 "오염물질을 불법 배출함으로써 공중의 생명 또는 신체에 위험을 발생시키거나 상수원 오염을 초래하여 공중의 식수사용에 위험을 발생시킨 자는 3년 이상의 유기징역에 처한다" 제2항은 "제1항의 죄를 범하여 사람을 사상에 이르게 한 자는 무기 또는 5년 이상의 유기징역에 처한다" 제5조 제1항은 "업무상 과실 또는 중대한 과실로 인하여 제3조 제1항의 죄를 범한 자는 7년 이하의 징역이나 금고 또는 1억원 이하의 벌금에 처한다" 제2항은 "업무상 과실 또는 중대한 과실로 인하여 제3조 제2항 또는 제4조 제3항의 죄를 범한 자는 10년 이하의 징역이나 금고 또는 1억 5천만 원 이하의 벌금에 처한다"라고 규정되어 있다. 이처럼 본 조문의 규정 내용은 "오염물질을 불법 배출함으로써 공중의 생명·신체에 위험을 발생시킨 자를 처벌하는 제3조의 범죄를 '업무상 과실 또는 중대한 과실'로 범한 경우에 결과적 가중범으로 처벌하는 규정"이다. 이 규정은 기본행위인 오염물질의 배출행위와 중한 결과인 공중의 생명·신체에 대한 위험 발생 양자에 대하여 업무상 과실 또는 중대한 과실이 있는 경우에 적용될 수 있으므로 기본범죄가 과실범인

기본범죄를 고의범에 국한하지 않고 과실범인 경우도 포함하여
논할 필요가 있다고 본다.

　일반적으로 결과적 가중범에 있어서 기본범죄의 성격을 살펴보
면 대체로 사람의 신체나 생명과 같은 개인적 법익 침해를 직접적
이고 강하게 야기하기 쉬운 폭력적 성질의 것이 많고 공공의 위험
을 수반하는 행위가 대부분인 점에 주목할 필요가 있다.[84]

(2) 중한 결과

　결과적 가중범의 중한 결과는 구성요건요소이다. 이러한 중한
결과의 전형적인 것으로 형법전에 규정되어 있는 것은 연소죄
(형법 제168조)를 제외하고는[85] 사람의 「치사」와 「치상」이다. 결
과적 가중범에 있어서 구성요건요소인 중한 결과는 원칙적으로
과실범의 구조를 지니고 있다고 볼 수 있다. 이에 따라 결과적
가중범에 있어서 중한 결과를 야기함에 필수불가결한 요소인 과
실범의 본질에 관해서 알아볼 필요가 있다.[86]

　과실범에 있어서 형법 제14조의 '정상의 주의'의 의미에 대하여

　결과적 가중범도 존재하는 것이 된다.

84) 폭행, 상해, 유기, 낙태, 체포, 감금, 강간 등과 방화, 일수, 교통위
　　험범죄 등.

85) 연소죄의 경우는 "~죄를 범하여 ~물건에 연소한 때에는"이라고 구
　　성요건을 명시하고 있다.

86) 물론 반드시 중한 결과가 과실에 의해서만 구성될 필요는 없다. 고
　　의에 의해서도 부진정 결과적 가중범이라는 종류의 결과적 가중범
　　을 통해 구성될 수 있기 때문이다.

는 이를 사회생활상 요구되는 객관적 주의의무를 뜻하는 것으로
보아서 주의의무의 척도를 객관적·일반적인 것으로 보는 객관
설[87]과 행위자가 자신의 주의능력에 비추어 가능한 주의의무를
다하지 아니함으로 인해 성립하는 주관적 과실만이 과실범의 불
법을 이룬다고 보는 견해로서 논리필연적으로 행위자 개인의 주
관적 주의능력을 표준으로 주의의무 위반 여부를 판단하는 주관
설로 대별될 수 있다.[88] 이러한 주관설은 한국 형법상의 제15조

---

87) 김일수/서보학, 앞의 책(총론), 451면; 김종원, 「과실범」, 형사법강
　　좌Ⅰ, 한국형사법학회편, 박영사, 1981, 338면; 박상기, 앞의 책(총
　　론), 282면; 배종대, 앞의 책(총론), 698면; 안동준, 앞의 책(총론),
　　274면; 신동운, 앞의 책(총론), 221면; 이재상, 앞의 책(총론),
　　§14/12; 이형국, 앞의 책(총론), 330면; 임웅, 앞의 책(총론), 495
　　면; 정성근/박광민, 앞의 책(총론), 422면; 진계호, 앞의 책(총론),
　　244면; 황산덕, 앞의 책(총론), 129면; 객관설에 의할 때 사회생활
　　상 일반적으로 요구되는 주의의무를 다할 개인적 능력이 떨어지는
　　사람의 과실행위도 구성요건 해당성과 불법성은 인정되며 행위자
　　의 개인적 능력부재는 다만 책임단계에서 고려될 수 있을 뿐이다.
　　객관설이 이렇게 주의의무의 기준을 객관적·일반적인 것으로 설
　　정하는 이유는 법규범은 누구에게나 구속력을 가지는 일반적인 원
　　칙이어야지 개인적 규범이어서는 아니 된다는 데에 있다(정영일, 「
　　과실범에 있어서 인적 불법론에 관한 연구」, 서울대학교 대학원 법
　　학박사학위논문, 1992, 89, 93면).
88) 김성돈, 앞의 책(총론), 528면; 한편 주관설이 주의의무의 척도를
　　주관화·개별화하는 주된 이유는 법규범은 개인에게 불가능한 것
　　을 요구할 수 없고 행위자 개인의 주의능력에 비추어 가능한 주의
　　의무를 부과해야 한다는 데에 있다. 주관설에 따라 주관적 주의의
　　무 위반이 과실범의 구성요건요소로 자리잡게 되면 고의를 주관적
　　구성요건으로 파악하는 고의범과 구성요건단계에서 범죄의 체계적
　　논리가 같아지게 된다(서보학, 「과실범에 있어서 주의의무 위반의
　　체계적 지위와 판단기준」, 형사법 연구 제15호, 2001, 25면); 형법
　　상의 과실은 주관적 예견가능성이고 이것을 과실범의 주관적 구성

2항이 결과적 가중범의 성립요건으로 중한 결과에 대한 예견가능성을 요구하는데 이 예견가능성을 행위자의 예견가능성이라고보고 있기 때문에 주관적 주의의무 위반이 결과적 가중범의 구성요건요소가 된다고 주장한다.[89] 그러나 객관설의 논리를 견지하면서도 결과적 가중범에 있어서 객관적 결과 발생 예견가능성은 구성요건요소로 주관적 예견가능성은 책임요소로 보는 입장이 존재하고 있음에 주의할 필요가 있다.[90]

한편 이러한 중한 결과의 유형에 위험결과(사람의 생명에 대한위험의 발생)도 포함되는지에 관해서 문제가 제기될 수 있다. 이를 인정하는 견해도 있다.[91] 이것은 가벌적인 기본범죄로 인하여

요건요소로 파악해야 하며 그럼으로써 비로소 고의범체계와의 통일성을 얻게 되고 과실범은 더 이상 고의범을 중심으로 구성된 범죄체계상의 이물질로 다루지 않아도 되게 되는 것이다(조상제, 「형법상 과실의 체계적 정서」, 고시계, 1998년 9월, 55~57면).

89) 김성돈, 「과실 개념에서 주의의무 위반성과 예견가능성」, 형사정책연구 제6권 제4호(통권 제24호 1995년 겨울호), 174면; 이호중, 「과실범의 예견가능성」, 형사법 연구 제11권, 1999, 80면 이하; 이러한 주관설은 결과적 가중범의 경우에는 과실 개념을 행위자의 예견가능성으로 보면서 다른 경우에는 객관적 예견가능성을 과실의개념요소로 이해해서는 안 된다는 논거를 편다.

90) 임웅, 앞의 책(총론), 516면; 한편 판례도 결과적 가중범에 있어서중한 결과에 대한 예견가능성을 일반적·주관적 예견가능성의 양자를 다 포함하는 것으로 해석할 수 있는 입장을 보인 적이 있다(대판 1985. 4. 23, 85도303 소위 엉덩방아 사건).

91) 우리나라에서 중한 결과 속에 위험결과도 포함되는 것으로 보아기본범죄로 인하여 사람의 생명에 대한 위험이 초래된 경우에 가중처벌하는 경우를 결과적 가중범 유형으로 인정하고 있는 견해는김종원, 형법각론(상), 법문사, 1971, 171면. 262면이 있다.

일정한 법익침해의 위험이 발생한 경우를 가중처벌하는 규정이 없는 일본에서는 중한 결과가 침해결과에 한정된다고 볼 수도 있겠지만[92] 중유기죄 등과 같은 규정이 있는 우리나라(형법 제271조 3항, 4항)나 중강도죄(독일 형법 제250조 제1항 3호) 등과 같은 규정이 있는 독일의 경우에는 문제가 된다. 이에 대하여 독일에서 이러한 유형을 결과적 가중범 유형에 포함시키는 견해의 주된 논거는 독일 형법 제18조가 "특별한 결과"를 규정하고 있을 뿐이며 침해결과를 규정하고 있지 않다는 점에 있다고 한다.[93] 반면에 독일에서 이러한 유형을 결과적 가중범 유형에 포함시키지 않는 견해의 논거는 이러한 유형은 기본범죄에 내재된 고유하고 유형적인 위험성이 현실화된 것이 아니라 단지 구체화되었음에 불과하고 위험은 그것이 현실로 되어 손해로 실현될 때 비로소 결과적 가중범에 있어서의 「중한 결과」로 된다고 본다.[94]

결과적 가중범을 단지 「결과범」이라고 할 때 결과범이 침해범과 위험범을 포함하는 개념이라는 점[95]에서 기본범죄로 인하여 사람의 생명에 대한 위험 발생이라는 결과를 초래하는 경우에 가중처벌하는 유형을 결과적 가중범에 포함시키는 것도 가능하

---

92) 丸山雅夫, 結果的加重犯論, 東京, 成文堂, 1990, 12면.

93) K.-H. Gössel, a. a. O., S. 221; Jescheck/Weigend, Lehrbuch des Strafrechts, 5. Aufl., 1995, S. 572.

94) Vgl. Wilfried Küpper, "Gefährdung als Erfolgsqualifikation?", NJW 1976, S. 546.

95) '법익침해 및 법익침해의 구체적 위험'이라는 가치적 관점에서 파악한 경우에 결과범은 침해범과 구체적 위험범을 의미한다(임웅, 앞의 책(총론), 83면; 김일수/서보학, 앞의 책(총론), 153면).

기 때문이라는 것을 주요 논거로 들고 있다.[96]

(3) 검 토

  현행 형법학에서는 기본범죄행위를 고의범에 한정하고 있다.[97] 그 논거로는 한국 형법 제15조 제2항은 기본범죄를 고의범으로 한정하지는 않았으나 기본범죄가 과실범인 결과적 가중범은 형법상 존재하지 않는다는 것을 대부분 논거로 들고 있다. 그러나 최근 환경범죄가 급증하고 있고 이러한 환경범죄를 기본범죄로 하여 결과적 가중범이 성립한다면 기본범죄가 반드시 고의범인 경우보다는 업무상 과실범인 경우도 많다는 점을 눈여겨보아야 하며 기본범죄를 반드시 고의범으로 단정짓는 해석은 재고해 볼 여지가 있다. 한국 형법 제152조 제2항의 「죄」는 고의범이냐 과실범이냐를 규정해 놓고 있지 않는 이상 해석상으로도 독일 형법의 해석과 같이 해석한다고 하여 큰 무리가 생기지는 않는다고 본다.

  환경범죄는 또한 기본범죄의 측면에서 볼 때 사람의 신체에 대하여 피해를 강하게 야기하기 쉽고 공공의 위험을 수반하는

---

96) 천종철, 「결과적 가중범에 관한 연구」, 연세대학교 대학원 법학박사 학위논문, 1993, 12면; 다만 이러한 유형의 결과적 가중범을 특수한 유형의 결과적 가중범 유형으로 분류하고 있는 견해가 있다(김성돈, 앞의 책(총론), 565면 이하 참조).

97) 김일수/서보학, 앞의 책(총론), 470면; 임웅, 앞의 책(총론), 514면; 정성근/박광민, 앞의 책(총론), 442면.

행위가 대부분이다.[98] 중한 결과의 발생은 원칙적으로 법익의 현실적 침해결과이지만 한국 형법에서 중상해죄(제258조 제1항)나 중권리행사방해죄(제326조), 중손괴죄(제368조 제1항)가 규정되어 있는 이상 생명에 대한 위험의 결과를 초래하는 경우도 결과적 가중범에서의 중한 결과의 발생에 포함시켜야 한다고 생각할 수도 있다. 그러나 이러한 유형의 범죄에서의 생명에 대한 위험 발생의 고의를 살인죄의 미필적 고의로 본다면 굳이 이러한 유형의 범죄를 부진정 결과적 가중범의 유형에 편입시킬 필요가 없다고 본다. 살인미수죄와의 경합범으로 처리한다면 형의 불균형이 발생하지는 않기 때문이다.

제2절 결과적 가중범과 책임주의

1. 결과적 가중범의 문제점

결과적 가중범은 기본범죄의 실현이 동시에 과실치사상의 결과를 야기한 범죄라고 할 수 있다. 이러한 형태의 범죄를 상상적

---

[98] 한편 여기에 대한 형법상 판례는 존재하고 있지 않다. 「환경범죄의 처벌에 관한 특별조치법」은 '구체적 위험범'을 기본범죄로 하고 있지만 '업무상 과실범'을 기본범죄로 규정한 최초의 결과적 가중범인 만큼 형법적 판단을 가능하게 하는 구성요건 형식의 정비가 요구된다(조병선, 환경형법, 청주대학교 출판부, 1998, 47면, 53면).

경합의 사안으로 처리하지 않고 결과적 가중범이라는 독립된 범
죄 유형으로 가중처벌하는 이유는 무엇일까를 한번 생각해 볼
필요가 있다.

이를 위해서는 먼저 결과적 가중범에 고의범 혹은 과실범과
구별되는 어떠한 독자적인 불법 내용이 있는지를 규명하여야 하
고 이것이 규명된다면 개개의 구성요건을 해석함에 있어서도 그
러한 본질에 부응하는 방향으로 해석해야 할 것이다. 여기에 대
한 하나의 해석기준으로서 제시된 것이 있다. 이는 결과적 가중
범이 독자적 불법 내용을 가지고 있으며 기본 구성요건에서 도
출되는 전형적이고 특수한 위험의 실현이 중한 결과의 형태로
구체화되었으므로 기본 구성요건에 대한 실행의 착수만 있으면
결과적 가중범에는 항상 가중적 형량이 고려되어야 한다고 하는
견해이다.[99] 이 견해는 결과적 가중범의 처벌규정은 일정한 고의
행위에서 일정한 중한 결과가 발생하는 것이 자주 일어날 때(고
도의 유형적 위험성), 중한 결과발생의 위험을 가지는 기본행위
를 특히 강력하게 금지하는 기능을 행한다는 것을 의미하기도
한다. 이러한 결과적 가중범의 일반예방적적 기능, 예건대 사망의
결과가 발생한 경우에 살인기수인가 과실치사인가 하는 2단계
평가가 아니라 살인기수 → 상해치사 → 과실치사라는 3단계 평
가를 행함으로서 보다 사안에 맞는 형법적 평가가 가능하게 된
다.[100] 그러나 결과적 가중범의 본질을 해명하기에 앞서서 보다

---

99) Ulsenheimer, Klaus, "Zur Problematik des Rücktritts vom Versuch
    erfolgsqualifizierter Delikte", Festschrift für Paul Bokelmann zum
    70., 1979, S. 413ff., 416f.

근본적인 문제점에 부딪히게 되는데 이것은 바로 중한 결과의 발생으로 인하여 가중처벌을 하고 있는 각칙상의 형벌이 지나치게 무겁다는 점이다. 그러한 형벌의 과잉이 없었다면 결과적 가중범에 대한 논의는 단순한 탁상공론에 그쳤을 것이고 이를 위해 많은 학자들이 연구할 필요도 없었고 판례도 그 성립범위를 제한하고자 하는 노력을 기울이지 않았을지도 모른다.[101] 결과적 가중범의 법정형은 고의의 기본범죄에 정하여진 법정형의 2배 이상 가중된 경우도 많고 어떠한 경우에는 그 하한이 고의에 의한 기본범죄의 하한보다도 무거운 경우도 있다.[102] 이는 하나의

---

100) 이용식, 「결과적 가중범에 관한 연구 -전형적 위험의 실현과 미수의 인정여부에 관한 하나의 문제제기-」, 160면.

101) 한국 형법은 결과적 가중범에 대한 가중처벌이 얼마나 균형을 잃고 있는지를 바로잡기 위하여 우선 1995년 형법개정을 통하여 치사죄와 치상죄를 구별하지 않고 같은 법정형 아래 두었던 것을 치사죄와 치상죄로 구분하면서 법정형에 차이를 두었고(형법 제144조, 제164조 2항, 제173조 3항, 제177조 2항, 제188조, 제194조, 제275조, 제281조, 제301조, 제301조의 2, 제368조) 결과적 가중범의 법정형에서 사형을 대부분 삭제하는 등 책임주의와의 조화를 이루기 위하여 노력하였다; 한편 일본의 형법에 있어서도 결과적 가중범으로 입법되어 있는 범죄의 형의 불균형문제는 제기되고 있다. 예를 들면 일본 형법 제219조의 유기치사상죄는 단순유기죄(제217조)와 중과실치사상죄(제211조 제1항 후단)의 형을 합한 형보다 더 중한 형이 규정되어 있고, 강도치사죄(제211조 제1항 후단)도 강도죄(제236조)와 중과실치사죄의 형을 합한 것보다 더 중한 형이 규정되어 있다; 이는 독일 형법의 경우도 마찬가지이다. 독일 형법상 과실치사죄(제222조)의 형량은 5년 이하의 자유형 혹은 벌금형, 고의의 고살죄(제212조)의 경우에도 5년 이상의 자유형인 데 반해 강도치사죄(제251조)의 경우에는 종신형 혹은 10년 이상의 자유형으로서 각각의 기본범죄와 가중적 범죄의 형량을 단순히 합한 것보다 높게 나타난다.

행위로 수 개의 결과를 발생시킨 경우인 상상적 경합의 경우 형법이 취하고 있는 흡수주의(형법 제40조)[103]와 다르고 심지어 형법 제37조 전단의 실체적 경합범의 경우의 처리방법(제38조)에 의한 경우보다도 무겁게 입법된 것도 나타난다.

또한 형법개정에서 현주건조물방화치사죄와 해상강도치사죄를 제외한 대부분의 범죄에서 사형을 삭제하였기 때문에 어느 정도 책임주의와의 조화를 위해 형벌이 저감되었다고 한다 해도 그 형벌의 하한선은 고의살인죄(5년)보다 오히려 높거나[104] 동일한 경우[105]가 많기 때문에 그 형벌에 대하여 아직 체계적인 고려가

---

102) 특수공무집행방해치사상죄(형법 제144조 2항)의 법정형은 그 상한이 특수공무집행방해죄(형법 제144조 2항)에 정하여진 법정형의 2배를 넘고 상해치사죄(형법 제259조)의 법정형 역시 단순상해죄(형법 제257조)에 대한 관계에서는 위와 같고 폭행치상죄(제262조)의 법정형은 단순폭행죄(형법 제260조)의 법정형보다 5배 높으며 체포·감금치사상죄(제281조 1항)의 법정형은 단순 체포·감금치사상죄(제276조)의 법정형보다 3배 높고 강간치사죄(제301조의 2 후단)의 법정형은 단순강간죄(제297조)에 없는 무기징역이 추가되었으며(이는 강도치사, 인질치사죄의 경우도 같다),폭행치사죄(제262조)의 법정형은 그 하한이 단순폭행죄(제260조)보다 오히려 높다.

103) 이는 수 개의 행위로 수 개의 죄를 범한 경우보다 하나의 행위로 수 개의 죄를 범한 경우가 불법이 경하다는 데에 기인한다고 통상적으로 설명할 수 있다.

104) 한국 형법상 현주건조물방화치사죄(제164조 2항), 현주건조물일수치사죄(제177조 2항), 강간치사죄(제301조의 2), 인질치사죄(제324조의 4), 강도치사죄(제338조), 해상강도치사죄(제340조 3항)에서 대표적으로 나타나고 있다. 특히 해상강도치사죄는 법정형의 하한이 무기징역이라는 점에서 그 문제점이 더 크다고 할 수 있다.

105) 특수공무집행방해치사죄(제144조 2항), 폭발성물건파열치사죄

충분하다고 볼 수 없다.

물론 법정형을 정함에 있어서 적정한 법정형의 범위를 확정한다는 것은 매우 어려울 것이고 그것은 또한 입법자의 재량 사항일 수도 있다. 그러나 그러한 입법자의 재량 사항 역시도 헌법상의 과잉금지원칙, 평등원칙, 책임주의 등의 내재적 제한 안에서의 재량에 그친다고 할 것이다. 어떠한 범위의 법정형이 타당한가에 대해 획일적인 기준을 제시하기는 매우 어려울 것이지만 앞에서 살펴본 결과적 가중범에 대한 형벌가중의 정도는 너무 과한 것이라고 생각된다.[106]

여기에 대하여 그 법정형을 책임에 알맞게 타당한 범위 내로 제한하되 그 적정한 법정형은 최대한 기본범죄의 법정형과 중한 결과에 대한 중과실치사상죄의 법정형의 실체적 경합범으로 처벌하는 경우의 처단형의 범위에서 크게 벗어나지 않는 범위 내에서 법정형의 범위를 제한하자는 견해[107]가 있어 어느 정도 그 해결을 위한 노력을 보여 왔으나 중한 결과에 대한 고의범과 과실범의 법정형을 동일하게 한 경우(강간치상죄와 강간상해죄 - 형법 제301조, 강도치상죄와 강도상해죄 - 형법 제337조)는 고의

(제172조 2항), 가스전기등방류치사죄(제172조의 2 제2항), 교통방해치사죄(제188조), 음용수혼독치사죄(제194조) 등.

[106] 강도치상죄를 다시 한번 예로 들면 7년 이상의 징역으로 규정되어 있어서 법원이 재량에 의하여 감경하여도 처단형의 범위가 3년 6개월 이상이 되어 집행유예의 가능성이 차단된다(이상우, 앞의 글, 188면).

[107] 천종철, 「결과적 가중범에 관한 연구」, 연세대학교 대학원 법학 박사학위논문, 97면.

범과 과실범 간에 본질적인 불법의 차이가 존재함에도 불구하고 동일한 규정에서 동일한 법정형을 규정하고 있다는 점에서[108] 헌법상 인정되는 상대적 평등원칙에 정면으로 위배된다고 보아야 할 것이다. 또한 폭행치상죄의 법정형을 상해죄의 법정형과 같게 한 것, 폭행치사죄의 법정형을 상해치사죄의 법정형과 동일하게 한 것 등 역시 위와 같은 관점에서 평등원칙에 위배된다고 보아야 할 것이다.[109] 한편 형사특별법상의 결과적 가중범 규정

---

[108] 만약 중한 결과에 대하여 중과실을 요한다고 할지라도 고의에 비하여는 그 행위불법이 경하다고 할 것이다.

[109] 한편 상대적 평등원칙과 관련하여 문제되는 것은 위에서 든 것들 이외에도 강간치상죄와 강제추행치상죄의 법정형을 동일한 조문에서 동일한 법정형으로 규정하고 있는 것(한국 형법 제301조)도 들 수 있다. 강간치상죄와 강제추행치상죄에 규정된 법정형의 과중은 일단 논외로 하더라도 강간죄는 그 형태(간음)가 명확하고 매우 중한 결과를 초래한 것으로 일반적으로 평가할 수 있으며 강간을 위한 폭행과 협박은 최협의의 폭행·협박으로 해석하고 있는 데에 반하여 강제추행죄의 경우는 그 형태가 매우 다양하고 (이는 판례에 나타난 몇 가지 사례만 보아도 알 수 있다. 피해자와 춤을 추면서 유방을 만진 행위(대판 2002. 4. 26. 선고 2001도2417 판결), 피해자를 두 팔로 꼭 끌어안고 키스를 한 행위(대판 1992. 2. 28. 선고 91도3182 판결), 피고인이 함께 술을 마시던 술집종업원을 차에 태워서 가다가 장난삼아 피해자의 유방을 만지고 피해자가 이를 뿌리치자 발을 앞으로 뻗어 치마를 위로 걷어올리고 구둣발로 그녀의 허벅지를 문지르는 행위(대판 1998. 4. 12. 선고 88도178 판결) 등 매우 다양한 형태로 나타나고 있다). 대법원은 강제추행죄의 해석에 있어서 "강제추행죄는 상대방에 대하여 폭행 또는 협박을 가하여 항거를 곤란하게 한 뒤에 추행행위를 하는 경우뿐만 아니라 폭행행위 자체가 추행행위라고 인정되는 경우도 포함되는 것이며 이 경우에 있어서의 폭행은 반드시 상대방의 의사를 억압할 정도의 것임을 요하지 않고 상대방의 의사에 반하는 유형력의 행사가 있는 이상 그 힘의 대소강약을

들인 특정범죄가중처벌법 제4조의 2는 공무원의 직무에 관한 죄

불문한다"(대판 1983. 6. 28. 선고 83도399 판결; 대판 1992. 2. 28. 선고 91도3182 판결; 대판 1994. 8. 23. 선고 94도630 판결; 대판 2002. 4. 26. 선고 2001도2417 판결 등)라고 해석하고 있다는 점에서 그 기본범죄의 불법의 양에 엄연한 차이를 보이고 있기 때문이다. 이러한 차이점에서 한국 형법은 강간죄의 경우 3년 이상의 유기징역을 법정형으로 규정해 놓고 있고(형법 제297조), 강제추행죄의 경우 10년 이하의 징역 또는 1,500만 원 이하의 벌금을 법정형으로 규정해 놓고 있다(형법 제298조). 그리고 강간치상죄와 강도치상죄의 불법의 차이가 얼마나 나는지를 정확히 구분하는 것은 곤란하기는 하지만 기본범죄인 강간죄와 강도죄에 규정된 폭행, 협박의 해석에 있어서 이를 모두 최협의의 폭행과 협박으로 파악하고 있는 점, 강간죄는 성적자기결정권이라는 인간의 기본적 육체에 대한 본능적인 권리를 보호하고 있는 것이고 강도죄는 재산권이라는 인간의 물질적인 생활에 있어서의 본능적이고 필수적인 권리를 보호한다는 점 등 그 행위의 태양이나 보호법익의 측면에서도 그렇게 큰 차이가 나지 않는 것으로 판단됨에도 불구하고 강간치상죄는 5년 이상의 법정형을 규정하고 강도치상죄는 7년 이상의 징역형을 규정해 놓고 있어서 강도치상죄에 대한 법정형이 그 책임의 양을 초과하여 균형을 잃은 과잉입법이 아닌가 하는 의심을 품을 수밖에 없다.(5년의 법정형과 7년의 법정형은 별다른 법률상 감경사유가 없는 경우 "법원이 작량감경을 한 후 집행유예를 할 수 없는가 있는가"라는 결정적인 차이를 초래한다. 실형 3년 6개월과 징역 3년에 집행유예 5년(혹은 4년)의 차이는 설명할 필요조차 없을 것이다. 이러한 부당함으로 인하여 실무에서는 "양형조절을 위하여 피고인에게 술을 먹인다"라는 자조적인 속설조차도 생겨났다(이상우, 앞의 글, 190면 참조). 더군다나 강도치상죄의 경우에는 준강도죄(절도범이 체포를 면탈하기 위하여 혹은 죄적을 인멸하기 위하여 폭행·협박하는 경우, 즉 범인이 자신을 보호하기 위하여 그리고 자신의 죄를 덮기 위하여 이러한 행위를 시도하는 것은 인간의 본능적인 몸부림으로서 고유한 의미의 본래적인 강도범과 비교하여 불법의 양에 있어서 輕하다. 그러나 재물의 탈환을 항거하기 위하여 폭행·협박을 가하는 경우는 위의 두 가지 목적과는 달리 강도죄와 유사성이 있다.

중 형법 제124조 불법체포, 불법감금죄나 형법 제125조 폭행, 가혹행위를 가하여 사람을 치상케 한 때에는 1년 이상의 유기징역에 처하고 치사케 한 때에는 무기 또는 3년 이상의 징역에 처하도록 하고 있다. 이는 형법 제281조(체포, 감금 등의 치사상)나 제262조(폭행치사상)에 의하여 충분히 규율될 수 있다고 본다. 또한 특정범죄가중처벌법 제4조의 2는 형법 제268조(업무상 과실, 치사상)의 죄를 범한 당해 차량의 운전자가 피해자를 구조하는 등의 조치(도로교통법 제50조 1항)를 취하지 아니하고 도주하여 피해자가 치사한 때에는 무기 또는 5년 이상의 징역, 피해자가 치상한 때에는 1년 이상의 유기징역에 처하는 무거운 형벌을 부과하고 있다. 이는 형법 제268조의 5년 이하의 징역 또는 2천만 원 이하의 벌금의 형벌에 의하여도 충분히 규율되며 따로 형법상의 제275조의 유기 등 치사상죄의 형벌로서도 규율할 수 있을 것이다. 즉 이 경우는 제275조의 유기치사상죄와 제268조의 업무상과실치사상죄의 상상적 경합에 의하여 처리하면 될 것이다. 또한 성폭력범죄의처벌및피해자보호등에관한법률 제9조(강간 등 상해·치상)와 제10조(강간 등 살인·치사)의 죄는 형법 제301조(강간 등 상해·치상)와 형법 제301조의 2(강간 등 살인·치사)의 죄로 규율할 수 있다. 이는 같은 결과적 가중범임에도

이와 같이 준강도죄의 경우 폭행·협박의 목적마다 강도죄와 비교하여 그 불법의 양에 있어서 다른 평가가 가능함에 주의할 필요가 있고 형법은 이와 같이 서로 다른 평가가 가능한 3가지의 형태를 병렬적으로 나열하였다)가 치상의 결과를 발생시킨 경우도 포함하고 있다는 점을 생각하면 그 부당함은 더욱 자명하다 할 것이다.

성폭력범죄의처벌및피해자보호등에관한법률에 의하면 강간등치
사상죄는 무기 또는 7년 이상의 징역, 강간등치사죄는 무기 또는
10년 이상의 징역에 처하는 무거운 형벌이 부과되고 있다. 역시
형법 제301조의 강간치사죄가 무기 또는 5년 이상의 징역, 제301
조의 2의 강간치사죄가 무기 또는 10년 이상의 징역에 처하는
형벌과 비교해 볼 때 불필요한 규정이라고 생각된다.

2. 책임주의 원칙과의 조화

형법에서 책임주의 사상은 고의범과 과실범을 명확히 구분하
는 데에서부터 시작된다. 형법은 형법상 행위에 의하여 발생한
모든 구성요건에 해당하는 결과에 대하여 그 결과 야기자에게
행위를 고의로 범한 경우에 처벌하는 것을 원칙으로 삼고, 과실
로 야기한 경우에는 특별한 규정이 있는 경우에만 처벌한다. 결
국 과실로 야기한 경우에는 언제나 처벌되는 것이 아니라는 것
이 책임주의 사상의 기본이다. 그러면 이와 같은 고의범과 과실
범에 관한 형법의 책임주의 사상이 일정한 기본범죄에 대하여
형벌의 근본적 가중을 인정하는 현행 형법상의 결과적 가중범에
서도 그대로 유지되고 있는가가 문제가 될 수 있다.

이에 대하여는 결국 결과적 가중범이 거의 고의책임에 버금가
거나 경우에 따라서는 이를 초과하는 높은 강도의 형벌을 가중
한다는 점으로 볼 때 책임주의 사상에 합치되기 위해서는 형벌
을 부과함에 있어서 어느 행위로 인해서 발생한 중한 범죄결과

를 충분히 예견할 수 있어야 할 뿐 아니라 쉽게 인식할 수 있어서 일반적인 주의의무를 다했다면 그러한 범죄결과를 쉽게 그리고 충분히 회피할 수 있어야 한다.[110] 그렇다면 현행 한국 형법의 결과적 가중범이 책임주의 원칙과 부합할 수 있다고 말할 수 있는가? 있다면 하나의 논거로서 중한 결과가 고의에 의해 범한 기본범죄에 전형적으로 내포된 잠재적인 위험의 실현이란 점을 들 수 있겠다.[111]

그러나 강도행위를 예로 들어 볼 때 강도죄 자체의 형벌이 상당히 무거움에도 불구하고 다시 치상이나 치사의 결과가 일어났다고 해서 형을 특히 중하게 가중한다는 것은 책임주의 원칙상 동일한 범죄에 대하여 두 번의 평가를 한 것이 될 수도 있다. 결국 결과적 가중범이 책임주의의 한계를 침해하지 않으려면 결과책임주의적인 사고방식에서 행위책임주의적 사고방식으로 전환해야 하고 이를 위해서 범죄 성립요건에서뿐만 아니라 그 범죄의 법률효과 면에서도 철저한 책임주의의 담보 아래 규정되어야 한다고 본다.

---

110) Geilen Gerd, "Unmittelbarkeit und Erfolgsqualifizierung", Festschrift für Hans Welzel zum 70. Geburtstag, Berlin/New York 1974, S. 656.

111) 이는 결국 범죄의 불법성을 결과의 불법성뿐 아니라 행위의 불법성도 함께 고려해야 한다고 보는 견해이다. 즉 폭행을 통해서 사람을 치사케 할 위험이 특히 크므로 폭행을 조심하여야 했음에도 불구하고 치사케 하였다면 행위자의 행위반가치성이 특히 높게 평가되어 법정형도 가중되기 때문이라는 점을 논거로 들고 있다 (허일태, 「결과적 가중범과 책임주의」, 김종원 교수 회갑기념논문집, 1991, 241면).

이를 위해서 중한 결과 발생에 대하여 단순한 예견가능성만을 요구하는 데 그칠 것이 아니라 인식 있는 과실이나 범죄 유형에 따라 중과실이 요구됨을 명문화하고 더 나아가 기본범죄행위 속에 내재한 잠재적인 특유한 위험이 그 기본범죄행위에 의하여 직접적으로 실현되는 그런 범죄행위만을 고유한 의미의 결과적 가중범으로 인정한다는 것을 명문화하는 것 등도 이러한 노력의 일환이라고 볼 수 있다. 그렇게 해야만 결과적 가중범에 대해 특별히 형을 가중하는 합리적 근거가 담보될 수 있게 되고 책임주의에도 상응하게 될 수 있다. 그렇다 하더라도 결과적 가중범에 대한 형의 가중은 중한 결과에 대한 고의책임을 지우는 듯한 높은 형벌을 가해서는 안 되고 기본범죄와 중한 결과 간에 실체적 경합의 범위를 초월하지 않는 법정형이 합리적이 아닐까 생각된다.[112]

---

112) 허일태 교수는 결과적 가중범 규정에 대하여 "결과로 인하여 형이 중한 죄에 있어서 그 결과가 인식 있는 과실이나 중과실에 의해 기본범죄행위의 직접적 원인으로 발생한 때에 한하여 중한 죄로 벌한다."라고 규정하는 것이 바람직함을 표명하고 있다. 또한 양형규정에 대하여도 폭행치상과 상해의 법정형을 달리해야 하고 폭행치사는 현행의 3년 이상이나 되는 무거운 형벌을 10년 이하의 유기자 유형으로 하고 상해치사도 역시 현행의 3년 이상을 1년 이상의 유기자 유형으로 하면 합리적임을 주장하고 있다(허일태, 앞의 글, 242~243면).

3, 형법상 가중처벌의 근거

(1) 형법상 가중처벌의 근거 일반론

결과적 가중범에 있어서 일종의 결과책임은 계몽주의 이후에 책임주의 사상이 점차 관철됨에 따라 극복되어야 할 과제로서 의식되기에 이르렀고 이에 따라 결과적 가중범이 책임주의와 조화될 수 있도록 많은 학자가 오랫동안 노력을 기울여 왔다. 그중 첫 번째는 극단적인 입장으로서 결과적 가중범은 결과책임의 잔재이므로 이를 전부 삭제하여 형법상의 책임주의를 관철시키고 결과적 가중범에서 말하는 기본범죄행위와 중한 결과에 대해서는 종래의 이론 예컨대 상상적 경합이론에 의해서 처리하거나[113) 양형규정에 따라 특별히 형을 가중하는 규정을 두어야 한

---

113) 예를 들면 Schubarth Martin, Das Problem der erfolgsqualifizierten Delikte, ZStW 85. Band(1973) S. 759. 754ff(결과적 가중범의 중한 결과 발생에 대한 과실은 기본범죄를 고의로 실현한 것이기 때문에 거의 고의에 가까운 과실을 인정한다고 하더라도 결과적 가중범에 대한 처벌이 지나치게 높기 때문에 이러한 결과적 가중범의 범죄 유형을 인정하지 않으려는 견해를 보여준다. 이 견해는 결과적 가중범의 구성요건해당성의 상황인 기본범죄의 고의와 중한 결과의 과실이 발생하는 경우라도 상상적 경합에 의한 처벌로 족하다고 한다); 또한 Lorenzen은 고의범과 과실범의 상상적 경합 외에 결과적 가중범의 구성요건은 독자적인 의미를 가지고 있지 않다는 이유에서 결과적 가중범에 의한 가중처벌은 헌법의 평등권과 책임주의에 반하므로 불필요하다고 한다. 여기에 대하여는 Claus Lorenzen, "Zur Rechtsnatur und Verfassungsrechtlichen Problematik der erfolgsqualifizierten Delikte" Berlin, 1981, S.

다는 주장이다.

독일 형법에서 결과적 가중범을 다루는 고의기본범죄는 그 자체로서 이미 중한 범죄로서 1년 이상 또는 2년 이상 15년 이하의 자유형으로 위협되고 있으며 결과적 가중범을 인정하는 다수설이 이러한 범죄군의 독자적 근거로 내세우는 중한 결과에로의 전형적 위험성(내지는 높은 개연성)이란 이미 기본범죄의 구성요건의 불법 내용 속에 포함되어 있다고 보고 가중형벌을 근거지울 별도의 독자적 불법이나 책임 내용을 찾을 수 없으며 고의기본범죄와 중한 결과의 상상적 경합의 예에 따른 형벌범주를 초과하는 부분은 책임주의에 반한다는 점과 고의와 고의의 결합형식(소위 부진정 결과적 가중범)과 고의와 과실 간의 결합형식(소위 진정 결과적 가중범)을 하나의 구성요건 속에서 동일한 형벌위협하에 둠으로써 적어도 서로 상이한 불법 및 책임이 동일한 하나의 구성요건 속에서 잠재적으로 같이 처벌될 가능성을 열어 둔다는 비판 등을 근거로 결과적 가중범을 폐지하자는 의견이다.114)

두 번째는 결과적 가중범의 성립을 극도로 제한하여 기본범죄행위는 고의에 국한시키고 그 기본범죄행위에 의해 발생된 중한 결과도 중과실에 의하여 야기되는 경우에 한하여 인정한다는 견

130ff: 스웨덴 형법과 스위스 형법이 이러한 방식, 즉 결과적 가중범을 폐지하고 총칙상의 상상적 경합례에 따라서 처리하도록 하되 상상적 경합을 독일이나 한국처럼 흡수주의가 아니라 실체적 경합의 상한까지 "임의적"으로 가중할 수 있게 규정하고 있다.

114) 조상제, 「결과적 가중범의 객관적 가중표지와 주관적 귀속 형식」, 고려대학교 안암법학 제2집, 1994, 353~354면 참조.

86

해115)를 들 수 있다.

그리고 기본범죄행위에 의해 발생된 결과가 적어도 과실이 있으면 그 결과에 대하여 중한 형벌을 가할 수 있다는 입법방식을 취하는 경우116)가 있다.

마지막으로 기본범죄행위에 의해 발생된 결과가 예견가능성이 있으면 그 결과에 대하여 중한 벌을 가할 수 있다고 보는 방식으로 현행 한국 형법이 수용하고 있는 형식이다.

한국 형법이 취하고 있는 이 형식은 이미 이태리 법학자들이 중세에 취한 바 있는 결과 발생의 개연성의 인식을 요구하는 개념보다 특별히 진보된 개념이라고 보기 어렵다. 이 형식에서 요구하는 결과 발생의 예견가능성만으로 중한 결과에 대한 고의책임에 버금가는 책임에 의한 형벌을 인정한다는 것은 결과책임의 잔재이며 형벌은 책임에 비례해야 한다는 요청에도 반한다. 왜냐하면 기본범죄행위에 의하여 단순한 예견가능성이 있는 중한 결과가 발생했다는 이유로 결과에 대한 고의책임을 인정하거나 결과에 대한 고의책임에 준하는 책임을 인정하고 있기 때문이다.117)

이러한 결과적 가중범의 성립을 제한하여 책임원칙에 부합시키고 조금이라도 가중된 형벌을 합리화시키기 위한 노력이 행하

---

115) Rengier Rudolf, Erfolgsqualifizierte Delikte und verwandte Erscheinungsformen, Tübingen 1986, S. 132f.

116) 이러한 방식을 취하는 경우로는 노르웨이 형법 제43조, 독일 형법 제18조 그리고 스페인 형법 제1조에서 볼 수 있다.

117) 그 한 예로 한국 형법은 폭행치상을 상해죄와 같은 법정형으로 벌하고 있다.

여지고 있고 이러한 노력의 정도를 알아볼 수 있는 2가지의 중요한 척도는 기본범죄와 중한 결과 간의 인과관계와 객관적 귀속이라는 객관적 척도와 예견가능성이라는 주관적 척도이다. 전자는 조건설에 의한 인과관계의 무제한적 인정에서 시작하여 상당인과 관계설에 의한 인과관계의 제한으로 발전하였고 마지막으로 결과적 가중범에 특유한 객관적 귀속의 척도로서 '직접성 원칙'의 발견을 들 수 있다. 그리고 후자로는 중과실에로의 제한해석 등을 들 수 있다.

(2) 직접성의 원칙

1) 인과관계

모든 결과범에서와 마찬가지로 결과적 가중범에서도 행위와 결과 사이에 인과관계 및 객관적 귀속이 필요하다. 이때 결과적 가중범은 결합범의 형태를 띠므로 중한 가중된 결과와 연결될 행위 부분이 이미 고의의 기본 구성요건 실현행위여야만 하다는 구조상의 특징이 있다. 이 점을 상해치사죄에 적용시켜 통상적 결과범에 대한 객관적 귀속이론의 일반론에 따라 구성하면 다음과 같은 순서를 따르게 된다.[118] 고의상해행위의 기수(혹은 미수)→(합법칙적 조건설을 따를 경우) 이에 따른 사망의 결과 발생→상해행위를 통한 사망결과야기의 객관적 예견가능성→사망

---

118) Rengier Rudolf, Erfolgsqualifizierte Delikte und verwandte Erscheinungsformen, Tübingen 1986, S. 148f.

결과의 객관적 회피가능성(규범합치적인 대체행위 시의 결과의 배제 여부)→보호목적관계(내지는 위법성 관계/당해 사망결과의 발생이 적어도 금지된 상해행위의 보호 영역 내의 것인가 내지 어떤 상해행위 양식이 곧바로 사망의 결과 발생을 저지시키기 위하여 금지되어 있는가?)라는 순서이다.

이상의 검토를 해 보면 이러한 검토 형식이 통상의 과실결과범의 객관적 귀속공식과 대별되는 점은 객관적 주의의무 위반성의 판단대상이 되는 행위가 이미 형법상의 고의상해죄의 구성요건에 해당하는 행위라는 점이다. 하지만 객관적 의무 위반성의 대상이 고의행위로 제한되어 있다는 점은 통상의 고의결과범에서뿐만 아니라 과실범에서도 (예컨대 도로교통규칙을 고의적으로 위반한 자가 과실치사의 결과를 일으킨 경우에서 볼 수 있듯이) 특별한 점은 아닌 것이다. 그리고 기본고의상해행위 부분이 더 나아가 좁은 사망결과까지 포함되는가의 여부 문제는 객관적 귀속의 문제라고 볼 수 있다. 객관적 귀속을 위하여서는 고의상해행위의 위법성조각사유가 없어야 한다. 즉 고의상해행위가 정당방위나 긴급피난 등의 요건을 갖추어 정당화되는 한 설사 致死의 결과가 나타나더라도 객관적 귀속이 부정되므로 상해치사죄를 문제 삼을 수는 없다.

다음으로 인과관계의 구체적 내용을 살펴보면 독일 제국법원의 초기의 판례에서 조건설의 입장에 따라 발생한 결과와 원인행위 사이에 조건적 인과관계만 확인되면 그 결과를 행위자에게 귀속시켰었다.[119] 우리나라의 판례 중에서도 조건설의 입장에 따

라 결과적 가중범의 원인행위와 결과 사이의 인과관계를 인정한 판례가 많이 있다.[120]

한편 상당인과관계설은 인간의 인식능력을 고려하여 일반적 생활경험에 비추어 예견 가능한 범위 내에서 일어나는 결과만을 원인행위에 귀속시킬 수 있다는 이론이다. 따라서 인간의 예견가능성의 범위를 벗어난 결과 발생은 비록 그것이 원인행위와의 사이에 조건적 인과관계가 있다고 하더라도 상당인과관계는 존재하지 않는다는 것이다. 결과적 가중범의 인과관계의 판단에 있어서도 상당인과관계설은 고의의 기본범죄행위로 인해 중한 결과가 발생하였다고 하는 것이 일반적 생활경험에 비추어 상당하다고 인정되는 경우에 한하여 결과적 가중범이 성립할 수 있다는 견해이다.[121] 최근 이러한 상당인과관계설의 입장에 입각한

---

119) 예컨대 특이 체질의 피해자가 눈을 한 대 맞고 장님으로 된 사건 (RG 5, 29); 피해자가 유전성 정신병의 체질을 가지고 있었기 때문에 폭행으로 정신병이 유발한 경우(RG 27, 93); 이에 대해 자세한 내용은 심재우, 「결과적 가중범과 인과관계」, 판례연구 2집, 고려대학교 법학연구소, 1983, 97면 참조.

120) 대판 1968. 4. 20, 68도365; 대판 1970. 9. 22. 70도1387; 대판1955. 6. 7, 4288형상88 등; 조건설에 대한 비판으로는 기본행위와 중한 결과 사이에 자연적 인과 관련은 확인할 수 있지만 법적 귀속연관은 확정할 수 없다는 비판이 있다(박강우, 「결과적 가중범의 인과관계와 미수범 처벌」, 저스티스, 2001년 10월, 제34권 제5호, 한국법학원, 185면).

121) 권문택, 「결과적 가중범」, 고시계, 1972년 7월, 65면; 남흥우, 형법총론 개정판, 박영사, 1983, 179면; 배종대, 앞의 책(총론), 617면; 염정철, 「결과적 가중범론」, 부산대학교 법학연구, 4~2, 78면; 유기천, 형법학(총론강의), 개정24판, 일조각, 1983, 161면; 황산덕, 앞의 책(총론), 139면.

판례도 상당수 등장하고 있는 실정이며 직접성을 인과관계의 요건으로 보고 있다.[122] 그러나 우리 대법원은 결과적 가중범의 성립에 있어서 기본행위와 가중된 결과 발생 간에 인과관계의 상당성이 인정되면 과실의 인정을 위한 별도의 검토는 생략해 왔다는 데 문제가 있다.[123] 우리 대법원 판례는 결과적 가중범에서는 이미 고의기본범죄의 실현이 동시에 객관적 의무 위반으로 인정되기 때문에 중한 결과 발생에 대한 과실은 이미 기본범죄의 실현만으로도 언제나 인정할 수밖에 없게 된다는 것이다.[124] 이를 극복하기 위해서 최근의 독일학설은 기본 구성요건에 내재한 위험의 전형적 현실화라는 특별한 연관관계로서 '직접성 원칙(Ummittelbarkeitsprinzip)'을 요구하는 견해를 보여주고 있다.[125]

2) 직접성의 원칙의 체계적 지위

직접성의 원칙(Ummittelbarkeitsprinzip)이란 중한 결과가 제3자의 개입이나 피해자 자신의 행위[126] 등을 통하여 발생한 것일

---

122) 대판 1990. 10. 16, 90도 1786; 대판 1996. 7. 12, 96도1142 등.

123) 조상제, 「결과적 가중범의 제한해석」, 형사판례연구 3, 1995, 42면.

124) 조상제, 앞의 글, 43~44면.

125) 박강우, 앞의 글. 187면; 우리나라에서도 이런 직접성의 원칙을 결과적 가중범의 독특한 불법표지로서 언급하고 있다. 이에 관해서는 박광민, 「결과적 가중범의 본질과 직접성의 원칙」, 저스티스 통권 제94호, 한국법학원, 2006.10, 131면 이하; 신양균, 「결과적 가중범의 불법구조에 대한 연구」, 전북대 법학연구 제17집, 전북대 법학연구소, 1990, 90면 이하; 허일태, 앞의 글, 238면 이하.

126) 피해자 자신의 중간개입행위와 관련하여 Küpper는 피해자의 중간개입행위가 강제된 경우처럼 행위자가 피해자를 지배하는 경우에

때에는 그 과정은 더 이상 기본범죄의 구성요건에 고유한 위험
(eigentümliche Gefahr)이 실현된 것으로 볼 수 없다는 이론이
다.127) 이는 구성요건의 엄격한 해석을 통하여 당해 범죄의 성립

피해자의 자기침해행위는 행위자에게 귀속된다고 하였다(Küpper
Georg, Der "unmittelbare" Zusammenhang zwischen Grunddelikt
und schwerer Folge beim erfolgsqualifizierten Delikt, 1982, S.
94ff); 반면에 Rengier는 규범의 보호목적과 관련하여 중간개입행
위를 그 특성에 따라서 나누어 고찰하였다. 제3자의 행위를 적극
적 행위(Aktiver Verhalten)와 소극적 행위(Passiver Verhalten)
로 구분하였다. 제3자의 과실행위는 원칙적으로 행위자의 결과귀
속을 방해하지 않으나 단지 제3자의 중과실이나 고의가 있는 경
우에는 행위자의 결과귀속이 부정된다고 하였다(Rengier,
Erfolgsqualifizierte Delikte und verwandte Erscheinungsformen,
Tübingen 1986, S. 163ff); 그것은 제3자의 중간개입행위로 인해
새로이(행위자의 기본범죄행위와는 별도로) 중한 결과 발생의 위
험이 창출되었다고 보아야 하기 때문이다. 반면에 제3자의 소극적
행위(가령 의사가 치료하지 않는 경우 등)는 행위자의 결과귀속
을 방해하지 않는다고 하였다. 마찬가지로 피해자의 중간개입행위
도 위와 같이 평가할 수 있다고 하였다; 한편 Puppe는 피해자나
제3자 혹은 행위자의 중간개입행위가 있는 경우를 추월적 인과관
계의 문제로 보았다. 즉 행위자의 기본범죄행위로 인한 인과진행
이 다른 인과진행에 의해 추월된 경우에는 중한 결과의 발생은
행위자의 행위를 통해 야기된 위험이 실현되었다고 볼 수 없다고
하여 행위자의 결과귀속을 부정하고 있다(Puppe Ingeborg, Die
Beziehung zwischen Sorgfaltswidrigkeit und Erfolg bei den
Fahrlässigkeitsdelikten, ZStW, 99(1987), S 606ff).

127) 결과적 가중범의 중한 결과가 고의의 기본범죄행위로 인한 것임을
인정하기 위해 양자간의 직접적인 관련성(직접성)을 요한다는 데
에는 별다른 이론이 없으나 그 구체적인 내용이나 기준에 대해서는
논의된 바가 별로 없다. 독일에서는 제18조의 결과적 가중범의 구
성요건상 해석의 범위를 제한할 필요성에 의해 직접성의 원칙에 대
해 비교적 활발한 논의가 있어 왔으며 직접성의 인정과 관련된 중
요 판례도 축적되어 왔다. 그러나 그 구체적인 내용과 관련하여서

을 합목적적으로 결과적 가중범에서 제한하고자 하는 데 실질적 기능이 있다. 이러한 "직접성의 원칙"을 보는 관점은 크게 둘로 나눌 수 있다.[128]

하나는 「법률이 경직되어 있으면 해석은 탄력적으로 내려야 한다」는 법언의 요청에 따라 나타나는 "일반적으로 승인된 구성요건의 합목적적 해석원리"로 보며[129] 다른 한편에서는 객관적 귀속론상의 당해규범의 보호목적이란 표지 속에 포함되는 것으로 이해한다.[130] 이 중 일반적으로 승인된 구성요건의 합목적적

는 아직 명확한 기준을 제세하지 않고 있기 때문에 이를 위하여 좀 더 연구할 필요가 있다. 독일에서 직접성과 관련된 문헌으로는 Hirsch Hans Joachim, Der "unmittelbare" Zusammenhang zwischen Grunddelikt und schwerer Folge beim erfolgsqualifizierten Delikt, Festschrift für Dietrich Oehler, Köln/Berlin/Bonn/München 1985, S. 111ff; Paeffgen Hans Ullrich, Die erfolgsqualifizierten Delikte- eine in die allgemeine Uurechtslehre integrierbare Deliktsgruppe?, JZ 1989, S. 220ff; Sowada Christoph, Das sogenannte "unmittelbarkeits"-Erfordernis als zentrales Problem erfolgsqualifizierter Delikte, Jura 1994, S. 643ff.

128) 이러한 두 가지 관점, 즉 "일반적으로 승인된 구성요건의 합목적적 해석원리"와 객관적 귀속이론상의 "당해 규범의 보호목적"이란 표지 중 특히 각칙상의 개별 범죄 구성요건에 고유한 목적관계로 이해하는 두 가지에 관한 내용이 이 글에서 논의하는 직접성의 원칙이며 이를 자세하게 분류한 문헌은 조상제, 「결과적 가중범의 제한해석」, 이재상 교수 회갑기념논문집, 형사판례의 연구 I, 박영사, 2003, 292면 이하.

129) Baumann Jürgen/Weber Ulrich, 9. Aufl., Strafrecht Allgemeiner Teil, Bielefeld 1985 S. 213; Küpper Georg, Der "unmittelbare Zusammenhang zwischen Grunddelikt und schwerer Folge beim erfolgsqualifizierten Delikt", Berlin, 1982, S. 68ff.

관계만으로도 불법귀속은 가능하지만 책임귀속은 불가능하다는 입장에서 결과적 가중범을 제한하여 왔다.[135] 그리고 객관적 귀속이론을 주장하는 학자들은 결과적 가중범에 있어서도 인과관계의 확정 및 그 결과의 객관적 귀속을 나누어 판단한다. 즉 인과관계의 확정은 조건설 내지는 합법칙적 조건설에 의하고 결과에 대한 평가적(규범적) 귀속은 객관적 귀속이론에 따라서 논의한다. 합법칙적 조건설에 의하면 기본범죄행위와 중한 결과 사이에 합법칙적 연관이 인정되어야 결과적 가중범이 성립될 수 있다. 따라서 기본범죄와 중한 결과 간의 직접성을 결과적 가중범에 있어서 특별한 귀속척도로 본다.[136] 그러나 위에서 제기된 직접성의 원칙도 구체적 해결방안을 제시하기에는 역부족이어서 기본범죄행위를 통한 위험 실현으로서 "기본범죄에 상당하고 필연적인 가중된 결과의 위험"이라는 표지가 존재하여야 하며 위

---

135) Maurach Reinhart/Zipf Heinz, Strafrecht AT, 5. Aufl., 1977, S. 259, 264.

136) 이용식,「결과적 가중범」고시계, 1992년 11월, 118면: 한편 직접성의 원칙을 객관적 귀속의 척도 외에 '일반적으로 승인된 구성요건의 합목적적 해석의 원리'로 보는 견해도 있다(Rengier, Erfolgsqualifizierte Delikte und verwandte Erscheinungsformen, 1986, S. 154f): Hirsch도 직접적 관련성은 일반적인 이론원칙에서 나오는 것이 아니라 결과적 가중범의 속성 자체에서 나온다고 하였다. 직접성, 즉 직접적인 관련성은 일관된 견해에 따르면 결과적 가중범의 구성요건의 적용범위를 제한하는 데에 기여하는 것으로 가중한 형량에 대한 근거를 제공한다. 그런 한도에서 결과적 가중에 대한 목적론적인 제한이라고 말할 수 있다(Hirsch, Der "unmittelbare" Zusammmenhang zwischen Grunddelikt und schwer Folge beim erfolgsqualifizyierten Delikt, Oehler-FS, S. 406).

해석원리로 보는 견해는 특히 결과범에서의 결과와 행위 간의 관련성 인정에 관하여 객관적 귀속론을 부정하고 상당인과관계설을 취하는 입장의 견해이다.

하지만 양자가 추구하고자 하는 실제의 내용은 동일하다. 독일에서 객관적 귀속론 및 그 이론상의 하나의 척도로서의 규범의 보호목적이라는 표지는 통상의 결과범의 경우에 널리 인정되고 있다. 이때의 검토 형식을 결과적 가중범으로 옮기면 "기본범죄구성요건(내지는 객관적 주의의무)의 의미 및 목적이 발생한 가중적 결과의 저지를 내용으로 하는가"이며 이러한 질문형식은 소위 직접성의 원칙에 따른 요청, 즉 기본범죄에 고유한 위험이 사망의 결과 속에 실현되고 있는가라는 물음과 내용적으로 일치한다. 종래의 객관적 귀속이론은 통상 과실결과범의 귀속에만 주된 관심을 두고 있었으나 근자에는 그 이론이 모든 결과범(고의나 과실범뿐만이 아니라 고의·과실범 결합범 형태)에 공통되는 객관적 구성요건 표지로 자리잡게 되었다. 따라서 현저히 높은 형벌위협 때문에 구성요건의 합리적 해석이란 차원에서 별도로 모색되었던 개념인 "직접성의 원칙"이라는 명칭은 객관적 귀속론상 널리 인정되어 있는 척도로서의 "당해규범(특히 각칙상의 개별 범죄구성요건)에 고유한 보호목적"이라는 표지로 이해함으로써 그 체계적 지위에 있어서도 좀더 명확한 위치를 차지할 수 있게 된 것이다. 이는 또한 어떠한 구성요건적 행위태양이 더 나

---

130) Rengier Rudolf, Erfolgsqualifizierte Delikte und Verwandte Erscheinungsformen, Tübingen, 1986, S. 154ff.

야간 가중적 결과 발생에도 중요성을 지니는가라는 실질적 문제에의 접근에도 유리하게 작용할 수 있다.[131]

3) 결과적 가중범의 불법가중표지로서의 직접성

결과적 가중범의 불법가중표지로서의 직접성은 주로 결과적 가중범에 관한 독일 판례의 축적을 통하여 형성된 이론이다. 이를 위해 독일 연방대법원도 1971년 판결을 통하여 소위 직접성을 요구하였다. 즉 피고인이 어느 집 2층에서 젊은 여인의 팔뚝에 깊은 상처를 주고 코뼈도 부러뜨린 후 계속 그녀를 쫓아가자 겁을 먹은 피해자가 창문을 통해 발코니로 도망치려다 떨어져 추락사한 사안에 대해 "치명적인 결과가 결국 제3자의 개입이나 피해자 자신의 행위로 인해 비로소 야기되었던 경우에는 (구)형법 제226조(상해치사)를 적용하는 데 충분치 않다. 침해행위가 직접 사망의 결과를 야기했어야 한다"고 전제한 후 상해치사죄의 성립을 부정하고 상해죄와 과실치사죄의 상상적 경합만을 인정하였다.[132]

즉 결과적 가중범에 대한 각칙규정 가운데 "……(기본범)죄를 범한 자가 상해에 이르게 한 때"(예컨대 강간치상죄에 관한 제301조)라는 표현은 기본범죄와 상해 간의 관련을 요구하는데 그 관련

은 가중처벌을 정당화할 수 있는 정도의 밀접한 관련을 말하고 것은 「기본범죄에 고유한 특수한 위험(eine dem Grunddeli eigentümliche spezifische Gefahr)이 창출되었어야 하고 그런 다음 바로 그 위험이 특별한 결과에 반영되거나 실현되었어야 한다」는 의미이다.

4) 직접성과 구성요건외적 위험요소의 배제

구성요건 외적 위험요소의 배제에 대하여 현재 독일 학계의 입장은 개별 범죄 유형에 따라서 구분하는 입장을 취하고 있다.[133] 즉 위에서 언급한 위험 실현과 관련하여 기본범죄에 내재된 고유한 "특수한" 위험이란 바로 개별 구성요건에 규정되어 있는 전형적인 위험(Tatbestandstypische Gefahr)을 말하고 구성요건 외적 위험요소는 배제하며 이는 기본범죄에 내재한 고유한 위험이란 개별적 범죄 유형마다 별도로 정해져야 하고 획일적인 기준에 따를 수 없다는 의미이다.[134]

독일에서는 결과적 가중범에서 원인과 결과 사이의 상당인

---

131) 따라서 독일의 학설과 판례도 직접성의 원칙이라는 표현보다 "당해 규범의 의미 및 목적"이라는 표현을 자주 사용하고 있다(Vgl. Rengier, Erfolgsqualifizierte Delikte, S. 158).

132) 1971년의 독일 연방대법원 판례(이는 소위 Rötzel 사건으로 불린다. BGH NJW 1971. 152) 등이 대표적 판례이다.

133) Jescheck Hans Heinrich/Weigend Thomas, Lehrbuch Strafrechts AT, 5. Auflage., Berlin 1996 S. 524ff; Strater Günter, Strafrecht AT I, 3. Aufl., Köln/Berlin 1981 S. Wessels Johannes/Beulke Werner, Strafrecht AT 2 Heidelberg 1999, Rn. 617 참조.

134) 판례도 이러한 제한이 "사망의 결과를 수반하는 모든 건들에 대해 일반적으로 표현될 수 없고 오히려 그가 각 형벌구성요건에 대해 그 의미와 목적에 따라 z 하면서 해명되어야 한다"고 판시하였다(BGH N 3362).

해석원리로 보는 견해는 특히 결과범에서의 결과와 행위 간의 관련성 인정에 관하여 객관적 귀속론을 부정하고 상당인과관계설을 취하는 입장의 견해이다.

하지만 양자가 추구하고자 하는 실제의 내용은 동일하다. 독일에서 객관적 귀속론 및 그 이론상의 하나의 척도로서의 규범의 보호목적이라는 표지는 통상의 결과범의 경우에 널리 인정되고 있다. 이때의 검토 형식을 결과적 가중범에로 옮기면 "기본범죄 구성요건(내지는 객관적 주의의무)의 의미 및 목적이 발생한 가중적 결과의 저지를 내용으로 하는가"이며 이러한 질문형식은 소위 직접성의 원칙에 따른 요청, 즉 기본범죄에 고유한 위험이 사망의 결과 속에 실현되고 있는가라는 물음과 내용적으로 일치한다. 종래의 객관적 귀속이론은 통상 과실결과범의 귀속에만 주된 관심을 두고 있었으나 근자에는 그 이론이 모든 결과범(고의나 과실범뿐만이 아니라 고의·과실범 결합범 형태)에 공통되는 객관적 구성요건 표지로 자리잡게 되었다. 따라서 현저히 높은 형벌위협 때문에 구성요건의 합리적 해석이란 차원에서 별도로 모색되었던 개념인 "직접성의 원칙"이라는 명칭은 객관적 귀속론상 널리 인정되어 있는 척도로서의 "당해규범(특히 각칙상의 개별 범죄구성요건)에 고유한 보호목적"이라는 표지로 이해함으로써 그 체계적 지위에 있어서도 좀더 명확한 위치를 차지할 수 있게 된 것이다. 이는 또한 어떠한 구성요건적 행위태양이 더 나

---

130) Rengier Rudolf, Erfolgsqualifizierte Delikte und Verwandte Erscheinungsformen, Tübingen, 1986, S. 154ff.

아간 가중적 결과 발생에도 중요성을 지니는가라는 실질적 문제에의 접근에도 유리하게 작용할 수 있다.[131]

3) 결과적 가중범의 불법가중표지로서의 직접성

결과적 가중범의 불법가중표지로서의 직접성은 주로 결과적 가중범에 관한 독일 판례의 축적을 통하여 형성된 이론이다. 이를 위해 독일 연방대법원도 1971년 판결을 통하여 소위 직접성을 요구하였다. 즉 피고인이 어느 집 2층에서 젊은 여인의 팔뚝에 깊은 상처를 주고 코뼈도 부러뜨린 후 계속 그녀를 쫓아가자 겁을 먹은 피해자가 창문을 통해 발코니로 도망치려다 떨어져 추락사한 사안에 대해 "치명적인 결과가 결국 제3자의 개입이나 피해자 자신의 행위로 인해 비로소 야기되었던 경우에는 (구)형법 제226조(상해치사)를 적용하는 데 충분치 않다. 침해행위가 직접 사망의 결과를 야기했어야 한다"고 전제한 후 상해치사죄의 성립을 부정하고 상해죄와 과실치사죄의 상상적 경합만을 인정하였다.[132]

즉 결과적 가중범에 대한 각칙규정 가운데 "……(기본범)죄를 범한 자가 상해에 이르게 한 때"(예컨대 강간치상죄에 관한 제301조)라는 표현은 기본범죄와 상해 간의 관련을 요구하는데 그 관련

---

131) 따라서 독일의 학설과 판례도 직접성의 원칙이라는 표현보다 "당해 규범의 의미 및 목적"이라는 표현을 자주 사용하고 있다(Vgl. Rengier, Erfolgsqualifizierte Delikte, S. 158).

132) 1971년의 독일 연방대법원 판례(이는 소위 Rötzel 사건으로 불린다. BGH NJW 1971. 152) 등이 대표적 판례이다.

은 가중처벌을 정당화할 수 있는 정도의 밀접한 관련을 말하고 이
것은 「기본범죄에 고유한 특수한 위험(eine dem Grunddelikt
eigentümliche spezifische Gefahr)이 창출되었어야 하고 그런 다음
바로 그 위험이 특별한 결과에 반영되거나 실현되었어야 한다」는
의미이다.

4) 직접성과 구성요건외적 위험요소의 배제

구성요건 외적 위험요소의 배제에 대하여 현재 독일 학계의
입장은 개별 범죄 유형에 따라서 구분하는 입장을 취하고 있
다.[133] 즉 위에서 언급한 위험 실현과 관련하여 기본범죄에 내재
된 고유한 "특수한" 위험이란 바로 개별 구성요건에 규정되어
있는 전형적인 위험(Tatbestandstypische Gefahr)을 말하고 구성
요건 외적 위험요소는 배제하며 이는 기본범죄에 내재한 고유한
위험이란 개별적 범죄 유형마다 별도로 정해져야 하고 획일적인
기준에 따를 수 없다는 의미이다.[134]
  독일에서는 결과적 가중범에서 원인과 결과 사이의 상당인과

---

133) Jescheck Hans Heinrich/Weigend Thomas, Lehrbuch des
   Strafrechts AT, 5. Auflage., Berlin 1996 S. 524ff; Stratenwerth
   Günter, Strafrecht AT Ⅰ, 3. Aufl., Köln/Berlin 1981 S. 15, 59;
   Wessels Johannes/Beulke Werner, Strafrecht AT 29. Aufl.,
   Heidelberg 1999, Rn. 617 참조.

134) 판례도 이러한 제한이 "사망의 결과를 수반하는 모든 가중구성요
   건들에 대해 일반적으로 표현될 수 없고 오히려 그것은 문제되는
   각 형벌구성요건에 대해 그 의미와 목적에 따라 각기 달리 평가
   하면서 해명되어야 한다"고 판시하였다(BGH NJW 1998, 3361,
   3362).

관계만으로도 불법귀속은 가능하지만 책임귀속은 불가능하다는 입장에서 결과적 가중범을 제한하여 왔다.[135] 그리고 객관적 귀속이론을 주장하는 학자들은 결과적 가중범에 있어서도 인과관계의 확정 및 그 결과의 객관적 귀속을 나누어 판단한다. 즉 인과관계의 확정은 조건설 내지는 합법칙적 조건설에 의하고 결과에 대한 평가적(규범적) 귀속은 객관적 귀속이론에 따라서 논의한다. 합법칙적 조건설에 의하면 기본범죄행위와 중한 결과 사이에 합법칙적 연관이 인정되어야 결과적 가중범이 성립될 수 있다. 따라서 기본범죄와 중한 결과 간의 직접성을 결과적 가중범에 있어서 특별한 귀속척도로 본다.[136] 그러나 위에서 제기된 직접성의 원칙도 구체적 해결방안을 제시하기에는 역부족이어서 기본범죄행위를 통한 위험 실현으로서 "기본범죄에 상당하고 필연적인 가중된 결과의 위험"이라는 표지가 존재하여야 하며 위

---

135) Maurach Reinhart/Zipf Heinz, Strafrecht AT, 5. Aufl., 1977, S. 259, 264.

136) 이용식, 「결과적 가중범」 고시계, 1992년 11월, 118면: 한편 직접성의 원칙을 객관적 귀속의 척도 외에 '일반적으로 승인된 구성요건의 합목적적 해석의 원리'로 보는 견해도 있다(Rengier, Erfolgsqualifizierte Delikte und verwandte Erscheinungsformen, 1986, S. 154f); Hirsch도 직접적 관련성은 일반적인 이론원칙에서 나오는 것이 아니라 결과적 가중범의 속성 자체에서 나온다고 하였다. 직접성, 즉 직접적인 관련성은 일관된 견해에 따르면 결과적 가중범의 구성요건의 적용범위를 제한하는 데에 기여하는 것으로 가중한 형량에 대한 근거를 제공한다. 그런 한도에서 결과적 가중에 대한 목적론적인 제한이라고 말할 수 있다(Hirsch, Der "unmittelbare" Zusammmmenhang zwischen Grunddelikt und schwer Folge beim erfolgsqualifizyierten Delikt, Oehler-FS, S. 406).

험 실현은 기본범죄결과로부터 직접 기인해야만 한다는 해결이 시도되었다.[137]

　여기서 더 발전해 나아가서 1975년 Rudolphi에 의해 시도된 객관적 귀속이론의 결과귀속 공식은 행위와 결과 사이에 제3자의 고의행위가 개입된 경우에는 그 결과가 그 원인행위로부터 만들어졌다고 할 수 없다는 것이 널리 인정되고 있다.[138] 이 경우에는 행위자는 허용되지 않은 위험[139]을 창출했지만, 그 행위자가

---

137) 이는 가중된 결과의 위험이 다른 외적 사정의 개입 없이 실현되어야 한다는 것을 의미한다.

138) Rudolphi, Hans Joachim, SK, Band.1, 6. Aufl., 1992, Rn.57 vor §1.

139) 여기서의 허용되지 않은 위험은 중한 결과인 사망을 예로 들어 보았을 때 이러한 사망이 발생할 위험이 기본범죄에 있다는 것으로 두 가지로 나누어 볼 수 있다. 즉 사망의 결과가 발생할 수 있는 일반적인 위험과 특별한 위험이 있는 것이다. 먼저 중한 결과인 사망에 대한 일반적인 위험이 존재하는 경우란 일반적인 생활경험상 중한 결과 발생의 개연성이 있는 경우이다. 즉 중한 결과 발생의 개연성이 있는 기본범죄의 전형적인 위험을 말한다. 이에 반해 특별한 위험은 피해자가 본래의 신체상해행위에 의해서 사망하는 것이 아니라 신체상해행위의 필연적인 결과로 사망할 위험이 있는 경우이다. 가령 등산을 하다가 절벽 가까이에서 말다툼을 하던 중 한 사람이 상대방의 뺨을 때렸는데 상대방이 절벽 아래로 떨어져 실족사한 경우이다. 그러나 이 양자의 위험은 그 평가에 있어서 차이가 없으며 동일하게 취급된다. 다음으로 양자는 자신의 고의의 기본범죄행위를 통하여 중한 결과 발생의 특별한 위험을 야기해야 한다. 상해치사죄를 예로 들어 설명하면 하나는 '상해행위'를 기준으로 상해행위 자체에 중한 결과 야기의 위험이 있다고 이해하는 것이고 다른 하나는 '상해결과'를 기준으로 신체상해의 결과가 중한 결과의 치명적인 위험을 창출한다고 이해하는 것이다(안경옥, 「결과적 가중범의 직접성의 원칙」, 형사법연구 제12호, 1999, 141~143면).

만들어낸 위험이 실현되지 않았기 때문이다.[140] 물론 여기서 문제되는 제3자의 고의행위에 의해 나타난 결과 발생이 며칠 또는 몇 시간 앞당겨진 경우도 포함하는 것인가가 문제될 수 있으나, 오스트리아의 객관적 귀속이론에 관한 선도적 이론가의 한 명인 Kienapfel은 이러한 경우도 포함한다고 말하고 있다.[141]

또한 이러한 이론을 뒷받침하는 근거로서 먼저 행위자가 자신의 허용되지 않은 위험의 창출행위로 인해 중한 결과에 대해 원칙적으로 귀속책임을 져야 한다고 하더라도 제3자나 피해자의 행위에 영향을 줄 수 없다는 것은 분명하고 중간개입한 제3자의 행위의 정도에 대해서 고려하지 않고 일반적인 위험만을 근거로 예외 없이 귀속책임을 인정하는 것은 형사정책적으로도 타당하지 못하다고 볼 수 있다.[142] 또한 피해자 스스로 자살한다거나 치료를 거부하여 사망한 경우에도 피해자의 자기책임을 인정하여 결과적 가중범의 성립을 부정하는 편이 타당하다고 볼 것이다.

---

140) 행위자에 의한 허용되지 않은 위험 창출을 인정하기 위한 다른 요건으로는 행위자에 의해 의무 위반적으로 야기된 위험이 결과에 실현되어야 한다.

141) Kienapfel Diethelm, Grundriß des östereichischen Strafrechts, AT, 5. Aufl., Wien Z 27 Ry. 12(S. 154).

142) 물론 행위자가 중간개입행위자의 의무 위반적인 행위에 대해 책임질 근거가 있다면 행위자에게 결과가 귀속될 수 있다. 예컨대 행위자의 허용되지 않은 위험 창출행위로 제3자 등의 행위가 개입되는 것을 예견할 수 있는 경우(행위자의 상해행위에 대한 의사의 치료행위 등)이다. 행위자는 이러한 중간개입행위를 예견할 수 있으며 그로 인한 위험이 결과에 실현될 때에는 행위자에 대한 결과귀속을 인정할 수 있다.

한 가지 흥미를 끄는 점은 위의 피해자와 제3자의 중간개입행위의 경우와 구별되는 것이 행위자의 중간개입행위이다. 즉 기본범죄행위 이후에 행위자 스스로의 과실이 개입되어 중한 결과가 발생하는 경우이다. 이는 최근에 대법원의 한 판례[143]에서 문제되었다. 본 판결의 사실관계를 보면 피고인은 피해자에게 상해를 가하여 피해자가 정신을 잃고 빈사상태에 빠지자 피해자가 사망한 것으로 오인하고 자살한 것으로 은폐하기 위해 베란다에서 피해자를 떨어뜨려 사망에 이르게 하였다. 행위자의 기본범죄행위(상해) 이후에 사망한 것으로 오인한 과실행위가 결합(개입)된 경우이다. 이 경우를 개괄적 고의와 대비하여 '개괄적 과실'로 말하기도 한다.[144] 이는 사망의 중한 결과가 고의의 제1행위에 의해서가 아니라 제1의 행위와 연관된 제2의 행위에 의해서 발생하였기 때문이다.[145] 아울러 중간개입행위에도 불구하고 중한 결과에 대해 행위자의 허용되지 않는 위험 창출의 노력이 계속

---

143) 대판 1994. 11. 4. 선고, 94도2361 판결(이 판결에서 대법원은 제1의 행위와 제2의 행위를 포괄하여 단일의 상해치사죄에 해당한다고 하였다): 그에 반해 이에 유사한 독일 판례에서는 독일 연방대법원이 기본고의범죄와 과실범을 인정하였다. 이 사안의 사실관계를 보면 피고인이 여자아이를 강간하려다 미수에 그쳤으나 피해자인 여자아이가 계속 소리를 지르며 울자 입을 막고 목을 졸랐는데 축 늘어진 여자아이가 사망한 것으로 오인하여 냇물에 빠뜨려 사망케 한 사건이다. 이 사건에 독일 연방대법원은 강간미수와 과실치사죄를 인정하였다(BGH NJW 1955, 1327).

144) 장영민, 「개괄적 과실? -결과적 가중범에서의 결과귀속의 문제-」, 형사판례연구(6), 1998, 박영사, 62면.

145) 장영민, 앞의 글, 66면.

되어야 한다. 그래야만 실제로 고의의 기본범죄행위의 전형적인 위험이 중한 결과에 실현된 것이기 때문이다.[146]

여기서 결과적 가중범이란 그 중한 결과를 과실에 의하여 발생시킬 것이 필요한 범죄이고 결과적 가중범이 성립하기 위해서는 갑의 기본행위가 피해자 을의 사망 등 중한 결과를 과실로 야기할 것이 필요하며 뒷부분인 과실범의 행위와 결과귀속에 관한 독일의 유력한 견해는 고의에 의하지 않은 행위(과실행위)와 결과 사이에(조건관계는 물론 있다) 제3자의 고의행위가 개입된 경우에는 보통 그 결과는 행위자의 고의 아닌 행위, 즉 과실행위로부터 만들어진 것이라고 할 수 없다고 보고 있다. 이는 객관적으로 귀속할 수 없다는 것을 의미한다.[147] 왜냐하면 고의 아닌 행위를 한 자는 그 행위에 기하여 다른 사람이 고의 범죄를 하지 않으리라는 것을 신뢰하여도 좋기 때문이다. 독일에서 이러한 사고는 "새로운 소급금지의 이론"이라고 말하고 있다.[148]

기본범죄행위로 인한 중한 결과를 인정하기 위해서는 마지막으로 사망의 실제적인 결과 발생을 행위자가 객관적으로 예견해야 한다. 즉 행위자의 허용되지 않은 위험의 창출과 중간개입행위로 인한 사망의 결과가 객관적으로 예견 가능한 것이어야 한다. 결과적 가중범의 경우 중한 결과에 대한 귀속 여부를 묻는

---

146) 안경옥, 「결과적 가중범의 직접성의 원칙」, 형사법연구 제12호, 1999, 147면.

147) Roxin Claus, Bemerkungen zum Regreßverbot, Festschrift für Tröndel, 1989, S. 186f.

148) Roxin, a. a. O., S. 179ff.

물음에서 과실의 요소 가운데 특히 "예견가능성"만이 문제되는 이유는 결과적 가중범의 특성 때문이다. 중한 결과는 기본범죄에 내포된 전형적인 위험을 실현한 것에 지나지 않으므로 기본범죄를 범하였다는 점에서 과실의 다른 요건(예컨대 주의의무 위반)은 이미 충족되었다고 보기 때문이다.[149] 조건설 혹은 합법칙성 조건설에 의하면 예견 불가능한 (비유형적) 인과과정도 행위와 결과 간의 인과관계가 존재한다고 하게 된다.

이에 비해 객관적 귀속이론을 받아들이게 되면 비유형적 인과과정은 객관적 예견가능성이 없으므로 객관적 귀속이 탈락된다고 하게 된다. 그러므로 객관적 예견가능성 개념은 조건설(혹은 합법칙적 조건설)을 취하는 전제하에서 '비유형적 인과과정'도 인과관계를 인정해야 한다는 결점을 수정하기 위해 등장한 객관적 귀속의 한 척도로 기능하게 된 것이다.[150] 이와 같이 객관적 귀속이론을 받아들이게 됨에 따라서 객관적 예견가능성 개념은 더 이상 과실범에서만 문제되는 개념이 아니라 고의범·과실범에 공통되는 귀속척도로 보는 발전을 가져오게 된 것이다.[151]

객관적 예견가능성을 고의·과실범에 공통되는 귀속척도로 보는 견해가 타당하다고 본다면 과실범의 예견가능성이란 행위자가 행위 시에 결과 발생을 예견할 수 있었는가의 행위 시의 결과 발생에 대한 예견가능성인 데 반해[152] 객관적 귀속의 척도로

---

149) 이용식, 「결과적 가중범」, 고시계 1992년 11월, 119면.
150) 이호중, 「과실범의 예견가능성」, 형사법 연구 제11권, 1999, 69~70면.
151) 이호중, 앞의 글, 80면.

서의 예견가능성이란 행위에 의한 결과라는 인과의 진행이 예견 가능한 범위 내에 있었는가의 문제이다.[153] 또한 객관적 예견가 능성을 고의범·과실범에 공통되는 객관적 귀속의 한 척도로 보면 결과적 가중범의 제15조 2항이 규정하고 있는 예견가능성을 행위자의 주관적 예견가능성으로 보아야 한다.[154] 이는 과실 개념과 관련하여 최근에 유력하게 주장되고 있는 '주관적 과실론'의 견해에도 일치한다.

(3) "중과실"의 요청

형법 제15조 제2항은 "결과로 인한 형이 중할 죄에 있어서 그 결과의 발생을 예견할 수 없었을 때에는 중한 죄로 벌하지 아니한다"고 규정하여 중한 결과 발생에 대한 예견가능성을 결과적 가중범의 성립에 있어 요구하고 있다. 이 규정을 근거로 형법은 결과적 가중범의 중한 형벌가중의 근거로서 결과 발생에 예견가능성(과실)을 요구한다고 해석하고 있다. 기본범죄를 고의적으로 범한 점에서 회피가능성을 비롯한 과실범의 다른 요건은 이미 갖추어져 있다고 보기 때문이다.

이러한 주장은 결과적 가중범의 경우 중한 결과에 대한 통상의 과실의 개념으로 이해할 경우 기본범죄의 실행 속에서 거의

---

152) 안경옥, 앞의 글, 150면.
153) 안경옥, 앞의 글, 151면.
154) 이용식, 앞의 글, 119면; 이호중, 앞의 글, 81면.

항상 중한 결과에 대한 예견이 가능하므로 결과적으로 과실을 요구하는 의미가 없고 결과책임을 인정하는 것과 그 결론에 있어 큰 차이가 있을 수 없으므로 결과적 가중범에 있어서의 예견가능성은 고의에 상응할 정도의 법적 평가가 가능한 중대한 과실이 있어야 한다는 주장이다.

결과적 가중범에 특수하게 요구되는 중과실이라는 개념은 Rengier의 다음과 같은 주장에 그 뿌리를 두고 있다.[155] 즉 그는 "기존의 고의살인죄규정(§§211,212 StGB/5년 이상의 징역에서 무기자유형까지)과 과실치사죄 규정(§222 StGB/5년 이하의 자유형) 사이에는 생명보호규범 간의 가벌성의 공백(예컨대 특히 고의살인과 거의 맞물려 있는 정도의 현저히 위험하고 무모한 중과실범의 경우)영역이 있다." 따라서 그는 결과적 가중범의 범죄군은 그와 같은 생명보호에 대한 가벌성의 공백을 메우기 위한 형사정책적 목적에 부응하는 구성요건이며 고의살인죄와 과실치사죄 규정 사이에 존재하는 제3의 형태로서의 중과실은 당해 범죄의 양형단계에서 구체적으로 검토·적용되어야 한다고 주장한다.[156]

---

155) Rengier, Erfolgsqualifizierte Delikte, S. 132f.

156) 이러한 Rengier의 주장에는 형법상 생명보호규정에 설사 가벌성의 공백이 있다고 할지라도 이를 결과적 가중범이라는 형식을 빌려야만 하는 필수성을 제시하지 못하고 있으며 나아가 그러한 중과실의 고의에 준하는 당벌성을 해명해 주지 못하고 있기 때문에 (즉 당해범죄의 독자적 불법이나 책임의 해명이 없기 때문에 가중처벌의 근거문제를 단지 양형의 영역으로 미룬 것이 아닌가 하는 비판이 제기된다(Vgl. Lorenzen, Claus, Zur Rechtsnatur und verfassungsrechtlichen Problem-atik der erfolgsqualifizierten Delikte, Berlin 1981, S. 69f).

한편 결과적 가중범에 있어서 기본범죄가 지니고 있는 높은 생명침해의 위험성을 중과실로 파악하여 이를 불법 및 책임가중의 근거로 삼으려는 견해가 나타나고 있다.157) 이 경우에 있어서 중과실이란 허용된 위험을 벗어난 정도가 현저하여 중한 결과 발생의 예견 및 이에 기초한 회피가능성이 매우 높은 때를 의미한다고 본다.158)

이러한 중과실 개념의 도입이 결과적 가중범의 독자적 가벌성을 충분히 해명해 줄 수 있는가가 문제될 수 있다. 하지만 사망의 결과를 야기한 중과실이 결과적 가중범죄를 구성하는 경우와 그렇지 않은 경우를 비교해 보면 그러한 해석의 필요성은 명확해진다. 예컨대 강도가 중과실로 사망의 결과를 야기한 경우의 형벌의 정도로서 한국 형법 제338조 강도치사를 예로 들면 무기 또는 10년 이상의 징역까지인데 동일한 정도의 높은 위험성을 지닌 한국 형법 제268조의 업무상의 중과실로 인한 치사의 경우를 비교해 보면 5년 이하의 금고라는 형벌상한이 확정지어진다. 이는 지나치게 가벼워 보이는 면이 있다. 물론 중과실의 정도를 그때그때마다의 형벌위협의 정도에 따라 탄력적으로 운용해 볼 수도 있겠으나 이는 미흡한 면이 있으며159) 이와 같이 중한 과

---

157) 조상제, 「결과적 가중범의 객관적 가중표지와 주관적 귀속 형식」, 367면; 조상제, 「결과적 가중범의 제한해석」, 이재상 교수 회갑기념논문집, 형사판례의 연구 I, 박영사, 2002, 286~288면.

158) Vgl. Jakobs, Günter, Strafrecht Allgemeiner Teil, 2. Aufl., Berlin/New York 1991, S. 9, 24f.

159) 좀더 자세한 비판은 Sang-Je Cho, Strafgrund der erfolgsqualirifizierten Freiheitsberaubung, Diss, Bonn 1991, S. 61ff, 68f.

실에 대한 형벌평가가 결과적 가중범의 경우에는 통상의 과실범에 관한 평가와 현저히 구별되기 때문에 나타나는 난점을 극복하기 위하여 앞서 언급한 바와 같이 궁극적으로는 통상적인 고의와 과실 간의 평가의 현저한 격차를 최소화(내지는 동등화)시킬 수 있는 결과적 가중범에만 고유한 제3의 독자적 귀속 형식으로서 중과실 개념을 재구성하려는 시도가 등장하게 되었다.[160]

---

160) 이와 같이 고의에 상응한 법적 평가가 가능한 중한 특별한 과실 개념의 인정필요성에 대한 논거로는 그 밖에도 형법상의 구성요 건적 착오의 규정(한국 형법 제15조 제1항)에서는 고의와 과실의 구별을 인식과 부지라는 심리적 사실을 통해 엄격히 그 법적 평가를 대별시킴으로써 不知에 대하여 과실로 처벌하는 혜택을 줄 수밖에 없다. 이는 구성요건적 착오에 관한 구체적 부합설에 의할 때 행위자가 인식·예견한 범죄사실과 현실로 발생한 범죄사실이 부합하지 않으면 인식사실의 미수범과 발생사실의 과실범을 인정하여 상상적 경합으로 처리하는 데에서 알 수 있다. 이러한 입장은 법적 안정성의 확보에는 장점이 있겠으나 가치론적으로 보았을 때 타당한 형벌귀속체제를 도출할 길을 원칙적으로 배제시킨다. 이와는 달리 금지의 착오의 경우에는 한국 형법 제16조의 규정에서 볼 수 있듯이 행위자의 심리적 인식이라는 표지를 구성요건착오의 경우처럼 법적 안정성이 아니라 가치론적 평가관점에 유리하게 발판을 두어 회피가능한 불법의 인식가능성에 관하여 그 형벌을 현실적으로 불법인식이 존재하는 경우에 비해 필수적 감경이 아니라 임의적으로 감경할 수 있는 것으로 보아 타당한 평가의 길을 열어두고 있다. 결국 여기서의 논의의 대상인 한국 형법 제15조 제2항에 의한 결과적 가중범에서는 비록 당해 행위자의 주관적 인식문제가 첫 번째의 구성요건적 사실의 착오 영역(즉 중한 결과에 대한 과실)에 해당하는 문제로서 제15조 사실의 착오 조문에 같이 규정되어 있음에도 각칙상의 구성요건상의 형벌은 두 번째의 관점(즉 구성요건적 사실의 부지도 경우에 따라 감경하지 않는다)을 취하고 있다는 특수성을 나타낸다. 이렇게 보았을 때 결과적 가중범의 본질에 상응하는 법형상을 형법이 인정

4. 검 토

위에서 살펴본 바와 같이 역사적으로 결과적 가중범 규정은 기본범죄와 중한 결과와의 관련성 요건을 강화시켜 그 성립범위를 제한하여 왔다는 것을 알 수 있다. 그 구체적 방안으로 조건설에 의한 인과관계 제한, 상당인과관계, 직접성 원칙 등이 제시되었고, 특히 결과적 가중범에 있어서 객관적 귀속의 척도로서 직접성의 원칙이 구체화되기도 하였다.

일단 결과적 가중범이 성립되기 위해서는 일단 기본범죄와 중한 결과 간에 인과관계 그중에서도 상당인과관계가 있어야 한다.[161] 조건설에 의한 인과관계 확장은 결과적 가중범의 성립범위를 무제한 확대시켜 형법상의 책임원칙에 반하기 때문이다. 이러한 직접성의 내용은 다음의 3가지 단계에 따라서 각각의 개별 결과적 가중범의 구성요건에서 구체화될 수 있다고 볼 수 있다.

첫 번째로 고의의 기본범죄에 의해 중한 결과가 발생할 특별한 위험이 존재해야 한다(행위자에 의한 허용되지 않은 위험의

하고 있는 2가지의 주관적 귀속 형식, 즉 고의와 과실 이외에 형법각칙의 규정을 통해 확인할 수 있는 새로운 제3의 주관적 귀속 형식으로서의 중한 결과의 고의행위에 상응하는 법적 반가치 평가가 가능한 "특별한 중과실"로 구성시켜 볼 수 있다고 할 수 있다(조상제, 「결과적 가중범의 객관적 가중표지와 주관적 귀속 형식」, 369~372면).

161) 이 경우 상당인과관계설을 문제 삼을 때 합법칙적 조건설과의 비교를 문제 삼을 수도 있는데 이는 인과관계에 관한 연구 영역이므로 여기서는 다루지 않기도 한다.

창출).

두 번째로 중간개입행위가 있는 경우 행위자의 허용되지 않은 위험의 창출에도 불구하고 결과귀속을 구체적으로 인정할 수 있는지를 판단해야 한다.

마지막 세 번째로 기본행위로 인한 특별한 위험과 관련하여 중한 결과의 발생에 대한 객관적 예견가능성을 검토해야 한다.[162] 직접성의 원칙에 대해서는 중요한 논점이 중한 결과가 바로 기본 구성요건적 결과 자체에 내재하는 구성요건에 특수한 위험의 실현이고 다른 동기에서 발전된 위험이어서는 안 된다는 점이다. 객관적 귀속 척도로서 자리잡고 있는 직접 관련 내지 직접성 자체는 구성요건에 특유한 위험의 실현이라는 점이 그 요점인 것이다. 이는 결과적 가중법의 제한적 인정의 측면에서 볼 때 책임주의에 부합하는 쪽으로 기울어 가려는 노력의 일환으로 매우 바람직하다고 본다.

그러나 중한 결과가 기본범죄구성요건에 특수하고 고유한 위험의 실현이어야 한다는 것을 확고한 명제로 전제한다면, 입법자가 결과적 가중범을 설정할 때, 기본 구성요건의 어떤 요소에서 중한 결과로 나아갈 수 있는 전형적인 위험을 포착할 수 있는가, 즉 중한 결과의 실현과 직접적인 관련하에 놓여 있어야 할 기본

---

162) 위의 단계 중 중간개입행위와 관련하여 피해자나 제3자 혹은 행위자의 중간개입행위가 있음에도 불구하고 행위자가 야기한 (허용되지 않은) 위험이 중한 결과(사망)에 계속 효력을 가지는 경우에는 행위자에 대한 결과귀속을 인정할 수 있다. 이는 고의의 기본범죄행위의 전형적인 위험이 중한 결과에 실현되었다고 볼 수 있기 때문이다(같은 취지: 안경옥, 앞의 글, 152면).

범죄의 위험이 무엇이냐가 분명히 결정되어야 결과적 가중범의 성립을 뚜렷한 기준에 의하여 제한할 수 있는데 유감스럽게도 여기에 뚜렷한 기준이 없다는 난점이 있다.[163] 이는 최근 객관적 귀속척도로서 자리잡은 직접 관련 내지 직접성 자체도 단지 구성요건에 특수한 위험의 실현일 뿐, 개별 범죄 유형에 따르는 구성요건 해석의 문제이므로 일반화된 척도와 기준을 세우기는 어렵다는 비판을 받을 수 있다.

그리고 결과적 가중범을 전면적으로 부정하는 것에도 찬성할 수 없다. 왜냐하면 일반 예방적인 측면에서의 중한 결과가 고의에 의해 범한 기본범죄에 전형적으로 내포된 잠재적인 위험의 실현이란 점에서의 불법성을 무시할 수 없고[164] 입법에 의해 분명히 형법전에 규정되어 있기 때문이다. 그 외에도 상상적 경합(수죄)에 의한 처벌에서 나타나는 중한 결과 발생의 평가 누락과 같은 예외적인 경우의 해결[165]을 위하여서도 필요하다. 다만

---

163) 박광민, 「결과적 가중범의 본질과 직접성의 원칙」, 147면; 신양균, 「결과적 가중범의 불법구조에 대한 연구」, 98면; 문채규, 「결과적 가중범에서 기본범죄와 중한 결과 간의 직접 관련성」, 안동대 사회과학 논총 제8집, 안동대 사회과학연구소, 1996년 12월, 41면

164) 허일태, 앞의 글, 235면.

165) 상해치사죄를 예로 들었을 때 사망의 결과를 형법적인 평가에 비추어 보다 객관적이고 적절하게 포함시키기 위하여서는 과실치사인가 살인기수인가의 2단계평가를 행하기보다는 과실치사→상해치사→살인기수라고 하는 3단계의 평가를 행하는 것이 보다 더 사안에 적합한 형법적 평가가 된다. 이러한 면에서 결과적 가중범은 반드시 필요하다(井田 良, 刑法總論の理論構造, 東京: 成文堂, 2005, 423~424頁).

결과적 가중범의 본질상 입법자가 일정한 위험성을 내포하는 범죄로부터 중한 결과가 발생한 경우를 하나의 독립된 범죄 유형으로 규정한 점으로 미루어 보아 이러한 위험성이 실제로 중한 결과로 연결되어 실현된 경우에 한하여 결과적 가중범이 성립된다고 할 수 있다.

다른 한편 결과적 가중범의 형벌가중에 있어서의 합리적 근거가 기본범죄의 고의에 의한 실현과 그 기본범죄에 의해 단순히 과실로 중한 결과가 되었다는 점에 있다고 보았을 때에도 문제점이 있다. 왜냐하면 그 자체 치상이나 치사의 위험이 극도로 높은 결과적 가중범상의 기본범죄행위는 그 기본범죄행위로 인해서 치사나 치상과 같은 중한 결과 발생이 거의 예견 가능하여 중한 결과가 발생하기만 하면 거의 과실이 성립될 수 있기 때문이다. 이러한 결과적 가중범의 성립을 제한하기 위하여 객관적 예견가능성을 고의범과 과실범에 공통되는 척도로 보아 기본범죄의 행위자가 객관적 귀속의 척도로서 기본행위에 의한 결과가 예견 가능한 범위 내에 구체적으로 있었느냐를 예견할 수 있었을 때에만 결과적 가중범의 성립을 인정한다. 그리고 더 나아가 결과적 가중범의 법정형이 결과에 대하여 고의책임에 유사한 형벌을 인정하고 있는 현행 형법규정을 볼 때 결과 발생에 대하여 단순한 과실을 넘어 중과실 또는 인식 있는 과실이 요구된다고 함으로써 바로 특별한 형벌가중에 대한 책임주의를 담보할 수 있을 것이나 이는 과실의 개념혼란 등의 문제로 사실상 어렵다고 생각된다.

　다시 말해 형법각칙상의 결과적 가중범의 중한 형벌을 고려해 보았을 때 중한 결과를 제3의 주관적 귀속 형식으로서의 "중과실"로 제한한다면 분명 결과적 가중범의 정당성을 위하여서뿐만 아니라 책임원칙과의 내용적 조화를 위하여도 이러한 개념의 도입이 필요하다고 할 것이다. 그러나 분명히 형법 제15조 제2항에 규정되어 있는 "예견가능성"을 또 다른 제3의 귀속 형식인 "중과실"의 개념을 도입하여 해석하려 한다면 법적 안정성이 동요되는 것을 무시할 수 없다.[166] 결국 중한 결과에서의 '예견'은 예견가능성을 의미할 수밖에 없으며 이는 결국 과실이라는 측면에

---

166) 우리 형법은 제15조 '사실의 착오'라는 표제하에 제1항에서는 구성요건적 착오를 제2항에서는 결과적 가중범을 규정해 놓고 있다. 그러나 그렇다고 결과적 가중범 자체를 구성요건적 착오와 같은 구조로 생각하여서는 아니 된다고 생각한다. 구성요건적 착오의 인식대상은 두 가지 이상이 될 수 있으나 결과적 가중범의 인식대상은 한 가지이다. 아마도 이는 형법이 결과적 가중범을 고의(제13조), 과실(제14조) 다음에 편제해 놓아 나타난 문제현상이라고 생각한다(여기에 대한 연혁에 대해서는 황정익, 「결과적 가중범의 주관적 구성요건」, 형사법학의 현대적 과제, 손해목 박사 회갑기념논문집, 1993, 418면 참조); 또한 착오의 개념에 대해서는 일반 심리학적 견지에서 보았을 때 '인간의 중추신경에 의해 조종된 인간내면상의 흐름 또는 상태', 즉 마음이 존재해야만 한다. 따라서 착오가 되기 위해서는 일반 심리학상의 존재적 실체인 '마음'이 있어야 한다. 이러한 마음을 실체로 하지 않은 것은 아예 착오가 될 수 없는 것이다. 따라서 착오가 될 수 있기 위해서는 착오자가 문제의 판단대상에 대한 개념적 정체와 이의 표지들을 착오 이전에 알고 있어야 함은 물론 판단대상에 실제로 존재하면서 그의 개념적 정체를 나타내 주는 전부 또는 일부에 대해서 잘못 생각하고 있어야 한다(임광주, 「형법에 있어서 법률착오의 개념과 유형 ―종래의 착오론에 대한 근본적인 재검토를 위하여―」, 저스티스 통권 제74호, 2003년 8월, 132면).

서 파악할 수밖에 없다고 본다.[167]

제3절 현대적 과제

결과적 가중범의 가중처벌의 근거로서 앞서 살펴본 객관적 제한척도로서의 직접성의 원칙과 주관적 제한척도로서의 중과실의 요청 등이 결과적 가중범의 미수와 관련된 의의는 다음과 같이 정리할 수 있다.

먼저 직접성의 원칙은 기본범죄의 미수가 중한 결과를 (고의 혹은 과실로) 야기한 때에 결과적 가중범의 기수범 성립을 인정하는 종래의 다수설의 하나의 논거가 될 수 있다. 다시 말해 비록 기본범죄는 미수에 그쳤을지라도 그를 통해 입법자가 설정한 기본범죄의 구성요건에 내재한 고유한 위험이 중한 결과로 현실

---

167) 다만 형량이 문제가 되는데 가장 무거운 과실에 의한 사망의 결과를 처벌하는 규정이 있다 해도 그 형량은 형법 제268조에 의한 5년 이하의 금고형에 불과하다. 이러한 형량의 불합리함을 폭행치사를 예로 들었을 때 한국 형법 제260조에 의해서 기본범죄가 폭행에 의한 고의에 불과하여 2년 이하의 징역인 데 반하여 과실에 의하여 사망이라는 중한 결과가 나왔다는 이유만으로 3년 이상의 유기징역으로 처벌되는 것은 형법의 책임주의원칙에 위반한 균형을 잃은 입법이라고 볼 수밖에 없다. 가벼운 폭행이라고 하더라도 그에 비해 비교적 무거운 형벌인 2년 이하의 징역에 처하는 것은 폭행이라는 범죄 구성요건이 갖는 독자적 위험성 때문인데 이를 다시 가중하는 것이 과연 옳은가라는 문제는 다시 재고해 보아야 할 것이다.

112

화된 것에 인한 결과적 가중범의 미수가 아니라 기수범이 된다는 주장의 하나의 토대가 될 수 있다는 것이다. 예컨대 강도나 강간 시에 폭행만 하고 재물강취나 강간행위는 없었다고 할지라도 중한 결과에 기본범죄의 고유한 위험(즉, 고도의 폭력성)은 완전히 실현된 것이므로 강도치사상죄나 강간치사상죄의 기수범이 인정된다는 주장이 가능해진다.

그리고 단순히 중과실을 요구하는 입장(독일의 경우 강도치사죄를 비롯하여 결과적 가중범의 각칙 개별 구성요건에서 중한 결과에 대한 중과실을 명시하고 있는 구성요건들의 해석론) 및 이에서 더 나아가 제3의 주관적 귀속척도로서의 새로운 중과실 개념을 설정하여 이를 요구하는 견해 중[168] 일부는 앞서 살펴본 고의－고의 결합형식으로서의 부진정 결과적 가중범을 부정하고 진정 결과적 가중범만 인정하는 입장도 나타난다. 따라서 이러한 입장을 취하는 한, 고의－고의 결합형식으로서의 부진정 결과적 가중범에서 기본범죄는 실현하였으나 중한 결과가 미수에 그친 경우를 결과적 가중범의 미수로 취급할 여지는 없게 된다. 즉 이 경우는 기본범죄의 미수와 중한 결과에 대한 고의범의 미수와의 상상적 경합으로 해석하는 귀결에 이른다.

우리 형법은 1995년 12월 29일에 개정되었다. 여러 부분이 바뀌었지만 특히 결과적 가중범과 관련된 조항들이 변경되어 형벌적인 측면에서 사형이 대부분 삭제되는 등 법정형도 상당히 저감되었다. 그럼에도 불구하고 결과적 가중범의 법정형은 너무 중

---

168) 대표적으로 Rengier, erfolgsqualifizierte Delikte, S. 132f.

하다는 느낌을 피할 수 없으며 위에서 고찰해 본 것처럼 현주건조물방화치사죄(제164조 제2항)와 해상강도치사죄(제340조 제3항)에는 종전대로 사형이 존치되고 있다. 그리고 폭발성물건파열치사죄(제172조 제2항)의 경우는 그 법정형이 무기 또는 5년 이상의 징역으로서 기본범죄의 고의범인 폭발성물건파열죄(제172조 제1항)의 법정형인 1년 이상의 징역과 비교하여 무려 5배나 가중되어 있다. 또한 인질치상죄와 인질상해죄(제324조의 3), 강간치상죄와 강간상해죄(제301조)의 경우처럼 결과적 가중범과 일반 결합범을 동일한 법정형 아래 둔 것도 큰 의문이다. 이는 과연 우리 형법상의 결과적 가중범 규정이 어떤 체계적인 고려 하에 자리를 잡고 있는지를 의문 나게 하는 부분들로서 너무 산만하다는 느낌을 지울 수가 없다.

결과적 가중범의 성립범위를 직접성의 원칙에 의하여 적절히 제한한다 할지라도 그 기준이 애매하여 과연 책임주의에 부합할 수 있느냐 하는 문제점이 존재함은 위에서 살펴본 바와 같다. 그러나 결과적 가중범 규정은 분명히 형법전에 규정되어 있고 기본범죄의 특수한 위험성으로 인해 중한 결과와 결합되는 본질을 지니고 있음으로 그 존재를 부정할 수도 없다. 따라서 그에 대한 문제점은 지속적으로 연구해 나가야 할 과제라고 생각하며 항상 이를 해결하기 위하여 우리의 현실에 맞게 결과적 가중범 규정과 형벌범위를 조정하여 형법상의 책임원칙에 맞도록 적용해 보고 결과적 가중범 규정을 논리에 맞도록 좀더 조직화하고 체계화하는 방안을 모색해 보아야 할 것이다.

제3장 결과적 가중범의 미수

제1절 문제의 제기

미수란 "범죄의 실행에 착수하여 행위를 종료하지 못하였거나 결과가 발생하지 아니한 경우"를 말한다(형법 제25조 제1항). 이 개념을 전제로 한다면 결과적 가중범의 경우에도 이론적으로 미수가 가능하게 된다. 먼저 기본범죄와 중한 결과의 결합인 결과적 가중범이라는 단일의 범죄를 기준으로 한다면 진정 결과적 가중범의 미수란 기본범죄의 실행에 착수하여 기본범죄의 행위를 종료하지 못했으나 중한 결과가 발생한 경우(착수미수)를 결과적 가중범의 미수라고 볼 수 있고, 또한 기본범죄의 행위는 종료하였으나 기본범죄의 결과가 발생하지 않은 상태에서 중한 결과가 발생한 경우(실행미수)의 두 가지의 경우가 나타날 수 있다.

그러나 착수미수와 실행미수의 구분은 중지미수에서만 의미가 있으므로 기본범죄가 미수에 그쳤으나 예상하지 못한 중한 결과가 발생한 경우로 요약할 수 있다. 과실에 의한 중한 결과는 과실범이므로 특별히 미수로서 독립하여 구분할 필요는 없다고 할 것이다. 고의범과 과실범의 결합인 결과적 가중범의 경우에는 중한 결과가 발생하지 않은 경우에는 겉으로 보기에는 미수에 해당하는 것처럼 보이지만 미수범은 범행의 결의를 전제로 함으로 과실에 의한 중한 결과를 개념요소로 하는 경우에는 미수가 성립할 여지가 없게 된다.

둘째, 중한 결과의 발생을 예견하고 기본범죄의 실행에 착수한 경우는 다시 부진정 결과적 가중범의 미수의 문제가 나타나게 된다. 이러한 형태의 결과적 가중범의 미수는 기본범죄의 실행의 착수는 있었으나 행위를 종료하지 못하였거나 결과가 발생하지 아니한 상태에서 예견했던 중한 결과도 발생하지 않은 경우와 기본범죄는 기수에 도달하였으나 예상했던 중한 결과가 발생하지 않은 경우로 나누어 결과적 가중범의 미수를 상정해 볼 수 있다.

결국 결과적 가중범의 미수와 관련하여 두 가지의 선결문제가 생기는데 그 첫 번째는 기본범죄가 미수에 그쳤음에도 불구하고 중한 결과가 발생한 경우에 결과적 가중범의 미수로서 형법 제25조 2항의 미수범 규정에 따라 감경을 할 수 있는가의 문제와 두 번째는 중한 결과의 발생을 예견하고 기본범죄를 실현한 부진정 결과적 가중범의 경우에 기본범죄는 실현했으나 예견과는 달리 중한 결과가 발생하지 않은 경우에 결과적 가중범의 미수로 처벌할 수 있는가 하는 문제이다. 나아가서 각각에 대해 부가적으로 제기되는 문제는 첫 번째 문제와 관련하여 중한 결과에 대해 고의가 있었던 경우라도 결론이 같은지 여부이고 두 번째 문제와 관련하여서는 기본범죄가 미수에 그친 경우라도 결론이 동일한가 여부가 문제로 된다.

제2절 결과적 가중범의 미수의 연혁

1. 형법개정전의 결과적 가중범의 미수

현행 형법은 1995년 12월 29일 법률 제5057호에 의하여 개정되었다. 1996년 7월 1일부터 시행에 들어간 이 형법개정안이 시행되기 전에는 결과적 가중범의 미수라는 개념은 고의 있는 결과적 가중범에 대하여만 미수가 인정된다고 보고 결과적 가중범의 미수라는 것은 이러한 경우라고 주장되었다.[169] 그 예로서 개정되기 전 구형법 제338조의 강도살인죄와 제342조에 의한 同條의 미수범 처벌규정을 들고 있었다. 즉 강도살인은 강도의 기수·미수를 불문하고 강도의 기회에 피해자를 살해하는 것으로서 살인의 목적을 달성하지 못한 경우가 그 예라고 한다. 그러나 과거에 고의 있는 결과적 가중범이었던 강도살인죄는 현재 그 성질상 강도죄와 살인죄의 결합범으로서 살인죄에 있어서 미수가 되는 것은 이론상 당연하다.[170] 따라서 굳이 결과적 가중범의 미수라는 개념을 끌어들이지 않고서도 미수가 되는 것은 당연한 것이다. 그렇다면 결국 형법개정 전의 결과적 가중범의 미수는 과실 있는 결과적 가중범에서 문제가 된다고 할 수 있다. 그러나 고의

---

169) 박양빈, 「결과적 가중범의 미수」, 오선주 교수 정년기념논문집, 2001, 형설출판사, 131면 참조.

170) 다만 이때 결합범인 강도살인죄의 미수인 경우와 보통살인죄의 미수와 강도죄의 상상적 경합의 경우를 구별해야 할 필요성이 있다.

범과 과실범의 결합인 결과적 가중범은 과실범에 대하여 실질적이나 해석론상 미수를 인정할 여지가 없으므로 부인하였다. 따라서 과거 개정 전 형법은 결과적 가중범의 미수를 처벌하는 규정도 없었고 예전의 강간치사상죄(구형법 제301조), 강도치상죄(구형법 제337조) 및 강도치사죄(구형법 제338조) 등의 해석에 있어서도 기본범죄가 미수에 그친 경우에 중한 결과가 발생하면 기수의 성립을 인정하고 있었기 때문에 결국 형법개정 전에는 결과적 가중범의 미수를 부정하고 있었다고 보아야 한다.

2. 형법개정후의 결과적 가중범의 미수

형법은 1995년의 개정으로 인하여 강요죄(제324조의 5), 인질강요죄(제324조의 2), 인질상해치사죄(제324조의 3)와 인질상해치사죄(제324조의 4), 강도치상죄(제337조), 강도치사죄(제338조), 해상강도치사상죄(제342조)의 미수범 처벌규정을 도입하였다. 결국 판례에 의하여 그동안 인정의 여지가 없었던 결과적 가중범의 미수범이 형법각칙의 일부에서 입법적으로 성립한 것이다. 형법개정 전에는 당연하게 부정되어 왔던 결과적 가중범의 미수가 형법조문에 의해 정식으로 규정되면서 그에 따른 인정여부의 문제가 새롭게 대두하게 된 것이다.

형법개정 후 가장 첨예하게 논의되는 부분이 기본범죄가 미수에 그치고 중한 결과가 발생한 경우 중에서 결과적 가중범인 인질치상죄와 인질치사죄의 미수범 성립 여부이다. 개정형법은 인

120

질상해·치상죄(제324조의 3)와 인질살해·치사죄(제324조의 4)
를 신설하면서 미수범 처벌규정을 두었다(제324조의 5). 이는 형
법개정 후 결과적 가중범의 미수를 해석하는 데 있어서 중요한
기준이 된다고 생각된다. 이에 따른 결과적 가중범의 미수 인정
여부에 관한 학설의 전개과정을 살펴보면 다음과 같다.

(1) 부정설

부정설은 형법 제324조의 5의 미수범 처벌조항이 표면상으로
는 인질상해·치사죄(제324조의 3)와 인질살해·치사죄(제324조
의 4)를 모두 포함하고 있는 것처럼 보이지만 고의범으로서의
인질상해죄와 인질살인죄만 그 대상으로 예정하고 있다고 축소
해석해야 한다고 한다. 부정설을 주장하는 견해의 주요한 논거를
들면 다음과 같다.

① 다른 결과적 가중범에 대해서는 미수범 처벌조항을 두지
않으면서 위와 같은 범죄에서만 특히 미수범을 처벌하는 조항을
두어야 할 합리적인 차별근거가 없다는 견해,[171] ② 일단 조문상
의 규정만 놓고 보았을 때 논의의 필요성은 인정되나 일관성이
있는 규정이 아니고 부분적으로 산재해 있는 규정을 근거로 인
질치상·치사죄의 미수범을 인정하는 것은 부당하다는 견해,[172]
③ 우리 형법해석론에서는 전통적으로 진정 결과적 가중범의 미

---

171) 김용욱, 「부진정 결과적 가중범에 대한 비판적 고찰」, 116면.
172) 김일수/서보학, 새로 쓴 형법각론(제6판), 박영사, 2005, 131면.

수를 인정하지 아니하고 있으며 1995년의 형법개정에 있어서도 결과적 가중범의 경우에는 미수범 처벌이 없다는 규정을 두지 아니한 이유로서 결과적 가중범의 미수를 처벌할 수 없다는 것은 이론상 당연하기 때문에 별도의 규정이 불필요하다는 데에 있었다는 점에 근거를 둔 견해,[173] ④ 법체계의 정비를 통하여 해결되어야지 해석을 통하여 결과적 가중범의 미수를 억지로 인정하는 것은 불합리하다는 견해[174] 등이 있다.

(2) 긍정설

미수범 처벌을 긍정하는 입장에서는 전에는 결과적 가중범의 미수에 대한 처벌규정이 없었으나 지금은 인질치상·치사죄를 포함한 미수범 처벌규정이 도입되었고 책임원칙에 비추어 볼 때도 과도한 처벌의 위험이 있으므로 인질치상·치사죄의 미수를 인정해야 한다고 한다. 그 구체적인 논거를 들면 다음과 같다.

① 법조문의 규정만을 근거로 해석할 때 인질강요죄의 결과적 가중범인 인질치상·치사죄의 미수는 인질강요행위가 미수에 그쳐 버렸지만 중한 결과인 치상·치사가 발생한 때에 인정하여야 한다. 이는 결국 과실범의 미수는 인정할 수 없다는 것을 기준으로 삼아 인질상해죄의 미수는 기본범죄인 인질강요죄에 있어서 제3

---

173) 백형구, 형법각론, 청림출판사, 1999, 273면; 오영근, 형법각론, 박영사, 2005, 164면; 이형국, 형법각론연구 I, 법문사, 1997, 217면; 정성근/박광민, 형법각론(제2판), 삼지원, 2006, 145면.

174) 박강우, 앞의 글, 193면.

자에 대한 인질범의 강요행위의 미수 여부를 불문하고 상해행위가 미수에 그친 경우를 의미하며, 인질치상죄의 미수는 과실로 상해의 결과는 발생하였지만 제3자에 대한 강요행위가 미수에 그친 경우를 의미한다고 함을 논거로 하는 견해,[175] ② 역시 마찬가지 논거로서 결과적 가중범인 인질치상죄의 미수는 과실로 상해의 결과가 발생하였으나 강요행위가 미수에 그친 경우에 성립한다는 견해,[176] ③ 제3자에 대한 강요행위는 미수에 그쳤으나 과실로 상해가 발생한 경우 인과관계와 예견가능성이 있으면 상해의 결과가 발생하였으므로 인질치상죄의 미수범을 인정하는 것이 타당하다는 견해[177] 등이 모두 같은 맥락에서 주장되고 있다.

(3) 검 토

인질치상·치사죄의 미수범을 인정하느냐에 관한 긍정설과 부정설의 논의는 결국 결과적 가중범의 미수를 인정하느냐 하지 않느냐와 관련되어 있다. 인질범이 인질에게 상해를 가하였으나 기본범죄인 제3자에 대한 인질강요행위가 미수에 그친 경우에는 인질상해미수죄가 아니라 고의결합범인 인질상해기수죄가 성립

---

175) 박양빈, 앞의 글, 133면. 박양빈 교수는 개정 전 구형법에 비하여 보다 책임원칙에 충실해진 개정형법의 태도는 기본범죄가 미수에 그친 경우에 결과적 가중범의 미수범 성립을 위한 준거점을 마련해 준 점에서 이론적으로 진일보한 것이라고 평가한다.

176) 임웅, 형법각론, 법문사, 2003, 147면.

177) 박상기, 형법각론(제6판), 박영사, 2005, 122면.

한다. 이러한 해석을 결과적 가중범인 인질치상죄에 접목시켜 보면 기본범죄(인질강요죄)가 미수인 경우에도 중한 결과가 발생한 때에는 결과적 가중범의 기수에 해당한다는 통설과 판례의 입장과 일치한다.

 이러한 해석은 형법규정에 대한 제한적 해석을 전제로 하고 있다. 즉 인질상해·치상죄는 "인질강요죄의 죄를 범한 자"가 인질을 상해하거나 상해에 이르게 한 때에 성립한다고 규정하고 이에 대한 미수범을 처벌하고 있는 것이다. 따라서 기본범죄인 인질강요죄의 기수범이 상해미수를 범하였을 경우를 전제로 한 것이다. 그러므로 바람직한 해석의 방향으로서 결과적 가중범인 인질치상죄의 미수를 인정하기 위해서는 먼저 인질치상죄에서 기본범죄인 "인질강요죄를 범한 자"란 동조의 기수범과 미수범을 모두 포함한다고 보아야 가능하다[178].

 결국 형법개정 후에도 위의 인질치상죄(제324조의 3)와 인질치사죄(제324조의 4)를 제외하고는 기본범죄의 기수·미수를 불문하고 중한 결과 발생의 여부로서 결과적 가중범의 기수·미수로 보는 견해가 통설적 견해이며 판례의 태도라고 볼 수 있다.[179] 그런데 개정형법은 강도치상죄(제337조), 강도치사죄(제338조), 해상강도치상죄(제349조 제2항) 및 해상강도치사죄(제340조 제3항)의 미수범을 처벌할 수 있도록 한 제342조의 본문을 개정한

---

178) 같은 취지: 류전철, 「결과적 가중범의 의의와 미수범 성립 여부」, 조선대학교 법학논총 제7집, 2001, 116면; 박양빈, 앞의 글, 133면.
179) 박양빈, 앞의 글, 137면.

124

고 단서를 삭제하였다.[180] 따라서 결과적 가중범의 미수범 처벌이 가능하게 되었다.

이러한 처벌이 가능한 근거로는 이러한 범죄에 대하여, 즉 기본범죄가 미수에 그치고 중한 결과가 발생한 경우에 결과적 가중범의 미수라고 주장하는 이론[181]에 의하면 예를 들어 강도치상죄의 미수는 기본범죄인 강도의 미수로 치상의 결과가 발생한 때에 인정되며 강도치사죄의 미수 역시 기본범죄인 강도의 미수로 사망의 결과가 발생한 때에 인정된다고 볼 수 있다. 한편 결합범인 강도살인죄의 미수는 강도죄의 기수·미수를 불문하고 살인이 미수에 그친 때를 의미한다고 봄으로써 결합범의 미수와 결과적 가중범의 미수와의 경계선을 그을 수 있다. 해상강도치상죄(제349조 제2항) 및 해상강도치사죄(제340조 제3항)의 미수 역시 위에 준하여 해석하면 문제없을 것이다. 또한 개정형법은 고의범의 결합범과 결과적 가중범을 가리지 않고 미수범을 처벌하는 규정을 둠(제342조)으로써 최소한 법률적으로 강도치상과 강도치사의 미수범도 가능하게 되었음을 무시할 수 없다.

일반적으로 결합범인 강도상해죄와 강도살인죄의 실행의 착수는 폭행·협박을 개시한 때이고 그 미수는 강도행위가 아닌 상해 또는 살인행위의 미수 여부에 따라서 결정된다. 강도행위의 기수·미수 여부와는 아무런 관계가 없다. 따라서 상해와 살인행

---

180) 물론 강도상해죄와 강도살인죄 및 해상강도상해죄와 해상강도살인죄의 미수범 처벌규정은 개정 전 형법에도 있었다.

181) 박양빈, 앞의 글, 138면.

위가 미수에 그치면 강도의 미수·기수 여부와는 관계없이 강도
상해죄와 강도살인죄의 미수가 성립한다. 그러나 강도치상죄와
강도치사죄는 결과적 가중범이므로 미수범을 인정할 수 없다고
하는 견해도 있으나[182] 기본범죄인 강도죄가 미수에 그쳤으나
중한 결과인 상해 또는 사망이 발생한 경우에 결과적 가중범의
미수를 인정할 수 있음은 조문상 그리고 위의 여러 가지 근거로
인하여 명확한 것임을 부인할 수는 없다고 할 것이다.

제3절 결과적 가중범의 미수의 구조

결과적 가중범의 미수는 기본범죄와 중한 결과로 구성된 결과
적 가중범에 미수가 추가된 구조라고 볼 수 있다. 미수의 의미가
과연 어떻게 추가되느냐가 관건이 될 수 있는데 미수는 기본범
죄의 미수와 중한 결과의 미수 양쪽 모두에 포함된다고 할 수
있다. 그러나 중한 결과가 과실로서 발생한 경우는 미수범으로
처벌할 수 없으므로 결국 결과적 가중범의 미수는 기본범죄의
미수 그리고 미리 예견한 중한 결과가 발생하지 않았을 때의 중
한 결과의 미수 두 가지의 의미 중 어느 한 가지라도 발생했을
때로 받아들일 수 있다. 한편 결과적 가중범의 미수의 구조에서
미수를 기본범죄와 중한 결과 중 어느 쪽에 중점을 두느냐에 따

---

182) 이재상, 형법각론(제5판), 박영사, 2004, 313면.

라서 그 의미에 대하여는 견해가 대립하고 있다.[183]

한국에서 결과적 가중범의 미수를 부정하는 학설은 결과적 가중범은 그 성질상 미수를 인정할 여지가 없는 것으로 본다. 즉 결과적 가중범은 과실에 의한 중한 결과의 '발생'을 본질로 하고 있는데 여기에 결과의 不發生을 개념의 본질적 요소로 보는 미수는 중한 결과를 예견했다 할지라도 결합될 수 없고, 만약 중한 결과가 발생했다면 무조건 결과적 가중범의 기수가 성립하는 것이지 미수가 될 수는 없다고 본다. 그러나 결과적 가중범의 미수를 긍정하는 학설은 이를 달리 이해한다. 즉 결과적 가중범의 미수는 중한 결과가 발생했다 하더라도 기본범죄가 미수에 그치면 성립한다고 이해한다. 결국 양 학설이 설명하고자 하는 대상은 결과적 가중범의 구조로서 기본범죄와 중한 결과 중 어느 쪽에 미수의 비중을 두어야 할지가 서로 일치하지 않는다. 미수범 긍정설은 "기본범죄"에 중점을 두고 있고 미수범 부정설은 "중한 결과"에 중점을 두고 있기 때문이다.

종래 우리나라의 통설과 판례는 결과적 가중범의 미수를 인정하지 않고 있었다. 이론적으로 결과적 가중범의 미수의 인정 여부를 떠나서 형법 제29조의 「미수범을 처벌할 죄는 각 본조에 정한다」는 원칙에 따라 각 본조에 결과적 가중범을 처벌하는 규정이 없다

---

183) 기본범죄가 미수에 그쳤지만 중한 결과가 발생한 때 결과적 가중범의 기수인가 아니면 미수를 인정할 수 있는가의 문제는 결과적 가중범의 불법의 중점을 기본범죄와 중한 결과 중 어느 곳에 두어야 하는지에 따라서 결정되어야 한다(井田 良, 刑法總論の理論構造, 成文堂, 2005, 425頁).

는 것이 주된 근거였다.[184] 따라서 1995년의 개정형법에서 결과적 가중범의 미수범 처벌규정을 신설한 것은 결과적 가중범의 미수를 일관되게 부정해 온 종래의 입장과 반대되는 것으로서 결과적 가중범의 미수를 인정하려는 입법자의 의도인지 실수인지 의문시된다. 결과적 가중범의 미수에 관한 형법상의 규정을 입법자의 실수에 기인하는 것으로만 보아야 하는가, 다시 말하면 해석론적 또는 입법론적으로 결과적 가중범의 미수를 인정하는 것은 불가능한 일인가를 자세히 탐구해 볼 필요가 있다. 결과적 가중범의 형벌이 너무 중하다는 비판을 받고 있고 결과적 가중범의 미수범은 실무로 들어가면 경하게 처벌되기 때문이다.[185]

여기서 결과적 가중범의 미수를 인정하기 위하여 결과적 가중범에서 가중된 결과의 기본구조인 과실범에 관한 새로운 이해의 접근을 해 볼 필요가 있다. 종래의 통설에 의하면 과실범에서 주의의무의 기준은 좀더 객관화되고 일반화된 척도를 그 기준으로 삼고자 한다. 즉 평균인, 사회 일반인의 주의의무능력을 표준으로 해서 주의의무 위반을 판단한다.[186] 왜냐하면 구성요건의 임무는 각 생활 영역마다 객관적이고 일반화될 수 있는 행위의 기준을 제공하는 것이며 주의규범은 각 개인의 능력에 따라 달라지는

---

184) 김선복, 「결과적 가중범의 미수」, 비교형사법연구 창간호, 1999년 9월, 106면: 김용욱, 「부진정 결과적 가중범에 대한 비판적 고찰」, 115면.

185) 김선복, 앞의 글, 95면.

186) 임웅, 앞의 책(총론), 495면: 정성근/박광민, 앞의 책(총론), 422면: 진계호, 앞의 책(총론), 267면,

128

것이 아니기 때문이라고 한다. 이러한 통설적 견해에 대해서는 개별 화설(주관설)과 주의의무 개념 불요설에서 비판이 제기되고 있다. 우선 개별 화설은 개인적인 능력은 과실범의 구성요건에서 이미 고려되어야 하며 이러한 주의의무 위반은 오로지 개별행위자의 인식과 능력에 따라 결정된다고 한다.[187] 다음으로 주의의무개념 불요설은 주의의무 위반의 관점을 과실의 구성요소로서 부정하고 주의의무 위반이 아니라 구성요건 실현의 인식가능성이 독자적인 의미로 검토되어야 한다고 한다.[188] 이러한 의견은 고의범과 과실범의 구조적 동일성을 보여주는 단계에까지 나아가게 되는데, 객관적 측면에서 보면 고의범이든 과실범이든 행위자의 행위는 허용되지 않는 위험의 창출이 된다는 것이다. 기수범에서는 이와 같이 허용되지 않는 위험이 결과 발생으로 연결되어야 한다.[189] 허용되지 않는 위험이 결과 발생으로 연결되지 않으면 기수범으로 처벌될 수 없는 것이다.

그렇다면 결과적 가중범은 어떤 결과가 나와야 허용되지 않는 위험의 창출이 있어서 이것이 전체적인 결과 발생으로 연결되어

---

187) Jakobs Günter, Strafrecht Allgemeinerteil, 2. Aufl., Berlin/New York 1991, S. 9/6ff.

188) 이용식, 「과실범이론의 변화에 관하여」, 서울대학교 법학, 제44권 제2호, 2003년 6월, 240면 참조.

189) 이용식, 「과실범이론의 변화에 관하여」, 242면; 과실범의 구성요건은 결과의 야기 이외에 항상 주의의무 위반을 요구하지만 고의범의 구성요건은 고의에 의한 결과의 야기만으로 충족된다. 하지만 고의범의 구성요건도 주의의무 위반을 포함하고 있다는 견해도 있다(김성돈, 앞의 책(총론), 524면; 이호중, 「과실범의 예견가능성」, 74면).

서 결과적 가중범의 기수범으로 처벌된다고 할 수 있을까? 여기서 결과적 가중범의 구조를 생각해 보면 뒷부분인 중한 결과를 야기한 과실 역시 구성요건 실현의 인식가능성으로 본다면, 기본범죄의 미수에 대한 처벌규정이 없을 경우 당해 결과적 가중범의 미수는 법적으로 허용된 위험이라고 할 수 있다. 왜냐하면 전체적인 결과적 가중범의 허용되지 않은 위험의 창출이라 함은 기본범죄의 미수를 처벌하지 않는다면 기본범죄의 미수는 의미가 없고 중한 결과 발생이 전체적으로 위험을 발생시켜야만 기본범죄와 중한 결과 모두에서 허용되지 않은 위험의 창출이 있다고 할 수 있을 것이기 때문이다. 결국 그 위험이 중한 결과에서 실현되었다 할지라도, 즉 행위자가 중한 결과를 주관적인 주의의무 위반으로 발생시켰다고 하여도 기본범죄의 미수가 처벌되지 않는 이상 중한 결과 자체로서 구성요건 실현의 인식가능성이 확정되었다고 보아서 전체적인 결과적 가중범의 기수를 인정할 수는 없는 것이다. 다만 중한 결과를 객관적인 주의의무 위반행위로 보았을 때는 중한 결과에 대한 과실범은 성립할 수 있을 것이다.190) 현행 한국 형법하에서는 폭행치사상, 낙태치사상,

---

190) 이때 뒷부분인 과실행위의 불법에서 문제되는 것이 객관적 기준인 주의의무 위반인지 아니면 개별적인 주관적인 척도인지가 문제된다. 결론적으로 과실불법에서는 객관적 척도와 개별적 척도 모두가 문제된다고 할 수 있겠다. 다만 결과적 가중범에서는 행위자가 가지고 있는 특수지식을 기본범죄에 앞서서 구성요건 실현가능성의 판단기준으로 삼아서는 안 된다고 생각한다. 이는 객관적 판단을 벗어나는 모순일 뿐 아니라 기본범죄는 고의범이므로 과실범에 앞서서 구성요건 실현 여부의 판단이 선행되어야 하기 때문이다.

유기치사상죄 등 기본범죄의 미수범 처벌규정이 없는 결과적 가중범의 경우가 그러한 예가 될 것이다.

그러나 기본범죄의 미수범 처벌규정이 입법에 규정되어 있고 미수만으로도 기본범죄에 고유한 위험이 창출될 수 있는 범죄유형의 경우(주로 강간, 강도와 같은 경우)에는 기본범죄가 미수에 그쳤다 하더라도 중한 결과가 나타났다면 전체적인 구성요건의 실현이 있다고 할 가능성이 있다. 왜냐하면 이 경우의 전체적인 결과적 가중범으로서의 허용되지 않은 위험의 창출이라 함은 기본범죄의 미수를 처벌함으로써 이미 가벌성은 확정되었다고 할 수 있다. 또한 기본범죄의 위험성으로 인하여 이미 기본범죄의 실행에 착수한 행위자의 개인적인 능력이 결과 발생을 포함하여 전체적인 결과적 가중범 구성요건 실현의 인식가능성이 있는 것으로 보아 기본범죄의 기수 혹은 미수에 따라서 전체적 결과적 가중범의 미수를 인정할 수 있기 때문에 뒷부분인 과실행위는 객관적이고 개별적인 행위자의 구성요건 실현의 인식가능성이 확정되었다고 말해도 좋기 때문이다.

그리고 중한 결과가 결과적 가중범 전체에 걸쳐 완전히 실현되었다면 전체적인 결과적 가중범의 기수범으로서의 위험의 창출, 즉 기수범이 성립되었다고 말할 수 있는 가능성도 있다.

제4절 결과적 가중범의 본질에 따른 미수의 문제점

결과적 가중범은 기본범죄가 미수에 그치더라도 과실에 의하여 중한 결과가 발생하면 기수가 된다는 것이 지금까지 판례의 태도였다.[191] 그러나 위에서 언급한 것처럼 최근의 형법개정으로 인하여 강요죄(제324조의 5), 인질강요죄(제324조의 2), 인질상해치사죄(제324조의 3)와 인질상해치사죄(제324조의 4), 강도치상(제337조), 강도치사죄(제338조), 해상강도치사상죄(제342조)의 미수범 처벌규정을 도입하였다. 결국 판례에 의하여 그동안 인정의 여지가 없었던 결과적 가중범의 미수범이 형법각칙의 일부에서 입법적으로 성립한 것이다. 여기에 바로 결과적 가중범의 미수의 본질과 그에 따른 미수 인정 여부의 문제점과 해석의 필요성이 존재하는 것이다.

일반적으로 미수범은 3가지 요소로서 구성된다. 주관적 요소로서 구성요건 실현에의 결심(Entsculuß), 객관적 요소로서 구성요건 실행의 착수(Ansetzen)와 소극적 요소로서 구성요건 완료의 흠결(결과 불발생)이란 3가지 요소로서 구성된다. 이는 범죄가 완전하게 수행되지 못하여 실제에 있어서는 완성되지 못한 경우인 것이다. 무릇 범죄가 완성되기 위해서는 범죄의사의 결정, 범죄계획의 모의, 범죄 실행 전의 준비, 범죄 실행의 개시, 범죄의

---

191) 대판 1972. 7. 25, 72도1294; 대판 1986. 7. 23, 86도1526 등; 이는 미수범의 처벌은 법률의 규정에 의해서만 가능하다는 총칙상의 제한(제29조)을 해석에 의해서 보완하려는 의도로 보인다.

현실적 종료 등의 과정이 있을 것을 요한다. 결국 범죄의 미수는 범죄 실행의 개시와 범죄의 현실적 종료 사이에 위치하는 중간 영역에 해당하는 개념인 것이다. 그러나 미수범은 독자적 구성요건이 아니기 때문에 미수범 일반이란 존재하지 않으며 항상 특정구성요건의 미수(절도미수, 사기미수 등)로서 존재할 뿐이다.[192] 그렇다면 앞에서도 잠깐 언급한 것처럼 고의의 기본범죄와 과실의 중한 결과의 결합으로 이루어지는 결과적 가중범의 경우도 원칙적으로는 기본범죄의 결과와 중한 결과 발생의 2가지 결과 실현을 이루어야 비로소 범죄의 현실적 종료가 되는 것이 원칙이다. 그런데 문제는 미수는 실행의 개시로 인하여 가벌성을 띤다는 점이다.[193] 즉 실행의 개시가 있다는 사실이 범죄성립요건을 충족시킬 수 있는 시발점이 되고 여기에 미수의 가벌성이 있다고 본다. 그렇다면 결과적 가중범의 미수는 일단 실행의 개시(착수)가 있었으므로 가벌성을 띤다고 보아야 할 것이다. 문제는 범죄의 현실적 종료가 과연 존재했느냐이다.

다만 결과적 가중범은 직접성의 요건과 관련하여 기본법이 미수에 그치고 중한 결과가 발생한 경우를 중한 결과의 침해법익과는 다른 법익의 침해를 요건으로 하는 기본법이 미수에 그쳤

---

192) Jescheck, Lehrbuch des Strafrechts, 4. Aufl., 1988, S. 463ff: 즉 미수는 반드시 형법각칙상 규정된 개별적인 범죄의 구성요건과 결합되어서 합치된 경우에만 그 범죄의 미수로 처벌될 수 있으므로 미수는 독립된 범죄 유형이 아니며 특정한 범죄의 미수로서만 형법상 의미를 가질 수 있게 되는 것이다.

193) 백원기, 「미수의 개념에 대한 소고」, 차용석 교수 회갑기념논문집, 1994, 406면.

을 경우에 한하여 결과적 가중범으로서 미수를 논의할 수 있다
는 견해[194]가 있다. 이 견해에 따르면 강간치사죄나 강도치사죄
등과 같이 중한 결과인 사망의 결과가 기본범의 침해입익와는
다른 법익의 침해를 요건으로 하는 경우는 기본범죄가 미수에
그치고 중한 결과가 발생한 경우에 결과적 가중범의 미수·기수
여부를 논의 할 수 있다. 그러나 상해치사죄처럼 기본법과 중한
결과가 동롱의 법익을 보호하는 결과적 가중범의 경우에는 기본
법인 상해죄가 미수에 그치면 중한 결과가 발생하더라도 결과적
가중범에서 제외되게 된다. 그러나 이러한 견해는 일정한 기본법
의 형태가 중한 결과로서 사망의 결과를 야기하기 쉽기 때문에
결과적 가중범이라는 범죄형태를 규정해 놓은 입법 취지에 반한
다. 상해죄나 강간죄 혹은 강도죄 모두 일죄로서 취급되기 때문
이다.

일단 진정 결과적 가중범의 미수에서는 기본범죄의 최종종료
는 없었다고 볼 수 있고 따라서 미수의 가능성을 점쳐 볼 수 있
다. 그러나 뒷부분인 중한 결과는 진정 결과적 가중범을 기준으
로 놓고 보았을 때 과실의 미수는 있을 수 없고 따라서 기본범
죄의 미수를 기준으로 판단할 수밖에 없을 것이다. 다만 결과적
가중범을 하나의 단일범으로 구성했을 때 일단 실행의 개시(착

---

194) 이용식, 「결과적 가중범의 미수」, 고시계, 2005년 5월글, 20면, 21면;
　　이 견해는 기본범죄와 중한 결과가 동롱 혹은 생명·신체 하나의
　　단계를 이루는 법익을 보호법익으로 하는 경우에는 기본법이 미
　　수에 그치고 중한 결과가 발생했다 하더라도 결과적 가중법이라
　　고 할 수 없다고 한다: 이 견해에 따르면 또한 기본범죄의 미수
　　자체가 문가벌인 경우도 결과적 가중범에서 제외한다.

134

수)가 있었고 범죄의 현실적 종료(중한 결과의 발생)가 있었으므로 미수의 문제는 일어나지 않았다고 이론을 구성해 볼 수도 있겠으나, 미수는 고의범에서만 의미를 가지는 특정 구성요건의 미수로서만 의미를 가질 수 있으므로 중한 결과보다는 기본범죄에 좀더 비중을 두는 것이 옳다고 본다.

결국 논의의 중점은 형법각칙상 결과적 가중범의 미수범 처벌규정을 몇몇 결과적 가중범에 도입한 데에 초점이 맞추어진다. 결과적으로 이는 완비되지 못한 입법으로 보인다.[195] 그 근거로는 모든 결과적 가중범에 대해 미수범 처벌규정이 규정되어 있는 것이 아니라, 일정한 결과적 가중범에 대하여만 미수범 처벌규정이 도입되어 있는 점을 근거로 들 수 있다. 예컨대 형법은 제324조의 5에서 인질치상·치사죄는 미수범 처벌규정을 두면서도 제281조의 체포·감금 치사상죄와 제275조의 유기 등 치사상죄는 미수범 처벌규정을 두지 않고 제182조에서 현주건조물일수치사상죄의 미수범은 처벌하면서 제164조의 현주건조물방화치사상죄의 미수범은 처벌하지 않는 이상한 입법태도를 보이고 있는데, 이는 어떠한 논리적 기준에 의한 것으로 보이지는 않기 때문이다. 물론 입법의 해석에서 기본범죄의 미수범을 처벌하는 규정이 있으면 기본범죄가 미수에 그치고 중한 결과가 발생한 경우에 결과적 가중범의 미수로 해석할 수 있다. 그러나 기본범죄의 미수범 처벌규정조차도 없는 경우는 해결할 방법이 없게 될 수 있다.

---

195) 최근 대법원은 성폭력 특별법상 특수강간치상죄(제9조 제1항)의 행위 주체에서 기본범죄(특수강간)의 미수범을 배제시키는 판결을 내린 바 있다(대판 1995. 4. 7, 95도94).

다만 주의할 것은 강도치사상죄에서 강도죄는 미수에 그쳤으나 가중된 결과인 상해나 사망의 결과가 과실로 발생한 경우이다. 즉 강도가 재물을 강취하기 위하여 폭행·협박을 하는 과정에서 이를 피하려다가 벽에 머리를 부딪쳐 사망하고, 강도범은 이에 놀라서 재물취거를 포기하고 도망한 경우 등이다. 이때 만약 결과적 가중범인 강도치사의 미수를 인정하지 않는다면 무기 또는 10년 이상의 징역이라는 과도한 형벌을 받게 된다.

기본범죄가 실행에 착수된 이상 기본범죄의 결과가 발생하지 않았더라도 상해나 살인의 가중된 결과가 발생한다면 바로 결과적 가중범의 기수를 인정해야 한다고 보는 견해가 근거로 내세우는 것 중 고의결합범죄(강도상해, 강도강간 등)에서는 기본범죄의 기수·미수에 관계없이 중한 결과가 발생하면 기수범으로 보면서, 결과적 가중범에서만 중한 결과가 발생하였음에도 불구하고 기본범죄가 미수이면 전체를 미수범으로 보자는 견해는 일관성이 결여되었다고 생각[196]할 수도 있다. 그러나 고의결합범과 결과적 가중범[197]은 분명히 다르고 기본범죄인 강도죄는 미수범 처벌규정이 분명히 있으며(제342조) 기본범죄와 가중된 결과를 하나의 단일한 구조로 보고 기본범죄의 미수에 특정구성요건의 미수로서의 의미를 부여한다면 강도치사의 미수범을 분명히 인정할 수 있다. 그리고 중지미수의 인정, 즉 위의 사례에서 강도범이 사망의 결과를 자의로 막았다면 강도치사죄의 중지미수의 성

---

196) 김일수/서보학, 앞의 책(총론), 478면.
197) 여기서는 진정 결과적 가중범만을 의미한다.

립을 인정할 수 있음을 근거로 결과적 가중범인 강도치사죄의 미수를 인정할 수 있을 것이다.[198]

한편 중한 결과에 대하여 고의가 있는 부진정 결과적 가중범의 미수 처리문제가 본질에 따른 문제점으로 대두될 수 있으나 이는 후술하기로 한다. 다만 가중된 결과를 고의로서 발생케 한 경우라는 점에서 결합범과 동일한 구조를 취하고 있다는 점에 주목할 필요가 있다.[199]

간단한 해결방법은 기본범죄가 미수에 그치고 의도했던 중한 결과도 발생하지 않은 경우 부진정 결과적 가중범의 미수라는 범죄 형태를 끌어들일 필요 없이 기본범죄의 미수와 가중되지 않은 중한 결과의 고의범죄의 미수와의 상상적 경합을 인정하면 된다.[200]

---

198) 이 경우 강도치사죄 대신에 사망의 결과를 막았을지라도 상해의 결과가 나타났으므로 강도치상죄로 처벌할 수 있다고도 할 수 있으나 강도치상죄는 7년 이상의 징역이고 강도치사죄의 중지미수는 10년 이상의 징역의 필요적 감면이라는 점을 고려해 볼 때 범죄자의 양형상의 이익을 위해서라도 강도치사죄의 중지미수를 인정할 필요가 있다고 볼 것이다.

199) 이 경우는 결과적 가중범이라기보다 중한 결과가 고의에 의하여 파악되고 있는 고의결과범으로서 2개의 고의 부분으로 구성된 다단계 범죄(aus zwei Vorsatzteilen bestehende mehrstufige Delikte)라는 견해가 있다. 옳은 판단이라고 생각된다. 이에 대해서는 김용욱, 「부진정 결과적 가중범에 대한 비판적 고찰」. 117면 참조.

200) 만약 결합범이 신분범임을 가정했을 때 강도살인죄를 예로 들어 설명하면 제1범죄는 기수에 이르렀지만 의도했던 제2범죄가 발생하지 않은 경우는 강도살인미수죄로 처리하고 제1범죄는 기수에 이르지 못했지만 제2범죄가 발생한 경우는 강도살인죄의 기수로 처리하며, 제1범죄도 미수에 그치고 제2범죄도 발생하지 않은 경

문제점으로는 부진정 결과적 가중범의 중한 결과의 고의 부분에 대한 불법책임을 단순히 기본범죄와 중한 결과와의 상상적 경합을 인정하여 해결하는 것이 옳은가라는 문제점이 발생한다.

제5절 한국에서의 결과적 가중범의 미수의 유형과 해석론

우리 형법에서 결과적 가중범의 미수는 이론상 다음의 6가지 경우에 결과적 가중범의 미수범 성립에 있어서 문제가 있게 됨을 알 수 있다.

① 기본범죄가 미수에 그쳤지만 과실로 인한 중한 결과는 발생한 경우, ② 기본범죄가 미수에 그치고 과실로 인한 중한 결과도 미수에 그친 경우, ③ 기본범죄와 중한 결과 모두 기수에 도달하고 발생하였지만 기본범죄와 중한 결과 사이에 인과관계나 직접성이 없거나 또는 중한 결과에 대한 예견가능성이 인정되지 않는 경우, ④ 기본범죄가 미수에 그쳤지만 의도했던(고의로 인한) 중한 결과는 발생한 경우, ⑤ 기본범죄도 미수에 그치고 의도했던 중한 결과도 발생하지 않은 경우, ⑥ 기본범죄는 기수에 이르렀지만 의도했던 중한 결과는 발생하지 않은 경우로 나누어

우는 강도살인미수죄로 처리할 수도 있다. 다만 신분이 제1범죄의 실행에 착수한 자로 제한되었기 때문에 형이 살인죄에 비해 가중된 것이라고 볼 수 있다. 그러나 강도살인죄는 결합범이므로 진정 결과적 가중범과는 구분하여 논하여야 할 것이다.

볼 수 있다. 여기서 ①, ②, ③은 진정 결과적 가중범의 미수 형태를 ④, ⑤, ⑥은 부진정 결과적 가중범의 미수 형태를 의미한다. 진정 결과적 가중범의 미수 형태 중 ②와 ③은 각각 과실범의 미수는 인정하지 않는 점과, 기본범죄와 중한 결과 간에 인과관계가 부정되고 직접성이 없으면 기본범죄와 중한 결과는 각각 별개의 범죄가 성립하여 경합범으로 처리되거나 혹은 각자 별개의 범죄로 처리되므로 결과적 가중범과는 무관한 것이 된다.[201] 따라서 이 두 형태는 형태 분류에서 제외하고 각 절에서 부분마다 조금씩 언급하기로 한다.

결국 진정 결과적 가중범의 미수 형태 중 ① 형태와 나머지 부진정 결과적 가중범의 미수유형에 대한 논의에 대해서 그 초점을 맞추고 각각의 유형에 따른 결과적 가중범의 미수 성립 여부에 따른 처리방안을 자세히 논하기로 한다.

1. 진정 결과적 가중범의 미수인정여부에 관한 해석론

진정 결과적 가중범의 미수는 기본범죄는 미수에 그쳤으나 예상치 못한 중한 결과가 발생한 경우의 유형을 의미하며 이 경우 결과적 가중범의 미수를 인정할 것인가에 대해서 학설이 나누어진다.

---

201) 이는 부진정 결과적 가중범의 미수의 형태의 분류에 있어서도 인과관계가 부정되고 직접성이 없으면 동일한 결론이 나타난다.

(1) 부정설

부정설은 일단 기본범죄를 범하였으나 중한 결과가 발생하지 않았을 때에는 결과적 가중범 자체가 문제되지 않으므로 결과적 가중범의 미수는 인정될 수 없다고 한다. 원칙적으로 결과적 가중범(진정 결과적 가중범을 기준)은 고의와 과실의 결합 형태이므로 과실범의 미수를 생각할 수 없다는 것[202]을 주요 근거로 들고 있다. 그 외에도 결합범(강도상해, 강도살인, 또는 강도강간 등)과 비교하여 불법평가에 있어서 논리적 일관성의 결여를 주장하며 현행 형법은 조문상 고의범으로 한정하여 미수범을 처벌하고 결과적 가중범 그 자체의 미수라는 개념은 인정할 수 없다는 것이다.[203] 하지만 문제는 기본범죄는 미수에 그쳤지만 중한 결

---

202) 이영란, 「한국형법학 -총론강의-」, 숙명여대 출판부, 2002, 377면: 황산덕, 앞의 책(총론), 143면: 단 과실범의 미수를 인정할 수 있는 사례가 있을 수 있다. 구체적인 사례로는 ① 담뱃불을 주유소 근처에 버려서 발화가 되었으나 즉시 어떤 사람이 꺼버렸을 경우에 실화미수가 성립할 수 있고 특히 효용상실설을 취하는 경우에는 목적물에 인화되었어도 소훼의 결과 발생이 없는 때, ② 강간자가 피해자를 냉한기에 들판에 방치하였는데 동사직전에 구출된 경우, ③ 탄환이 든 총을 청소하던 중 탄환이 생각나서 탄환을 빼내던 도중 또는 모르고 방아쇠를 당겼으나 피해발생이 없는 경우 등이 있다. 이에 관해 자세한 것은 안명기, 「결과적 가중범과 미수」, 판례연구 제3집, 서울지방변호사회, 1990, 367면.

203) 김성돈, 앞의 책(총론), 580면: 김용욱, 「부진정 결과적 가중범에 대한 비판적 고찰」, 116면: 김일수/서보학, 앞의 책(총론), 478면 (단 김일수/서보학 교수는 기본범죄행위가 기수인가 미수인가의 여부는 전체 결과적 가중범의 불법의 양과 행위자의 책임 정도에 따라 상당한 영향을 미치기 때문에 기본범죄행위가 미수이고 중

과가 발생한 경우에 발생한다. "중한 결과"에 중점을 두고 있는 부정설은 이때 결과적 가중범의 미수를 부정한다. 그 근거로는 결과적 가중범에서 기본범죄의 미수범을 처벌하는 경우에는 기본범죄가 미수인 때에도 기본범죄를 범할 정도 혹은 그 이상의 위험성이 있다고 해야 하고 중한 결과가 발생한 이상 결과적 가중범의 결과불법을 인정해야 한다는 것이다. 따라서 중한 결과가 발생한 이상 결과적 가중범은 기수가 되었다고 해석하는 것이 타당하다고 하는 것을 들고 있다.[204) 바꾸어 말하면 결과적 가중범이 성립하는 데에는 기본범죄가 기수이든 미수이든 불문한다는 것이 주요 논점이다. 특히 입법자가 결과적 가중범을 미수범 처벌규정의 적용대상에서 의도적으로 배제하고 있는 것은 결과적 가중범의 경우에 중한 결과가 이미 발생하고 있어서 미수범으로의 처벌을 상정하는 것이 의미가 없다고 우리 입법자가 판단한 결과라고 생각하고 있다.[205) 또한 이러한 이유로 중한 결과가 발생한 이상 기본범죄의 미수·기수와 관계없이 결과적 가중범으로

한 결과가 기본범죄의 미수행위로부터 직접 발생한 것으로 인정될 때에는 결과적 가중범의 기수가 아니라 미수를 인정하여 처벌에 차등을 두는 것이 옳다고 보고 있으나 현행 형법으로 이러한 유형에 대한 결과적 가중범의 미수범 처벌이 불가능하므로 인정할 수 없다고 한다): 박강우, 「결과적 가중범의 인과관계와 미수범 처벌」, 저스티스, 제34권 제5호, 2001년 10월, 제63호, 한국법학원, 195면: 오영근, 형법총론(보정판), 박영사, 2005, §13/37: 이재상, 앞의 책(총론), §27/45: 류전철, 앞의 글, 119면.

204) 정성근/박광민, 앞의 책(총론), 445면; 井田 良, 前揭書, 425頁.

205) 천진호, 「결과적 가중범과 중지미수」, 형사법연구 제26호 (2006 겨울), 53·55면.

처벌되고 미수의 기본범죄로 중한 결과가 발생한 경우에 대한 형법적 배려는 양형상의 고려로 족하다는 것을 근거로 하는 견해[206]가 있다. 한국의 판례도 또한 최근 "강간이 미수에 그친 경우라도 그로 인하여 피해자가 상해를 입었으면 강간치상죄가 성립하는 것"이라고 판시하여 같은 태도를 뒷받침하고 있다.[207]

(2) 긍정설

결과적 가중범의 미수를 인정하는 긍정설도 기본범이 미수에 그치고 중한 결과가 발생하지 않은 경우까지 결과적 가중범의 미수로 보는 것은 아니다. 긍정설이 노리는 결과적 가중범의 미수 형태는 크게 두 가지로 나누어 볼 수 있다. 첫 번째로 기본범죄가 미수에 그쳤지만 중한 결과가 발생한 경우와 두 번째로 부진정 결과적 가중범에 있어서의 중한 결과가 발생하지 않은 경우이다. 의도했던 중한 결과가 발생하지 않은 부진정 결과적 가중범의 미수의 유형과 해석론은 다음 장에서 검토해 보기로 하고 일단 첫 번째 유형에 대하여 긍정설을 주장하는 견해는 다음

---

206) 배종대, 앞의 책(총론), 733면; 신동운, 앞의 책(총론), 527면. "임의적 감경의 원용"이라는 표현을 써서 같은 논리를 펼치는 견해가 있다(이용식, 「결과적 가중범의 미수」, 27면).

207) 이는 대판 1970. 2. 10, 69도2213 이래 판례의 일관된 입장이다. 최근에도 대판 2003. 5. 30, 2003도1256 판례에서 같은 입장을 취한 태도를 일관하고 있으며 강도죄에 대한 결과적 가중범의 경우에 강도가 미수에 그친 사안에 대해서도 같은 견해를 취하고 있다(대판 1985. 10. 22, 85도2001; 대판 1988. 6. 28, 88도820).

과 같은 다양한 논거를 들고 있다.

① 처벌규정이 없어도 반드시 결과적 가중범의 미수를 인정하지 않을 이유는 없는 점, ② 학설이 결과적 가중범의 지나치게 중한 형벌을 비판하면서 형감경사유인 미수를 인정하지 않는 것은 자기모순이라는 점, ③ 입법의 규정(비록 일부지만), ④ 기본범죄의 미수를 기수와 비교해 보면 그 불법 내용이 크게 차이가 나므로 결과적 가중범의 미수를 인정하지 않는 것은 평등원칙과 책임원칙에 반한다는 점의 4가지를 논거로 들고 있다.[208]

둘째, 기본범의 기수와 미수를 구분하지 않고 중한 결과만을 기준으로 처벌한다는 것은 중한 결과에 대해서 고의가 있음을 요하지 아니한다는 점에 비추어 볼 때(진정 결과적 가중범을 의미) 결과 책임적 성격이 되므로 형법상 책임주의의 원칙에 비추어 반하는 측면이 있고 기본범이 중지미수가 되는 경우에는 비록 중한 결과가 발생하였다고 할지라도 중지미수에 대한 형의 필요적 감면조치를 하는 것이 형사정책상 타당하다고 생각한다는 점을 논거로 들고 있다.[209]

셋째, 기본행위가 미수에 그쳤을 때와 기수에 이르렀을 때를 미수와 기수로 구분하여 달리 취급하는 것이 책임원칙에 적합하다고 보는 학설, 즉 기본범죄의 미수와 기수에 의한 결과불법의 차이는 '전체적 결과불법'에 반영되어야 한다고 보아 결과적 가중

---

208) 김선복, 앞의 글, 111~112면.

209) 안명기, 앞의 글, 367~368면; 이정원, 형법총론(제3판), 법지사, 2004, 449면; 임석원, 「결과적 가중범의 미수」, 형사법연구 제23호, 2005, 93면.

범의 미수를 인정해야 한다고 한다.[210]

 넷째, 한국 형법 제29조에 따르면 "미수범을 처벌할 죄는 각 본조에 정한다"고 규정하고 있으므로 이러한 처벌규정이 없는 이상 기본범죄가 미수에 그친 경우에 결과적 가중범의 기수로서 처벌할 수 없다는 해석도 가능하다.[211]

 다섯째, 입법자는 결과적 가중범에서 보여주는 다수설과 판례의 태도와는 달리 미수범의 경우에 독일의 경우처럼 重罪 일반에 대한 미수를 긍정하지 않고, 개별 규정을 통해 미수범의 처벌

---

210) 권오걸, 형법총론, 형설출판사, 2005, 392면; 박상기, 앞의 책(총론), 308면; 손동권, 형법총론(제2전정판), 율곡출판사, 2005, §21/24; 임웅, 앞의 책(총론), 517면; 단 이러한 견해는 기본범죄가 미수에 그친 경우 결과적 가중범의 미수범 성립은 인정하지만 그 처벌에 있어서는 규정에 따라야 한다고 한다. 즉 진정 결과적 가중범의 미수범 처벌규정이 있는 경우에는 결과적 가중범의 기수·미수의 성립기준은 '기본범죄행위의 미수·기수에 있지만, 미수범의 처벌규정이 없는 일반적인 결과적 가중범에 있어서는 중한 결과가 발생하지 않으면 기본범죄로 처벌되고 기본범죄가 미수에 그친 경우에도 중한 결과가 발생한 이상 결과적 가중범의 기수범으로 처벌된다'고 한다.

211) 물론 이때 기본범죄의 미수와 중한 결과에 대한 과실범으로 처벌되는 것은 별개의 문제이다. 사례를 들면 예컨대 강간범이 폭행을 한 후 간음에 이르지 못한 상태에서 상해의 결과를 야기한 경우에 강간치상죄로 처벌되는지 아니면 강간치상죄가 성립하지 않으므로 강간미수죄와 과실상해죄(또는 폭행죄)의 상상적 경합으로 처벌되는지가 문제된다. 독일의 경우에 기본범죄가 다행위범이 아닌 전형적인 사례로서 상해를 입힐 의도로 권총의 손잡이를 가지고 피해자의 머리를 가격하려고 하였으나 머리를 내려치려는 순간 장전된 총이 발사되어 피해자가 사망한 경우를 든다(이른바 권총가격사례로서 Hillenkamp, 32 Probleme aus dem Strafrecht AT, 10.Aufl., 2001, S. 101(16번 문제 참조)).

144

범위를 한정하려는 태도를 취하고 있으므로 결과적 가중범의 경우에 기본범죄의 미수와 기수를 동일시하는 것은 미수범에 대한 입법자의 태도와는 상당한 차이가 있다.

따라서 미수와 기수는 개별 범죄 유형에 있어서 불법의 차이를 의미하는 것이므로 입법자가 명시적으로 미수와 기수를 동일하게 처벌하도록 정하지 않은 이상 결과적 가중범의 경우 중한 처벌의 출발점이 되는 기본범죄의 기수와 미수를 구별하지 않고 단순히 양형의 문제로 환원하는 것은 적절치 않다. 뿐만 아니라 미수범 처벌규정이 없는 경우에 기수와 같이 처벌한다는 해석은 결국 피고인에게 불리한 결과가 되는 허용되지 않은 유추해석이므로 결과적 가중범의 미수를 인정해야 한다고 한다.[212]

마지막으로, 미수를 인정하는 견해 중 일정한 전제하에 미수를 인정하고 있는 견해가 있다. 이 견해는 진정 결과적 가중범의 미수 인정 여부 판단에 있어서 미수를 항상 인정하거나 항상 부정하는 극단적 해결방법은 옳지 않다고 본다. 각각의 구성요건의 구조에 따라서 가중적 결과에 기초가 되는 기본범죄(기본 구성요건)의 전형적 위험이 기본범죄의 결과에 기인하는 것인가 아니면 이미 기본범죄행위에서 기인하고 있는 것인가를 판단하여 기본범죄의 결과에서 중한 결과 발생이 기인하였으면 미수를 부정하고, 행위에서 기인하였으면 미수를 인정하는 방향으로 결정하는 것이 논리적이라고 한다. 다만 이 경우 미수를 인정하는 경우에도 결과적 가중범의 미수범 그 자체의 양형을 인정[213]하기

---

212) 신양균, 「결과적 가중범의 미수」, 고시연구 2004년 3월, 95~96면.

보다는 기본범죄의 미수와 중한 결과의 상상적 경합을 인정하는
것이 옳다고 한다.[214]

(3) 검 토

여기서 다음의 3가지 경우에 진정 결과적 가중범의 미수범 성립
에 있어서 문제가 있게 됨을 알 수 있다. ① 기본범죄의 기수와 중
한 결과에 대한 예견가능성은 있었지만 중한 결과가 발생하지 않
은 경우, ② 기본범죄가 기수에 이르지는 못하고 미수에 그쳤지만
중한 결과가 발생한 경우, ③ 기본범죄와 중한 결과 모두 기수에
도달하고 발생하였지만 기본범죄와 중한 결과 사이에 인과관계나
직접성이 없거나 또는 중한 결과에 대한 예견가능성이 인정되지
않는 경우의 3가지 문제이다. 위의 3가지 문제에 대해서 고찰해 보
면 다음과 같은 간단한 해석을 시도해 볼 수 있다.

첫째, 기본범죄의 기수와 중한 결과에 대한 예견가능성은 있었
지만 중한 결과가 발생하지 않은 경우는 중한 결과에 대한 과실

---

213) 기본범죄가 미수에 그친 경우 결과적 가중범의 미수가 될 수 없고
    단지 기본범죄의 미수만이 성립된다고 이론 구성하는 견해이다.
    이 견해는 중한 결과를 야기한데 대한 직접성의 요건은 충족되고
    있으므로, 처벌은 결과적 가중범의 법정형에 의하여 양형에 있어
    서 임의적 감경이 가능하다고 한다.(Hardtung, Versuch und
    Rücktritt bei den Teilvorsatzdelikten § 11 Abs. 2 StGB, 2002,
    S.35f., 198ff., 242, 263; 이용식, 「결과적 가중범의 미수」, 25면에서
    재인용)

214) 성낙현, 「결과적 가중범의 미수에 관한 한국과 독일 형법의 비교」,
    비교형사법연구 제8권 제1호, 2006, 172면.

은 있었지만 결과 발생이 없는 경우를 의미하며 '과실미수'가 된
다. 그러나 과실미수는 형법상 가벌성이 없으므로 기본범죄의 기
수로만 처벌하면 족하다.

둘째, 기본범죄가 기수에 이르지는 못했지만 중한 결과가 발생
한 경우이다. 강간치상이나 강도치사와 같은 결과적 가중범이 그
대표적 예로서 발생할 수 있는 경우의 죄이다. 이러한 범죄들에
서는 기본범죄가 미수에 그치더라도 중한 결과가 발생할 위험성
이 항상 존재한다고 할 수 있다. 이때 중한 결과가 발생한 경우
에는 비록 기본행위가 미수에 그쳤지만 중한 결과가 기본행위에
직접 연결된다면 결과적 가중범의 기수로 볼 수도 있다. 그러나
이 경우야말로 결과적 가중범의 미수를 인정해야 하는 필요성이
반드시 존재해야 하는 사례라고 본다. 이론 구성은 기본범죄에
중점을 둔 단일범으로 보아 전체적 결과적 가중범의 미수를 인
정할 수 있을 것이다. 미수는 고의범에서만 의미를 가지는 특정
구성요건의 미수만이 있을 수 있기 때문이다. 그리고 기본범죄의
미수와 기수를 중한 결과발생여부에 따라 똑같이 취급한다면 기
본범의 기수는 결과적 가중범의 구성요건 요소가 아닌 것이 된
다. 그렇다면 이는 기본범죄의 미수범 처벌규정이 없는 경우에도
중한 결과가 발생하기만 하면 무조건 결과적 가중범을 인정해야
한다. 뿐만 아니라 우리 형법의 결과적 가중범 규정인 "제○조의
죄를 범하여"의 행위형태를 범죄 실현단계에서 기수를 의미하는
한은 대부분 결과적 가중범에서 제외되게 됨에 주의할 필요가
있다.215)

또한 기본범죄의 전형적 위험이 기본범죄의 결과와 행위 중 어느 곳에서 기인하고 있는가에 따라 미수 인정 여부를 나누는 견해는 논리적 근거가 있다고 생각한다. 그러나 마지막에 기본범죄와 중한 결과의 상상적 경합(수죄)을 인정하는 것은 아무리 행위자를 위한 양형이라 할지라도 결과적 가중범을 형법총칙에서 직접 규정한 취지에는 반한다고 본다. 다만 이때에 기본범죄와 중한 결과 사이에 인과관계와 예견가능성이 인정되더라도 '직접성'으로 연결되지 않는 경우는 기본범죄의 미수와 발생결과의 과실범과의 상상적 경합이 된다고 보면 무난할 것이다. 셋째, 기본범죄와 중한 결과 모두 기수에 도달하였고 결과가 발생하였지만 기본범죄와 중한 결과 사이에 인과관계나 직접성이 없거나 중한 결과에 대한 예견가능성이 인정되는 않은 경우이다. 이 경우는 중한 결과를 행위자에게 귀속시킬 수 없다. 이러한 경우에는 기본범죄의 기수로만 처벌하면 족하다.[216]

여기서 진정 결과적 가중범의 미수 인정 여부를 논함에 있어서 우선 기본범죄인 고의범의 미수는 인정함에 의심의 여지가 없다. 문제는 과실범인데 과실범의 미수를 인정할 수는 없기 때문에 결과적 가중범의 미수까지도 인정할 수 없다는 것은 형법상의 책임원칙에 반하는 측면이 강하다고 생각한다. 각각 별개의

---

215) 이용식, 「결과적 가중범의 미수」, 22면.

216) 결과적 가중범의 공동정범의 경우에 이러한 인과관계나 예견가능성이 부정될 수 있는 상황하에서도 공동정범을 인정하여 온 것이 대법원 판례의 태도이다(대판 1991. 11. 12, 91도2196; 대판 1981. 7. 28, 81도 1590; 대판 1983. 4. 26, 83도 210).

책임이 지워질 수 있는데도 중한 결과가 발생하였다는 사실 하나만으로 전체로서의 결과적 가중범의 책임을 지운다는 것은 아무리 결과책임을 강조하는 것이 결과적 가중범이라고 할지라도 재고의 여지가 충분히 있다고 생각된다. 분명히 형법상의 명문의 규정으로서 결과적 가중범의 미수를 처벌하는 조항이 있는데도 이를 무시하고 해석하는 것은 죄형법정주의 원칙에도 어긋난다고 생각된다. 미수범의 처벌근거는 "행위불법"에 있고 기본범죄인 고의범의 결과 여부에 중점을 두는 것이 고의범 처벌원칙에 입각한 기본원리라는 점도 인식해야 할 것이다.

또 하나 중지미수의 성립가능성을 원천봉쇄시킨다는 데에 큰 문제가 있다.[217] 예를 들면 강간범이 강간죄의 실행의 착수에 들어가서 부녀에게 협박을 가했는데 부녀가 다음에 친해지면 응하겠다고 해서 강간행위를 그만두고 스스로 집으로 돌아간 경우가 가장 대표적인 중지미수의 경우이다. 이때 부녀에게 아무런 상처도 입히지 않고 집으로 돌아간 경우는 강간죄의 중지미수임에 의심의 여지가 없으며 형의 필요적 감면사유이다. 그러나 강간죄의 실행에 착수한 이후에 강간범이 다음에 친해지면 응해주겠다는 말을 듣고 집으로 돌아갔는데 이 과정에서 부주의로 부녀에

---

217) 진정 결과적 가중범의 경우 일정한 조건하에 미수를 인정하는 경우에도 중지미수의 경우는 개념적으로 불가능한 것으로 보는 견해가 있다. 이 견해는 중지미수라는 법형상의 본질적 기능 중의 하나가 실행에 착수한 범인으로 하여금 스스로 결과 발생을 방지하게 하는 예방적 기능이라고 한다면 이러한 기능은 중한 결과가 발생됨으로써 이미 실현이 불가능해진다는 것을 그 논거로 한다(성낙현, 「결과적 가중범의 미수에 관한 한국과 독일 형법의 비교」, 157면).

게 상처를 입혔을 경우에 기존의 통설과 판례에 의하면 강간치상죄의 결과적 가중범의 기수범으로 처벌된다. 불법 내용이 거의 동일함에도 불구하고 양형에서 강간죄의 중지미수와 큰 차이가 나는 것이다. 단지 실행의 착수 과정에서 상처를 입혔다는 이유 하나만으로 큰 형벌을 받게 되는 불합리한 경우가 생기는 것이다. 이러한 경우를 대비해서 결과적 가중범의 미수를 인정한다면 위의 사례의 경우에는 강간치상죄의 중지미수가 됨으로써 결과적 가중범의 형의 필요적 감면사유가 되어 형벌의 균형을 이룰 수 있을 것이다.[218] 즉 중한 결과가 발생한 이상 기본범죄의 기수·미수를 불문하고 결과적 가중범으로 처벌된다는 견해에 따르면 기본범죄의 실현을 자의로 중지한 경우라 하더라도 (물론 이때 양형단계에서 고려하는 것은 별론으로 한다) 중지에 따른 특혜는 적용되지 않는 것이다. 애석하게도 판례조차도 "강간이 미수에 그친 경우라도 그 수단이 된 폭행에 의하여 피해자가 상해를 입었으면 강간치상죄가 성립하는 것이며 미수에 그친 것이 피고인이 자의로 실행에 착수한 행위를 중지한 경우이든 실행에 착수하여 행위를 종료하지 못한 경우이든 가리지 않는다"고 판시하여 이 점을 명백히 하고 있다.[219]

---

218) 물론 이때 기본범죄에 내재하는 위험성으로 인하여 나타나는 중한 결과 발생에 결과적 가중범의 가벌성의 핵심을 두고 있으므로 기본범죄의 미수범을 처벌하는 규정이 있는 경우에는 당연히 결과적 가중범의 기수를 인정해야 한다는 견해가 있다(류전철, 앞의 글, 118면). 그러나 결과적 가중범 모두에 공통적인 기본범죄의 위험성을 체계화하고 조직화할 수 없다는 난점이 있다고 생각한다.

219) 大判 1988. 11. 8, 88도 1628.

150

　그러나 앞에서 지적한 것처럼 결과적 가중범 자체의 미수를 처벌하는 규정이 없다고 하여 전체적인 결과적 가중범의 기수를 인정하는 것은 개별 규정을 통해 미수범의 처벌범위를 한정하려는 입법자의 의사에 반한다. 또한 결과적 가중범의 경우에 기본범죄의 미수와 기수를 동일시하는 하는 것이 되어 미수범에 대한 입법자의 태도와도 차이가 있다. 이는 결과적 가중범으로서의 성질과 동시에 미수범으로서의 성질도 함께 가지고 있다는 점이 고려되지 않고 미수범으로서의 성질은 거의 무시되고 있다는 데에 문제가 있는 것이다.[220] 따라서 이때에는 결과적 가중범 자체의 미수규정이 체계적으로 정착될 때까지 결과적 가중범의 미수를 인정하지 않는다면 기본범죄의 미수와 중한 결과에 대한 과실범의 상상적 경합을 인정하는 방법이 있다.[221] 그러나 기본범죄와 중한 결과 간에 직접성으로 연결된다면 결과적 가중범이라는 단일의 범죄 형태가 형법전에 입법되어 있음에도 불구하고 굳이 수죄인 상상적 경합을 인정하는 데에는 한계가 있다고 생각한다. 그리고 기본범죄의 실현을 자의로 중지하거나 (착수미수) 기본범죄의 결과 발생을 방지한 경우(실행미수)에는 중지미수에 관한 일반론에 따라 중지에 따른 특례(한국 형법 제26조)를 인정해야 한다.[222] 다시 말하면 強盜致死傷罪나 強姦致死傷罪 같이 중한 결과(被害者의 死傷)가 발생하였다고 하여도 그것이

---

220) 이용식, 「결과적 가중범의 미수」, 22면.
221) 물론 이때에는 기본범죄의 미수범 처벌규정이 있는 경우에 한함에 주의하여야 할 것이다.
222) 신양균, 「결과적 가중범의 미수」, 99면.

기본범죄의 결과(재물탈취, 강간)의 실현에 하등 영향을 미침이 없이 기본범죄의 실현 그것 자체가 행위자의 손에 완전히 맡겨져 있는 유형이 있는데 이러한 유형의 존재를 전제로 한다면 결과적 가중범의 미수를 일률적으로 부정하는 것은 오히려 실태에 적합하지 않다고 할 수 있는 것이다. 왜냐하면 중한 결과가 발생한 후에도 기본범죄의 실현을 위해서는 보다 이상의 새로운 행위가 필요하게 되는데 행위자가 이를 자의적으로 행하지 않은 것은 중지미수의 자의성의 요건에 해당하여 중지미수를 충분히 생각할 수 있기 때문이다.223) 또한 중지미수범을 미수범으로 보지 않고 필요적 형 면제의 요건을 규정한 것이라고 보는 입장이라면 결과적 가중범의 미수를 좀더 용이하게 적용할 수 있을 것이다.224) 결국 결과적 가중범의 미수는 형법상의 요청에 의해서라도 반드시 인정해야 하며 위의 사례 이외에도 결과적 가중범의 미수를 인정하게 되면 '기본범죄는 미수에 그쳤지만 중한 결과가 발생한 경우'와 '기본범죄도 기수에 이르고 중한 결과도 발생한 경우'의 결과적 가중범을 차별취급 할 수 있게 되는 이점이 있다. 이를 위해서는 산만하게 흩어져 있는 결과적 가중범의 미수범 처벌 범위를 묶어서 처벌할 수 있는 조직적이고 체계적인 근거조항을 두는 것이 가장 확실한 해결책이라고 할 것이다.225)

---

223) 천종철, 「결과적 가중범의 미수의 문제」, 사회과학연구 제16집, 서원대학교 사회과학연구소, 2003년 2월, 170면.

224) 이에 대하여는 김용욱, 「미수 형태와 중지범」, 형사법연구, 제11호, 1999, 84면: 부작위에 의한 결과발생 방지행위까지도 중지미수로 인정을 하는 견해도 있다(오영근, 「중지미수에 관한 연구」, 형사정책연구 제14권 제1호(통권 제53호), 한국형사정책연구원, 2003, 183면).

2. 부진정 결과적 가중범의 미수인정여부에 관한 해석론

고의−과실의 결합이라는 형태로 나타나는 진정 결과적 가중범의 경우에 중한 결과가 나타나지 않은 때에는 결과적 가중범이 성립하지 않는다는 점에는 학설이 일치하고 있다고 해도 좋을 것이다.[226] 그러나 행위자가 중한 결과의 발생을 미리 예견했지만 그 결과가 발생하지 않은 경우에는 미수의 처벌가능성이 남게 된다. 즉 고의−고의 결합 형태인 부진정 결과적 가중범의 경우 행위자가 상해나 사망의 중한 결과를 예견했으나 그 결과가 발생하지 않은 경우에는 고의에 기한 중한 결과가 발생하지 않았으므로 결과적 가중범의 미수를 인정할 여지가 있다. 결국 기수−미수, 미수−미수, 미수−기수의 세 가지 형태를 이론상의 부진정 결과적 가중범의 미수 형태로 가정하고 해석론을 전개할 수 있다.[227]

그러나 한국 형법에서는 부진정 결과적 가중범에 있어서 일반

---

225) 같은 취지: 김용욱, 「결과적 가중범의 개정방향」, 연세법학연구, 제6집 제1권, 연세법학연구회, 1999, 26~27면.

226) 신양균, 「결과적 가중범의 미수」, 96면.

227) 이러한 세 가지 형태 중 미수−기수의 형태의 부진정 결과적 가중범의 미수는 인정하지 않는 견해가 있다. 그 근거로는 중한 결과 발생에 대한 과실이 있을 뿐인 경우에도 중한 결과가 발생한 이상 전체로서 결과적 가중범의 기수로 보는 진정 결과적 가중범의 경우와 비교하여 중한 결과에 대하여 고의가 있는 경우를 미수로 본다면 형의 불균형을 초래하기 때문이라고 한다(김성돈, 앞의 책(총론), 581면).

적으로 미수를 인정하지 않고 있다. 여기에는 이론상으로는 부진정 결과적 가중범의 미수가 성립할 수 있으나 형법상 부진정 결과적 가중범의 미수를 처벌하는 규정을 두고 있지 않으므로 문제가 되지 않는다는 견해와[228] 궁극적으로 입법상의 오류를 시정하는 방향에서 문제의 해결점을 찾아야 한다는 견해,[229] 부진정 결과적 가중범의 미수는 개념상으로는 인정될 수 있을 듯하나 그것은 실제로 일어날 수 있는 것이 아니라는 견해,[230] 고의 결합범죄(강도상해, 강도강간 등)에서는 기본범죄의 기수·미수에 관계없이 중한 결과가 발생하면 기수범으로 보면서 결과적 가중범에서만 중한 결과가 발생하였음에도 불구하고 기본범죄가 미수이면 전체를 미수범으로 보자는 견해는 일관성이 결여되었다고 생각되기 때문이라는 견해[231] 등으로 나눌 수 있다. 부진정 결과적 가중범의 본질적 개념요소는 "중한 결과의 발생"이므로 고의가 있더라도 중한 결과가 발생하지 않았다면 그것은 처음부터 결과적 가중범의 논의 범주에 들어올 수 없기 때문이라고 하는 논거를 들고 있다.

---

228) 이재상, 앞의 책(총론), §28/46.

229) 류전철, 앞의 글, 119면, 117면(류전철 교수는 결과적 가중범의 미수는 전체로서의 결과적 가중범의 미수를 의미하는 것으로 보아서 형법이론상 "미수범"을 인정하기 위한 전제가 동일하게 타당해야 한다고 한다. 즉 그는 이미 중한 결과 발생으로 인해 가중되는 진정 결과적 가중범의 미수는 인정할 수 없다고 한다): 박강우, 앞의 글, 195면.

230) 배종대, 앞의 책(총론), 734면.

231) 김일수/서보학, 앞의 책(총론), 478면.

부진정 결과적 가중범을 논함에 있어서 주의해야 할 점은 부
진정 결과적 가중범을 진정한 고의고의 결합범과 혼동해서는
안 된다는 점을 들고 있다. 예컨대 강도가 재물을 탈취하고 사람
을 살해하려고 하였으나 피해자가 도주하여 재물을 탈취한 데
그친 경우에는 고의고의 결합범인 강도살인죄의 미수에 해당
한다. 그러나 사람을 살해하기 위해 현주건조물에 방화하였으나
피해자가 도주하여 건조물에 방화한 데에 그친 경우에는 부진정
결과적 가중범의 미수가 문제되는 것이다.[232]

또 한 가지 주목해야 할 것은 우리 형법상 몇몇 결과적 가중
범에서는 중한 결과에 대한 고의살인·상해범의 형벌범위를 훨

232) 필자의 견해로는 양자의 구조는 동일하다고 생각된다. 자세한 논
거는 제5장에서 기술하였다. 이와 관련하여 성폭력특별법의 미수
범을 검토해 본다면 성폭력특별법 제12조의 미수범 처벌규정은
종래(1997년 개정 이전)에는 기본범죄가 미수에 그친 결과적 가
중범에 대해 적용 여부가 불분명했기 때문에 이로 인해 처벌상의
흠결이 생길 수 있었다. 이를 피하기 위해 개정법률은 제9조와 제
10조에 기본범죄가 미수에 그친 경우에도 처벌하는 규정을 두게
되었고 그 결과 제12조는 기본범죄가 미수에 그친 경우에는 적용
되지 않고 중한 결과가 미수에 그친 경우에 결과적 가중범의 미
수를 인정하는 외관을 갖추게 되었다. 그러나 이 경우에 제12조의
적용대상은 결과적 가중범의 미수가 아니라 고의고의 형태의
결합범에 대한 미수이다. 이러한 결합범의 경우에 상해나 사망 등
일부 결과에 대한 미수를 결합범의 미수로서 미수범 규정에 따라
처리하는 것은 당연하다고 할 수 있다(신양균, 「결과적 가중범의
미수」, 97면); 여기서 주의해야 할 한 가지는 현행 형법이 강도살
인죄는 각칙에 하나의 단일결합범으로서 처벌하도록 규정을 두었
으나 현주건조물방화살인죄라는 결합범규정은 두지 않았다. 이 두
범죄 형태는 입법규정 유무의 차이만 있을 뿐 나머지 구조는 동
일하다고 보아도 좋다고 생각한다.

씬 웃도는 법정형이 규정되어 있다. 이 경우 그 중한 결과를 고의로 실현했을 때 과실로 중한 결과를 실현한 결과적 가중범의 구성요건 해당성을 배척하고 고의살인·상해의 구성요건을 적용하게 되면 모순에 빠지게 된다. 예를 들면 행위자가 처음부터 사람을 살해할 고의를 가지고 현주건조물에 방화하여 피해자를 살해한 경우에 현주건조물방화치사죄(제164조 제2항 후단)를 적용하지 않고 살인죄와 현주건조물방화죄의 상상적 경합으로 처리하게 되면 결국 사형, 무기, 또는 5년 이상의 징역이 적용됨으로써 현주건조물방화치사죄의 법정형인 사형, 무기 또는 7년 이상의 징역에 비하여 오히려 가벼운 형벌이 된다. 이는 기본범죄인 현주건조물방화죄를 통하여 고의로 살인죄를 실현한 경우가 기본범죄인 현주건조물방화죄로 인하여 고의 없이 과실로서 동일한 사망결과를 야기한 경우에 비하여 오히려 가벼운 법정형으로 처벌될 수 있다는 것을 의미한다. 즉 중한 결과에 대한 고의행위가 고의 없는 행위보다 더 가벼운 법정형의 적용을 받는 것이다. 여기서 이러한 문제를 어떻게 이해하고 처리해야 하는가 하는 문제가 발생하게 되는 것이다.[233] 이러한 형의 불균형을 바로잡기 위하여 해석론상 불가피하게 인정된 것이 부진정 결과적 가중범이라는 개념이다.

이와 관련하여 고의와 고의의 결합 간에도 결과적 가중범 구성요건이 적용되어야 하는지의 여부가 논의되고 있다. 이 문제는

---

233) 이를 "형사정책상의 정신분열증"이라고도 한다(J.Tenckhoff, "Die leichtfertige Herbeiführung qualifizierter Tatfolgen", ZStW 88, S. 913).

결과적 가중범 구성요건의 적용과 관련하여 반드시 해명해야 할 문제일 뿐만 아니라 1995년의 형법개정으로 말미암아 각 결과적 가중범의 법정형에 적지 않은 변경이 있었고 특히 결과적 가중범의 미수와 관련지어서는 중한 결과를 고의로 실현한 경우에 결과적 가중범의 적용을 인정한다면 의도한 중한 결과가 발생하지 않은 경우 결과적 가중범의 미수를 충분히 생각해 볼 수 있다. 따라서 본 절에서는 부진정 결과적 가중범의 미수의 인정 여부 그리고 만약 인정해야 한다면 그 이유와 근거가 무엇인지를 자세히 살펴보고 여기에 대한 검토를 해 보고자 한다.

(1) 부정설

대부분의 학자들은 부진정 결과적 가중범의 미수를 부정하고 있는데 그 근거는 다음과 같다. ① 현행법상 이러한 미수범을 처벌하는 규정이 없으므로 미수범을 인정할 수 없다는 견해,[234] ②

---

[234] 권오걸, 앞의 책(총론), 393면; 김성돈, 앞의 책(총론), 581면; 김일수/서보학, 앞의 책(총론), 477면; 박상기, 앞의 책(총론), 310면; 박양빈, 앞의 글, 146면(박양빈 교수는 "개정 전 형법에서는 부전정 결과적 가중범인 현주건조물방화치사상죄의 미수범이 제174조에 의해서 처벌되었기 때문에 부진정 결과적 가중범의 미수가 이론상 처벌될 수 있다는 주장이 있을 수 있었다. 그러나 개정 형법에서는 개정 전 형법 제164조 후단의 규정을 제164조 제2항으로 함과 동시에 미수범 처벌규정인 제174조에서는 제164조 제1항(현주건조물 등 방화죄)만을 처벌하고 있으므로 부진정 결과적 가중범의 미수범이 처벌되는 경우는 없다고 할 수 있다"고 주장한다); 안명기, 앞의 글, 363면; 이재상, 앞의 책(총론), §28/46 (단 이재상 교수는 형법이 같은 부진정 결과적 가중범인 현주건

부진정 결과적 가중범에서 본질적인 개념요소는 '중한 결과의 발생'이기 때문에 고의가 있더라도 중한 결과가 발생하지 않았다면 그것은 처음부터 결과적 가중범의 범주에 들어올 여지가 없으며 개념상으로는 부진정 결과적 가중범의 미수가 인정될 수 있을 듯하나 실제로 일어날 수 있는 것이 아니라는 견해,[235] ③ 이례적으로 진정 결과적 가중범의 경우에는 과실의 미수가 없다는 이유로 형을 감경하지 않으면서 그보다 중한 형태의 부진정 결과적 가중범에 대하여 미수범을 이유로 하여 형의 임의적 감경을 인정한다는 것은 모순된다는 견해,[236] ④ 형법조문에 충실하

조물방화치사상죄나 교통방해치상죄에 관하여는 미수범 처벌규정을 두지 않고 현주건조물일수치사상죄에 대하여만 그 미수범을 처벌해야 할 이유가 없다는 것을 그 논거로 하고 있다); 정성근/박광민, 앞의 책(총론), 446면; 정웅석, 형법강의, 대명출판사, 2003, 520면; 천종철, 「결과적 가중범의 미수의 문제」, 사회과학연구 제16집, 서원대학교 사회과학연구소, 2003년 2월, 173면(한편 천종철 교수는 부진정 결과적 가중범의 미수문제를 해결하는 방안으로 중한 결과를 고의로 실현한 경우를 처벌하는 새로운 범죄유형을 신설한 뒤 그 미수를 처벌하는 규정을 두는 것으로 해결하고자 한다. 그는 결과적 가중범과는 다른 별도의 이러한 규정이 필요한 범죄 유형으로는 복합행위적인 범죄 유형과 공공의 위험이라는 다른 법익의 침해와 결합된 범죄 유형을 생각할 수 있다고 한다).

235) 류전철, 앞의 글, 118면; 배종대, 앞의 책(총론), 734면(배종대 교수에 의하면 부진정 결과적 가중범인 중상해죄는 상해죄가 결과불법 면에서 가중된 것이므로 중상해의 결과에 이르지 못했다면 상해죄가 될 뿐이며 마찬가지로 현주건조물방화치사죄의 경우에 그것이 미수가 되어 살인결과가 발생하지 않았다면 현주건조물방화죄 일죄나 살인고의에 따른 살인미수죄와의 상상적 경합이 될 수 있을 뿐이며 현주건주물방화치사죄의 미수가 성립할 수 있는 여지는 없다고 보고 있다).

여 조문에 규정이 있는 경우만 기본범죄의 미수에 의하여 중한 결과가 발생한 경우에 결과적 가중범의 미수를 인정하고 부진정 결과적 가중범의 경우에는 조문에 규정을 두고 있지 아니하므로 결과적 가중범의 미수를 인정하지 아니하는 학설, 즉 조문에 매우 충실한 견해,[237] ⑤ 미수범 처벌조항에서 부진정 결과적 가중범도 그 대상이 되는 것처럼 표현하고 있는 것은 입법자의 부주의함에서 비롯되었으며 만일 일부 부진정 결과적 가중범에서만 부진정 결과적 가중범의 미수범 처벌을 인정한다면[238] 나머지 부진정 결과적 가중범의 미수범 처벌과 관련하여 일관성 있는 이론체계를 수립하는 것은 불가능해진다는 견해[239] 등이다.

(2) 긍정설

한편 고의와 고의가 결합된 부진정 결과적 가중범의 미수도 개념상 인정할 수 있다고 보는 견해도 있다.[240] 그 근거로는 첫

---

236) 신동운, 앞의 책(총론), 528면.

237) 박양빈, 「결과적 가중범의 미수」, 오선주 교수 정년기념논문집, 형설출판사, 2001, 147면.

238) 예를 들면 현주건조물 등의 방화치사상죄에 대하여는 미수범 처벌규정이 없으나 현주건조물 등의 일수치사상죄에 대하여는 여전히 미수범 처벌규정을 남겨두고 있는 점과 새로이 인질치사상죄에 대하여도 미수범 처벌규정을 남겨두고 있는 점 등.

239) 김용욱, 「부진정 결과적 가중범에 대한 비판적 고찰」, 116~119면 (김용욱 교수는 부진정 결과적 가중범의 미수를 부정함과 동시에 이에 상응하는 고의-고의 결합범을 규정하고 진정 결과적 가중범과 고의-고의 결합범의 법정형을 차등화함과 동시에 별도로 미수범 처벌규정도 두어야 한다고 주장한다).

째, 부진정 결과적 가중범의 미수는 고의범의 미수를 인정하는 것과 다름이 없으므로 이를 긍정할 수 있다고 한다. 예를 들면 단순상해죄의 부진정 결과적 가중범인 중상해죄에서 단순상해가 기수에 이른 후 중한 결과에 대한 미필적 고의가 있었지만 중상해의 결과에 이르지 못한 경우나 사람을 살해할 의도로 현주건조물에 방화하였지만 사망의 결과가 발생하지 않은 경우가 부진정 결과적 가중범의 미수에 해당할 수 있다는 주장이다.241)

둘째, 부진정 결과적 가중범에서 중한 결과를 의도하였으나 발생하지 않은 경우 미수를 인정하지 않으면 기본범죄와 결과범죄의 미수의 상상적 경합으로 처벌하여야 하는데 이는 부진정 결과적 가중범의 미수보다 형이 경하므로 가중된 결과에 대하여 고의를 가진자를 과실로 범한 자보다 더 관대하게 처벌하는 결과를 가져오므로 부당하다는 점, 그리고 만약 동일한 법익인 경

---

240) 독일의 학설은 부진정 결과적 가중범의 미수를 인정한다 (Baumann Jürgen/Weber Ulrich, Strafrecht Allgemeiner Teil, 9. Aufl., Bielefeld 1985, S. 487; Lackner Karl/Kühl Kristian, Strafgesetzbuch mit Erläuterungen, 23. Aufl., München 1999, §18 Rdnr10; Schmidhäuser Eberhard, Strafrecht Allgemeiner Teil(Studienbuch), 2. Aufl., Tübingen 1984, S. 381).

241) 손해목, 형법총론, 법문사, 1996, 763면; 이정원, 앞의 책(총론), 397면(이정원 교수는 부진정 결과적 가중범의 미수의 인정 면에서 행위자가 기본범죄와 결합된 전형적인 위험을 실현할 의도로 행위하는 경우를 포함하고 있으며 이러한 기본범죄와 결합된 중한 결과를 발생시키려는 의도로 행위하는 행위반가치는 마땅히 가중처벌되어야 하므로 부진정 결과적 가중범의 미수를 인정할 필요가 있으나 이러한 형태의 미수를 인정하는 규정이 없으므로 부진정 결과적 가중범의 미수를 인정할 수 없다고 본다).

우 기본범죄의 기수나 미수로 처벌할 수 있을 뿐인데 이는 중한 결과가 야기된 경우와 행위반가치의 측면에서 역시 동일한 범죄를 지나치게 관대하게 처벌하는 결과로 되어 부당하며 결과적 가중범에 있어서 중한 결과에 대해 고의가 있는 경우 미수범을 처벌하는 규정을 신설해야 한다고 한다.242)

그 밖의 근거로는 현행법상 부진정 결과적 가중범인 현주건조물일수치사상죄에 관하여 미수범 처벌규정을 두고 있으므로 형법규정이 있는 다른 부진정 결과적 가중범의 미수를 인정할 수 있다는 견해,243) 결과적 가중범의 미수범 처벌규정이 존재하는 경우에 한하여 결과적 가중범의 미수를 인정할 수 있다는 견지에서 부진정 결과적 가중범인 현주건조물일수치사상죄의 미수범 처벌규정이 존재하므로 중한 결과에 대한 고의의 상해행위가 미수에 그친 경우에 현주건조물일수치상죄의 미수를 인정할 수 있다는 견해,244) 인질상해죄나 인질살해죄와 같은 2개의 고의범이 결합된 범죄를 부진정 결과적 가중범으로 이해하고 현행법상 존재하는 결과적 가중범에 대한 미수범 처벌규정은 이들 부진정 결과적 가중범에 대한 미수범 처벌규정으로서 중한 결과가 발생하지 않은 경우의 처벌규정으로 이해하는 견해,245) 고의 있는 결과적 가

---

242) 김선복, 앞의 글, 107, 111~112면; 신양균, 「결과적 가중범의 미수」, 98면; 임석원, 「결과적 가중범의 미수」, 97면.

243) 박상기, 앞의 책(총론), 308면.

244) 손동권, 앞의 책(총론), §21/25; 임웅, 앞의 책(총론), 517~518면; 한편 오영근 교수는 현주건조물일수가 기수에 이르렀으나 상해라는 중한 결과가 미수에 그친 경우에만 부진정 결과적 가중범의 미수를 인정한다(오영근, 앞의 책(총론), §13/40).

중범(부진정 결과적 가중범)의 미수는 미수의 일반적 원칙에 따라서 전체 구성요건의 미수로 취급하는 것으로 해결이 가능하며, 이때 미수의 경우는 어떠한 구성요건의 표지도 충족될 필요가 없기 때문에 기본 구성요건(기본범죄)의 기수는 가벌성의 전제로 요구될 필요가 없다는 견해,[246] 부진정결과적 가중범에 있어서 중한 결과가 실행중지미수에 그친 경우에 한하여 부진정결과적 가중범의 중지미수를 인정할 수 있다는 견해[247] 등이 있다.

(3) 검 토

부진정 결과적 가중범의 미수 인정 여부에 앞서서 먼저 고려해야 할 것은 부진정 결과적 가중범의 인정 여부이다. 왜냐하면 부진정 결과적 가중범을 인정하지 않는 전제하에서, 즉 중한 결과의 고의적 실현의 경우를 결과적 가중범의 개념에 포함할 수 없다는 전제하에서는 중한 결과를 고의적으로 실현한 경우 통상의 고의범과 기본범죄와의 경합으로 해결하면 족하므로 그 미수범을 논한다는 자체가 무의미하기 때문이다. 따라서 부진정 결과적 가중범을 인정한다는 전제하에서 가정하여 살펴보건대 부진정 결과적 가중범의 미수는 인정하여야 한다고 본다.[248]

---

245) 김성천/김형준, 형법총론(제3판), 동현출판사, 2005, 242면.
246) 성낙현, 「결과적 가중범의 미수에 관한 한국과 독일 형법의 비교」, 171면.
247) 천진호, 「결과적 가중범과 중지미수」, 64면.
248) 필자는 앞으로 부진정 결과적 가중범을 폐지하고 결합범으로 대

그 근거로는 첫째, 만약 부진정 결과적 가중범의 미수를 인정하지 않으면 살인의 고의로서 현주건조물에 방화하였으나 살인의 결과가 발생하지 않고 상해만 입은 경우 현주건조물방화죄와 살인미수죄와의 상상적 경합이나 현주건조물방화치상죄를 인정해야 한다. 그러나 前者의 경우로 처리하면 형이 중한 살인미수죄로 처벌하여 사형, 무기, 또는 5년 이상의 징역에 처하게 된다. 이는 진정 결과적 가중범의 미수를 인정할 경우의 현주건조물방화치사죄의 미수의 형량인 사형, 무기, 또는 7년 이상의 징역에 비하여 현저히 불공평한 결과를 초래하게 된다. 또한 後者의 현주건조물방화치상죄로 처벌하게 된다면 살인의 고의가 어떻게 해서 상해의 고의범으로 바뀌게 되었는가를 설명하기 곤란하고, 형의 균형의 면에 있어서도 무기, 또는 5년 이상의 징역에 처하는 결과가 되므로 역시 과실로서 현주건조물방화치사죄를 범한 자에 비하여 불공평한 결과를 초래하게 된다.

둘째, 형법의 조문구조상으로 보면 부진정 결과적 가중범인 제177조 2항의 현주건조물일수치사상죄의 미수범은 처벌하도록 제182조에서 규정하고 있을 뿐만 아니라,[249] 역시 부진정 결과적

체하여야 한다는 생각이다. 이에 대하여는 본서 제5장 참조.

[249] 다만 한국 형법 제182조에서 일수에 관한 죄의 미수범을 처벌하는 규정을 두면서 그 대상을 '제177조 내지 제179조 제1항'이라고 규정하여 현주건조물일수죄를 규율한 제177조의 제2항에 규정된 현주건조물일수치사상죄도 포함시키고 있는데 이는 (부진정)결과적 가중범의 미수를 인정한 것이라기보다는 입법의 착오로 보는 견해도 있다. 그 근거로는 불법의 면에서 더 중한 현주건조물방화치사상죄나 교통방해치사상죄의 경우에 미수범 처벌규정을 두지 않으면서 일수치사상죄의 경우에만 미수범을 처벌해야 할 이

가중범인 제324조의 3의 인질치상죄와 제324조의 4의 인질치사죄의 미수범 역시 처벌하도록 제324조의 5에서 규정하고 있다. 이처럼 명백히 규정되어 있는 조문을 단지 입법상의 실수라고 단정짓기에는 성급한 면이 있고, 이 규정을 근거로 하여 모든 부진정 결과적 가중범에 미수범이 성립한다는, 다소 무리가 따르지만 확장해석이 가능하다고 본다.

셋째, 부진정 결과적 가중범이라는 개념 자체가 고의 있는 경우를 과실범의 경우보다 가볍게 벌하지 않을 수 없는 경우를 막기 위하여 정책적으로 인정한 개념인 면이 강하므로[250] 부진정 결과적 가중범의 미수 또한 같은 맥락에서 정책적으로 충분히 인정할 수 있다고 본다. 이는 또한 가중된 중한 결과에 대한 고의의 불법책임성을 명료화하여 책임소재를 분명히 하기 위하여서도 필요하다.

넷째, 진정 결과적 가중범의 미수와 마찬가지로 중한 결과의 중지미수의 길을 열어 주기 위해서라도 부진정 결과적 가중범의 중지미수를 인정해야 한다. 다만 여기서 부진정 결과적 가중범의 미수범 처벌규정이 있는 경우에는 중지의 특례가 적용되기 위해서 중한 결과의 발생을 방지한 것만으로 족한가, 아니면 기본범죄도 자의로 중지해야 하는가에 대한 문제가 있다. 그러나 기본

유가 없기 때문이라는 것을 근거로 들고 있다(이재상, 앞의 책(총론), §27/46: 신양균, 「결과적 가중범의 미수」, 99면). 그러나 일단 입법자의 의사를 존중해야 하고 그러한 의사의 진정한 의도를 유추해내는 노력을 기울이는 것이 옳다고 생각한다.

[250] 이재상, 앞의 책(총론), §15/7.

범죄를 실현한 것만으로는 아직 돌아오기 위한 황금의 다리가 완전히 올라가 버렸다고 볼 수 없으므로 여전히 중지미수의 특례는 적용될 수 있다고 보아야 할 것이다.[251]

다만 부진정 결과적 가중범의 미수를 인정하는 것을 전제로 하여 그 본질을 제대로 파악할 필요가 있다. 부진정 결과적 가중범은 총칙 제15조에서 근거규정을 두고 있는 진정 결과적 가중범이 중한 결과가 원칙상의 과실이 아닌 고의에 의해 발생한 경우를 정책적으로 해결하기 위해 급조해 낸 개념이라는 데에 특징이 있다. 즉 중한 결과에 대한 고의를 가지고 기본범죄의 실행의 착수에 들어간 경우 나타나는 진정 결과적 가중범과의 형의 불균형문제를 해결하기 위해서 도출된 정책적 개념이라는 데에서 본질을 찾아야 한다고 본다. 이는 현주건조물방화치사죄(제164조 제2항)를 제외한 나머지 범죄의 중한 결과는 모두 상해죄라는 데서 그 근거를 찾을 수 있다. 중한 결과가 과실에 의해 나타난 경우와 비교하여 형의 불균형을 시정하기 위해 급조하다 보니 어떠한 논리적 근거나 입법의 근거가 보이지는 않는다. 즉 부진정 결과적 가중범은 실제로는 기본범죄와 중한 결과 간의 고의-고의 결합범인 것이다. 그리고 이러한 결합범은 뒷부분의

---

251) 기본범죄가 미수인 경우 예컨대 현주건조물에 방화한 후 소훼되기 전에 불을 끄고 그 결과 처음에 의도했던 살인의 결과가 방지된 경우 기본범죄뿐만 아니라 중한 결과도 자의로 중지한 것이므로 전형적인 중지미수에 해당한다고 할 수 있다. 그러나 이 경우도 미수범 처벌규정이 없는 이상 현주건조물방화죄와 살인죄에 대해 각기 중지미수의 특례를 적용하여 양자의 상상적 경합을 인정할 수밖에 없다(신양균, 「결과적 가중범의 미수」, 100면).

중한 결과를 범하려는 고의를 가진 행위자가 앞부분의 기본범죄의 실행에 착수함으로써 특수한 결과방지의무가 주어지는 자로 그 주체가 제한되었다고 보아야 한다.[252] 그리하여 기본범죄와 중한 결과가 직접성과 인과관계로 인한 연결효과로 형이 가중되어 하나의 단일한 범죄 형태로 결정되는 부진정 신분범임에 그 본질이 있다고 생각된다.

이러한 본질을 토대로 부진정 결과적 가중범의 미수가 문제될 수 있는 유형에 따른 구체적인 처리결과는 첫 번째로, 기본범죄는 기수에 이르렀지만 의도했던 중한 결과가 발생하지 않은 경우는 기본범죄의 기수와 중한 결과의 고의미수와의 상상적 경합을 인정할 수 있다. 이 경우 기수범과 미수범을 각각 다른 구성요건에 정한 법효과에 따라서 처벌하게 되어 체계적 부당성이 나타나고 중한 결과에 대한 고의불법을 무시하게 되는 면이 있고 비례성원칙에도 어긋나게 된다는 비난을 받을 수 있다. 이는 현행 형법체계상 부득이한 해석이라고 할 수밖에 없다고 할 수 있다.[253] 그러나 중한 결과의 고의에 중점을 두고 기본범죄의 실행에 착수하였을 때 전체적인 부진정 신분범의 실행에 착수가 있다고 한다면 기본범죄의 기수·미수 여부는 의미가 없다고 볼 수 있다. 그렇다면 결국 중한 결과가 발생하지 않았으므로 전체적인 부진정 결과적 가중범의 미수로 처리하여야 할 것이다. 이때 양형의 균형은 물론 입법을 통하여 해결하여야 한다. 두 번째로, 기본범죄가 기수에 이르지는

---

252) 이에 대해 자세한 것은 제5장 참조.
253) 김용욱, 「부진정 결과적 가중범에 대한 비판적 고찰」, 118면.

못했지만 중한 결과가 발생한 경우는 의도하였던 중한 결과가 이미 발생하였으므로 기본범죄가 미수에 그쳤더라도 가중된 중한 결과의 고의범죄(물론 기수범을 의미)로서 부진정 결과적 가중범의 기수를 인정하여야 한다. 부진정 결과적 가중범의 본질을 부진정 신분범으로 본 당연한 결과이다. 이때 기본범죄는 실행에 착수하기만 하면 주체를 제한하는 부진정 신분범으로서의 역할은 끝난 것이다. 나머지는 중한 결과의 기·미수에 따라서 전체적 부진정 결과적 가중범의 기·미수 여부가 결정된다. 그렇지 않고 기본범죄의 미수와 가중되지 않은 일반 고의범죄의 기수와의 상상적 경합을 인정하게 되면 앞서의 경우와 마찬가지로 적용될 형벌범위의 현저한 약화와 불균형을 가져온다. 셋째로, 기본범죄도 미수에 그치고 의도했던 중한 결과도 발생하지 않은 경우는 현행 형법체계상 기본범죄의 미수와 중한 결과의 미수와의 상상적 경합을 인정하여야 한다고 할 수도 있다. 그러나 이 경우도 형의 불균형의 문제점은 피할 수 없다. 역시 부진정 결과적 가중범의 본질에 비추어 중한 결과가 미수에 그친 이상 기본범죄의 기·미수 여부는 단지 주체의 제한역할 이외에는 아무런 역할도 하는 것이 없다고 보아야 하므로 부진정 결과적 가중범 전체의 미수가 된다고 보아야 한다.

3. 소 결

우선 진정 결과적 가중범의 미수는 일단 결과적 가중범의 구조와 미수의 본질에서 그 실마리를 찾아야 한다고 본다. 필자는 앞에서 이미 설명한 바와 같이 진정 결과적 가중범의 미수를 긍정하는 것이 타당하다고 보았다. 왜냐하면 고의범의 미수는 인정함에 의심의 여지가 없는데 과실범의 미수를 인정할 수는 없기 때문에 결과적 가중범의 미수까지도 인정할 수 없다는 것은 형법상의 책임원칙에 반하는 측면이 강하다고 생각하기 때문이다. 또한 형법상의 명문의 규정으로서 결과적 가중범의 미수를 처벌하는 조항이 있는데도 이를 무시하고 해석하는 것은 죄형법정주의 원칙에도 어긋난다고 할 수 있다. 미수범의 처벌근거는 "행위불법"에 있다는 점도 인식해야 할 것이다.

또 하나 중지미수의 성립가능성을 원천봉쇄시킨다는 데에 큰 문제가 있다. 불법 내용이 거의 동일함에도 불구하고 양형에서 중지미수와 큰 차이가 나는 불합리함이 있으며, 단지 실행의 착수 과정에서 과실 하나만으로 큰 형벌을 받게 되는 불합리한 경우가 생기는 것이다. 이러한 경우를 대비해서 결과적 가중범의 미수를 인정한다면 형벌의 균형을 확립할 수 있을 것이다. 다만 차선책으로서 결과적 가중범 자체의 미수를 처벌하는 규정이 없는 경우에 전체적인 결과적 가중범의 기수를 인정하는 것은 개별 규정을 통해 미수범의 처벌범위를 한정하려는 입법자의 의사에 반하고, 이는 결과적 가중범의 경우에 기본범죄의 미수와 기수를 동일시하는 것이 되어 미수범에 대한 입법자의 태도와도 차이가 있다는 점을 주지해야 한다. 그리하여 이때에는 기본범죄의 미수와 중한 결과의 상상적 경합을 인정하면 단기간의 문제해결에는 지장이 없을 것이다. 다만 기본범죄와 중한 결과가 직접성과 인과관계로 연결되었으면 결과적 가중범이라는 형법상의 단일의 범죄 형태가 있는데도 형식상 수죄인 상상적 경합을 인정하는 것은 재고의 여지가 있다.

결국 결과적 가중범의 미수는 형법상의 요청에 의해서라도 반드시 인정해야 하며, 이렇게 함으로써 '기본범죄는 미수에 그쳤지만 중한 결과가 발생한 경우'와 '기본범죄도 기수에 이르고 중한 결과도 발생한 경우'의 결과적 가중범을 차별취급 할 수 있게 되는 이점이 있다. 이를 위해서는 산만하게 흩어져 있는 결과적 가중범의 미수범 처벌 범위를 묶어서 처벌할 수 있는 조직적이고 체계적인 근거조항을 두는 것이 가장 확실한 해결책이라고 할 것이다.

또한 부진정 결과적 가중범의 미수 역시 인정해야 한다. 그 근거로는 위에서 살펴본 것처럼 첫 번째로, 고의를 가지고 행위한 자를 더 가볍게 벌하는 형벌의 불균형의 시정과 가중된 중한 결과의 고의에 대한 불법책임성의 명료화를 위한 방법론적 대책으로서도 반드시 필요하다. 두 번째로, 부진정 결과적 가중범의 미수를 인정하는 규정을 근거로 하여 확장해석이 가능하다고 본다. 세 번째로, 부진정 결과적 가중범이라는 개념 자체가 형의 불균형을 시정하기 위한 정책적인 목적에 의하여 인정된 것과 마찬가지로 그 미수 또한 정책적으로 충분히 인정할 수 있다고 본다. 마지막 네 번째로, 진정 결과적 가중범의 미수와 마찬가지로 중한 결과의 중지미수의 길을 열어 주기 위해서라도 부진정 결과적 가중범의 중지미수를 인정해야 한다. 다만 부진정 결과적 가중범은 다분히 정책적인 목적에 의해 만들어진 개념일 뿐 논리적인 근거나 입법적 근거에 토대를 둔 형태의 범죄가 아닌 만큼 그 본질에 있어서는 결합범과 같은 구조로 보아야 하며 행위의 주체가 기본범죄의 실행에 착수한 자로 제한되는 중한 결과의 고의범에 중점을 둔 범죄라는 점을 염두에 두고 결합범으로 대체해 나가는 해결방안을 강구해 나가야 할 것이다.

요컨대 입법의 규정과는 관계없이 해석론적으로 결과적 가중범의 미수의 일반적인 유형을 분류하고 그 처리방안을 제시하면 다음과 같다. 우선 진정 결과적 가중범의 미수로서 ① 기본범죄는 미수에 그쳤지만 과실로 인한 중한 결과는 발생한 경우이다. 이 경우는 결과적 가중범의 미수로서 처리한다. 물론 기본범죄의 미수범 처벌규정이 있음을 전제로 한다. ② 기본범죄의 기수와 중한 결과에 대한 예견가능성은 있었지만 중한 결과가 발생하지 않은 경우이다. 이 경우는 역시 기본범죄의 기수만으로 처벌하면 족하다. 과실범의 미수는 처벌하지 않기 때문이다.

부진정 결과적 가중범의 미수로서는 ③ 기본범죄가 미수에 그쳤지만 의도했던, 즉 고의로 인한 중한 결과는 발생한 경우이다. 이 경우는 부진정 결과적 가중범의 기수로서 처리해야 한다. 만약 기본범죄의 미수와 중한 결과의 고의기수범의 상상적 경합으로 처벌하게 되면 오히려 중한 결과를 과실로 범한 자를 고의로 범한 자보다 무겁게 벌하는 결과가 발생하고, 중지미수의 특례도 적용될 수 없기 때문이다. 이는 고의-고의의 결합범에서 기본범죄의 기수·미수를 불문하고 뒷부분의 범죄의 기·미수의 결과에 따라 결합범의 기수·미수책임을 인정하고 있는 것과 비교하여 균형을 맞춘 합리적인 해석이라고 할 수 있다. ④ 기본범죄는 기수에 도달하였지만 의도했던 중한 결과는 발생하지 않고 조금 약한 정도의 경우가 발생한 사례이다. 이 경우도 역시 중한 결과의 미수에 따라서 전체적인 부진정 결과적 가중범의 미수로서 처리해야 한다. 부진정 결과적 가중범의 미수를 인정하지 않으면 기본범죄의 기수와 발생결과의 고의미수범 혹은 처음의 고의와는 완전히 다른 별개의 결과적 가중범으로 처리하게 된다. 그런데 기본범죄의 기수와 발생결과의 고의미수범의 상상적 경합으로 처벌하게 되면 重한 범죄인 기본범죄의 기수나 발생결과의 고의미수범 중 하나로서 처벌하게 된다. 이렇게 되면 본래의 고의의 중한 결과를 과실로서 야기한 경우보다 중한 결과의 고의로서 실행에 착수하였고 조금 가벼운 결과가 발생한 경우를 더 가볍게 처벌할 수도 있는 것이 되어 불공평한 양형이 나타날 수 있기 때문이다. 또한 별개의 다른 결과적 가중범으로 처벌하게 되면 최초의 고의가 다른 범죄의 고의로 변경되는 불합리를 가져오게 된다. 다만 부진정 결과적 가중범의 미수범 처벌규정이 논리체계상 일관적으로 존재하지 않고 일부 부진정 결과적 가중범의 미수만 처벌하는 것으로 규정된 문제점은 입법의 정비로서 해결되어야 한다고 생각한다. 마지막으로 ⑤ 기본범죄도 미수에 그치고 의도했던 중한 결과도 발생하지 않은 경우(중한 결과의 미수)는 중한 결과에 따라서 전체적인 부진정 결과적 가중범의 미수로서 처리해야 한다. 기본범죄의 미수와 중한 결과의 미수와의 상상적 경합을 인정하면 무리한 해석이라고 볼 수 있고, 이 경우에 과실에 의해 중한 결과를 발생케 한 행위자에 비하여 역시 형의 불균형이 나타난다.

또한 기수범과 미수범을 각각 다른 구성요건에 정한 법효과에 따라서 각각 처벌할 때에 나타나는 체계적 부당성이라는 면을 극복하기 위하여서라도 단일의 부진정 결과적 가중범의 미수를 인정하여 통일적으로 해석해 줄 필요가 있다.

만약 현행 입법적으로 부진정 결과적 가중범의 미수를 심사하는 방향을 제시한다면 중한 결과의 미수 유무판단(현주건조물방화치사죄를 제외하고는 대부분이 상해미수임)→전체적 부진정 결과적 가중범의 미수 유무판단의 순서가 되어야 할 것이다.

결국 위에서의 해석론은 장기적으로 중한 결과에 대한 고의불법을 배제할 수 없다는 점과 부진정 결과적 가중범의 본질은 결합범이자 부진정 신분범임에 주안점을 두고 전개해 나가야 함을 잊지 말아야 할 것이다.

제6절 결과적 가중범의 미수의 입법론

1. 서 설

위에서 살펴본 결과적 가중범의 미수의 유형과 그에 따른 해석론의 전개와 더불어 각국에서 과연 결과적 가중범의 미수를 어떠한 형태로 처벌하도록 규정해 놓았는지에 관한 입법의 태도를 살펴볼 필요가 있다.

물론 입법자는 특별구성요건을 설정함으로써 일반적인 입법상의 제한원칙에 예외를 인정할 수도 있을 것이다. 그러나 형사입법에 의한 결과적 가중범의 미수규정의 무절제하고 불규칙적인 입법태도는 행위자인 국민의 행동에 방향을 설정해 주지 못할 뿐만 아니라 종국적으로는 국민의 형법에 대한 신뢰를 떨어뜨리는 역효과까지도 발생시키게 된다. 또한 민법이나 행정법 같은 법 영역과는 달리 결과적 가중범의 미수범규정의 입법 영역에서는 규범 위반에 대한 법효과가 결과적 가중범이라는 특수 형태의 범죄의 본질상 인간이 감내하기 힘든 해악을 포함하고 있는 무거운 형벌로서 돌아온다는 점에서 형사입법자는 입법 시에 더 신중해야 하고 가중된 제한을 받지 않을 수 없다.

이하에서는 결과적 가중범의 미수에 대한 우리나라의 바람직한 입법의 지침을 제시하기 위하여 비교법적으로 먼저 독일과 일본의 입법태도와 해석론을 구체적으로 검토한다. 그리고 이를 바탕으로 하여 우리나라의 입법태도를 살펴보고 앞으로의 바람직한 입법론을 제시하기로 한다.

2. 독일의 입법태도와 해석론

(1) 입법태도

독일의 경우에는 형법 제23조 1항에서 중죄(1년 이상의 자유형이 규정된 범죄)의 미수에 대하여는 언제나 가별성을 인정하고 있기 때문에 결과적 가중범은 重罪이고 重罪의 미수의 가별성을 총칙에서 일반적으로 명시하고 있다(제23조 1항).

또한 독일 형법은 제11조 제2항의 개념규정에서 "행위에 대하여는 고의를 요건으로 하지만 그로 인하여 야기된 특별한 결과에 대하여는 과실로 충족되는 법적 구성요건을 실현하는 경우에도 그 범행은 이 법에서 사용하는 의미에서의 고의이다."라고 규정하고 있다. 이 조항은 결과적 가중범의 미수를 인정함에 있어서 이를 입법적으로 해결하려고 하는 의도라고 볼 수 있다. 이 밖에도 기본범죄의 미수와 발생된 결과의 과실범의 상상적 경합에 의한 처리방식은 결과적 가중범을 고의의 기본범죄와 중한 결과의 과실범의 단순병렬과는 구별되는 고유한 가중적 불법과 책임 내용을 지닌 독자적 의미통일체로서의 입법취지를 살릴 수 없다는 점254)에 있어서도 결과적 가중범의 미수를 인정하는 근거가 될 수 있다. 이러한 면에서 독일 형법 제11조 2항의 규정은 결과적 가중범에 있어서 단일범죄로서의 결과적 가중범의 미수를 입법적으로 명쾌하게 해 줄 뿐만 아니라 다른 근거로서 결과적 가중범을 전체로서의 고의범의 일종으로 취급하는 학설255) 등도 모두 결과적 가중범의 미수를 인정할 필요성이 있다는 명쾌한 근거가 된다.256)

---

254) 손동권, 앞의 책(총론), §21/24.

255) Carpzow(Practica Nova, Qu. INr. 31f.): Carpzow는 결과적 가중범에 고유한 법형상을 중한 결과에 대한 간접고의(dolus indirectus)로 구성하여 전체로서 고의범의 범주에 넣으려는 시도를 하였다.

(2) 결과적가중범의 미수의 유형과 해석론

이하에서는 크게 중한 결과가 발생한 경우와 발생하지 않은 경우로 유형을 나누어서 결과적 가중범의 미수에 관한 독일의 학설과 판례의 태도를 살펴보고 부진정 결과적 가중범의 미수의 인정 여부와 그에 따른 해석을 따로 전개해 나가도록 하겠다.

1) 중한 결과가 발생한 경우

기본범죄는 미수에 그쳤지만 중한 결과가 발생한 경우의 취급에 관해서 현재 독일의 학설은 결과적 가중범의 미수를 인정하는 경향에 있다. 이 경우의 취급에 있어서 현재의 유력한 입장은 각각의 결과적 가중범 유형의 차이에 따라 그 미수범의 성립 여부를 구별하는 것이다.257) 즉 그것은 기본범의 결과와 행위 중

---

256) 물론 Rengier(Erfolgsqualifizierte Delikte, S. 132)는 결과적 가중범의 범죄군을 기존의 고의살인죄 규정과 과실치사죄규정 사이에 존재하는 가벌성의 공백(특히 고의살인과 거의 맞물려 있는 현저히 위험한 중과실의 경우)을 메우기 위한 양향상의 규정으로 바라보면서 궁극적으로 중한 결과에 대한 통상적인 고의범과 과실범간의 현행법 평가상의 현저한 격차를 최소화시킬 수 있는 결과적 가중범에만 고유한 중과실 개념을 재구성하려는 시도가 주목받고 있는데 이러한 결과적 가중범을 전체로서 중한 결과의 특수한 과실범으로 바라보는 견해는 결과적 가중범의 미수를 전체적인 과실범의 미수로서 보아 부정하는 하나의 근거가 될 수는 있을 것이다.

257) 각각의 유형의 차이에 따라 미수범의 성립 여부를 구별하는 입장에 대하여는 Dietrich. Oehler, "Das erfolgsqualifizierte Delikt und die Teilnahme an ihm", GA 1954, S. 520f; Klaus Ulsenheimer, "Zur

어느 것이 중한 결과와 연결되어야 하는가 하는 것을 기준으로 이러한 유형의 경우를 해결하려고 한다. 이 입장에 의하면 중한 결과가 기본범의 결과와 연결되어야 하는 유형에 있어서는 기본범의 기수로부터 중한 결과가 발생한 경우만이 결과적 가중범으로 취급되고, 기본범의 미수로부터 중한 결과가 발생한 경우에는 본래 결과적 가중범과는 무관하며 기본범죄의 미수와 발생한 결과의 과실치사상죄의 경합범으로 처단된다고 한다. 한편 중한 결과가 기본범의 행위와 연결되면 충분한 유형에 있어서는 기본범의 기수로부터 중한 결과가 생긴 경우에 결과적 가중범의 기수가 성립하는 것은 물론이고, 기본범죄의 미수로부터 중한 결과가 발생한 경우에도 결과적 가중범의 미수가 인정된다고 한다. 이리하여 상해치사죄와 방화치사죄, 일수치사죄가 전자의 유형에 속하고, 강간치사죄와 강도치사죄 같은 복합행위적(zweiaktig)인 기본범을 가진 범죄 유형이 후자에 속한다고 한다.

그런데 최근 독일에서는 결과적 가중범의 특수성에 착안하여 이러한 경우를 해결하려는 움직임이 있다. 이 입장의 요지는 기본범에 내재하는 중한 결과 발생에 대한 고유한 위험성을 결과적 가중범의 본질이라고 해석하는 것에서 출발한다. 이 입장에 의하면 이 경우에 있어서는 중한 결과 발생에 관한 기본범죄의

Problematik des Versuchserfolgsqualifizierter Delikte", GA 1966, S. 273; H. J. Hirsch, "Zur Problematik des erfolgsqualifizierten Delikte", GA 1972, S. 76; G. Küpper, Der "unmittelbare Zusammenhang zwischen Grunddelikt und schwerer Folge beim erfolgsqualifizierten Delikt", Berlin: Duncker&Humbolt, 1982, S. 116ff.

고유한 위험성이 현실로 중한 결과로 발생된 경우에 한하여 결과적 가중범으로서의 취급을 받아들이게 된다. 자연히 중한 결과가 그러한 고유한 위험성의 실현이 아닌 경우에는 결과적 가중범으로서의 취급은 처음부터 거부되고 기본범의 미수와 가중된 결과의 과실치사상죄의 경합범으로 처단하게 된다.258) 이때 고유한 위험성의 실현 여부에 대하여는 개개의 사안에 있어서 구체적으로 판단되어야 하겠지만 일반적으로 강간치사죄나 강도치사죄와 같은 복합행위적인 기본범을 가진 유형에 있어서는 기본범의 일부(폭행 등)로부터 중한 결과가 발생한 경우에도 고유한 위험성이 실현된 경우가 많다고 할 것이다.

그러나 여기서 주의할 점은 이 입장도 고유한 위험성이 실현된 경우에 그것을 결과적 가중범의 미수로 할 것인가 기수로 할 것인가라는 점에서 반드시 일치하는 것은 아니라는 점이다. 이 경우 일반적으로 독일 학자들은 결과적 가중범으로서의 미수를 인정하고 있지만259) 결과적 가중범의 기수를 인정해야 한다는 주장260)도 있다. 이 경우를 기수로 취급하고 있는 입장은 고유한 위험성이 중한 결과로 현실화된 이상 결과적 가중범으로서의 본

---

258) K. Ulsenheimer, a. a. O., S. 266f. 271ff.; H. J. Hirsch, a. a. O., S. 75f.; D. Oehler, a. a. O., S. 520f.

259) Vgl. D. Oehler, a. a. O., S. 520f.; K. Ulsenheimer, GA 1966, S. 271f.; G. Küpper, a. a. O., S. 124f.

260) Karl Heinz Gössel, "Dogmatische Überlegungen zur Teilnahme am erfolgsqualifizierten Delikt nach § 18, in: Festschrift für Richard Lange zum 70". Geburtstag, Berlin/New York 1976, S. 238.

질적 부분은 완전히 충족되었다고 보고 있는 듯하다. 한편 이 경우를 결과적 가중범의 미수로 취급하고 있는 입장은 중한 결과에 관한 기본범죄의 고유한 위험성이 결과적 가중범의 본질적 부분이라는 것은 인정하면서도 기본범의 결과 발생 여부를 결과적 가중범의 미수·기수를 결정하는 데 있어서 중요한 역할을 하는 것으로 보고 기본범이 미수단계에 그쳐 버린 이상 전체로서의 결과적 가중범의 기수를 인정하지는 못한다고 한다.

또 하나 언급하고 넘어가야 할 사안 중 하나가 독일 형법상 기본범죄의 불가벌적 미수로부터 중한 결과가 발생한 경우에는 어떻게 취급해야 할 것인가가 문제로 대두될 수 있다. 만약 기본범죄의 고유한 위험성을 중시하는 견해를 철저하게 한다면 이 경우를 결과적 가중범의 사안으로 취급하고 결과적 가중범의 기수 성립을 인정하는 것도 가능하다.[261] 왜냐하면 중한 결과 발생의 고유한 위험성은 기본범의 불가벌적인 미수행위와 연결되는 수도 있을 수 있기 때문이다. 그러나 이 종류의 범죄를 결과적 가중범의 기수로 구성하는 것은 이치에는 맞는다고 하여도 결과적 가중범의 개념을 애매하게 만들 위험성이 있다. 왜냐하면 중한 결과는 객관적 처벌조건과는 구별되어서 가벌성 자체를 초래하는 것이 아니라 형벌가중기능을 하는 것이라는 점에서 결과적 가중범의 기본범일 수 있는 것은 그 자체로서 이미 가벌적이어야 하기 때문이다. 객관적 처벌조건을 가진 범죄 유형과 결과적

---

261) Vgl. Walter Stree, "Zur Auslegung der § 224, § 226 StGB (Zugleich ein Beitrag zum Versuch erfolgsqualifizierter Delikte)", GA 1960, S. 294.

가중범을 준별하는 이상은 기본범의 불가벌적 미수로부터 중한 결과가 발생한 경우를 결과적 가중범으로 취급하는 것은 허용되지 않는다고 해야 한다. 또한 실제상으로도 이러한 기본범을 벌할 수 없는 경우에 단순히 중한 결과의 과실범으로 그치지 않고 업무상 과실치사상죄나 중과실치사상죄의 성립이 가능하기 때문에 해석에 있어서 큰 무리가 따르지는 않을 것이다. 그리고 위험성을 중시하는 견해를 취한다고 하여도 기본범의 미수가 불가벌적인 행위는 중한 결과 발생의 고유한 위험성을 내포하고 있지 않은 것으로 취급한다는 판단이 이미 입법 시에 행해지고 있었다고 볼 수 있다.[262]

한편 독일의 판례는 기본범죄가 미수에 그쳤지만 중한 결과가 발생한 경우에 관하여 기본범죄의 결과와 행위 중 어느 것이 더 밀접하게 중한 결과와 연결되었느냐에 따라서 결과적 가중범의 미수 인정 여부를 결정하였다. 이러한 구별은 제국법원의 판례에서부터 인정되어 왔다. 제국법원의 판례는 장탄된 총기로 강하게 때렸던바 뜻밖에 탄환이 발사되어 피해자가 사망한 사례에 대하여 중한 결과는 어떠한 상해행위로부터 발생되어도 좋다고 하는 것이 아니라 '기본범의 상해결과' 그 자체로부터 발생되어야 한다고 하여 상해치사죄의 성립을 부정하였다.[263] 또한 실화치사죄가 문제로 된 사례에 대하여 방화치사죄에 있어서 소훼(Brand)는 「물의 소훼 그것 자체」이어야 하고 따라서 방화행위(Inbrandsetzung)로

---

262) Vgl. K. Ulsenheimer, GA 1966, S. 269ff.
263) Entscheidungen des Reichsgerichts in Strafsachen 44, 137(139f.).

부터 바로 중한 결과가 발생한 것만으로서는 충분하지 못하다고 하여 건물에 불이 타오르기 전에 불타고 있는 방화 재료에 의해서 피해자가 소사한 경우에는 애초 방화치사죄가 문제가 되지 않는다고 하였다.264) 그러나 강간의 미수단계에서 피해자가 사망하여 버린 사례에 대하여는 「행위」는 기수범을 기본범으로 한 경우뿐만 아니라 독일 형법에서 말하는 실행행위(Ausführungshandlung) 일반이라고 이해해야 하기 때문에 저항을 억압하기 위한 폭행에 의해서 피해자가 사망한 경우에도 강간치사죄 미수범의 성립이 있을 수 있다고 하여 이 경우의 결과적 가중범의 미수를 긍정하였고265) 강도미수로부터 피해자의 사망이 발생한 경우에 강도치사죄에 있어서 형벌가중의 근거는 재물탈취의 점에 있는 것이 아니라 피해자의 생명침해의 점에 있다는 인식에서 강도치사죄의 미수를 인정하였다.266)

이러한 제국법원의 판례에 대하여 독일 연방법원의 판례 가운데에는 상해치사죄와 방화치사죄에 관하여 제국법원과 판단을 달리한 것이 있다. 예를 들면 상해치사죄에 있어서 상해는 기본범의 결과로서의 상해 그 자체뿐만 아니라 결과에 향해진 행위(기본범의 실행행위)로부터 결과의 발생에 이르기까지의 전 경과를 포함하는 것이라는 인식하에 이러한 종류의 사안을 결과적 가중범의 문제가 아니라고 하고 있었던 종래의 제국법원의 판례

---

264) RGSt. 40, 321(323f.).
265) RGSt. 69, 332(332f.).
266) RGSt. 62, 422(423f.).

180

를 명시적으로 변경하였다. 즉 상해행위(Körperverletzungshandlung)로부터 발생한 피해자의 사망에 대하여 상해치사죄의 성립을 긍정함은 물론[267] 방화하려고 불타고 있는 석유를 광에 뿌렸던바, 광에 불이 타오르기 전에 마침 그 장소에 있었던 사람이 놓여진 불에 사로잡혀 사망한 경우에 있어서 방화치사죄가 문제가 된다고 하여 방화치사죄의 미수를 긍정하였다.[268] 이와 같은 독일 연방법원의 판례는 제국법원의 판례와 비교하여 결과적 가중범의 미수의 성립 여부가 문제가 될 수 있는 사안의 범위를 확장하였다고 할 수 있다. 한편 이러한 구별(결과적 가중범의 미수범 성립 여부)에 있어서 그 구체적 기준을 어디에 두어야 할 것인가가 문제로 될 수 있는데, 앞에서도 언급하였듯이 중한 결과와 연결되는 것이 기본범의 결과인가 행위인가에 따라서 기준이 주어진다고 할 수 있다. 그러나 조심해야 할 것은 구별의 기준이 기본범의 행위인가 결과인가라는 단순한 양자택일에 의해서 선험적으로 구별되는 것이 아니라, 개개의 결과적 가중범규정의 입법이유나 의미내용, 목적이라는 것을 종합적으로 고찰한 뒤 구별되어야 한다.[269] 독일 연방법원이 상해치사죄와 방화치사죄에 관해서 문제가 될 수 있는 사안의 범위(결과적 가중범의 미수범 성립범위)를 확대한 것도 바로 여기에 관하여 제국법원과 다른 인

---

267) Entscheidungen des BGH in strafsachen. 14, 110(111ff.).

268) BGHSt. 7, 37(38f.).

269) K. Ulsenheimer, "Zur Problematik des Rücktritts vom Versuch erfolgsqualifizierter Delikte", in: FS für P. Bockelmann zum 70. Geburtstag, München: C. H. Beck, 1979, S. 262, 268f.

식을 가지게 되었기 때문이라고 볼 수 있다.

또한 독일 판례는 부진정 결과적 가중범에 상응하는 유형(중한 결과 발생에 관하여 고의는 있지만 결과가 발생하지 않은 경우)에 관하여 고의 있는 결과적 가중범의 미수를 긍정하고 있다.[270]

2) 중한 결과가 발생하지 않은 경우

기본범죄와 과실로 인한 중한 결과의 결과적 가중범에서 중한 결과가 발생하지 않은 경우에 있어서는 기본범죄로만 처벌하면 끝이다. 즉 기본범죄의 기수·미수로만 처벌한다. 물론 과실범의 미수를 인정하지 않는 한도 내에서의 해석이다. 이는 독일에 있어서도 마찬가지이다. 중한 결과가 발생하지 않고, 즉 이를 과실로서 실현시키지 못한 경우에 미수의 가능성에 관하여는 거의 언급되지 않고 있다. 이는 독일의 통설이 해석론으로서 결과적 가중범의 미수를 논할 때에 기본범의 미수로부터 중한 결과가 발생한 경우와 중한 결과의 실현을 목표로 하면서 그것이 불발생으로 끝난 경우의 두 가지만을 대상으로 한정하고자 하는 것에서도 알 수 있다.[271]

문제는 고의 있는 결과적 가중범의 존재를 인정하느냐 인정하지 않느냐이다. 독일에서는 고의 있는 결과적 가중범의 존재를 인정하는 이상 중한 결과에 대해서 고의가 있고 중한 결과가 발

---

270) BGHSt. 21, 194.

271) Adolf Schönke/Horst Schröder/Peter Cramer, Strafgesetzbuch, 23. Aufl., 1988, § 18 Rdn. 8ff.

182

생하지 않은 경우에 결과적 가중범의 미수를 긍정하는 경향에 있다.[272] 결국 중한 결과의 과실적 실현과의 관계에서의 미수는 중한 결과가 발생하지 않은 이상 과실범의 미수와 마찬가지로 배척되지만 고의적 실현의 경우에는 긍정된다는 인식을 가지고 있는 것이다.

한편 독일의 학설에 있어서는 고의 있는 결과적 가중범이 모든 유형에 대하여 예외 없이 인정되고 있는 것이 아니라 그것이 인정되는 유형(부진정 결과적 가중범)과 인정되지 않는 유형(진정 결과적 가중범)으로 명확히 구별되고 있다. 따라서 고의 있는 결과적 가중범의 미수(중한 결과의 발생을 의도하였지만 완성하지 못한 경우)는 부진정 결과적 가중범에서만 인정된다고 한다.[273] 독일의 경우에는 결과적 가중범의 미수범이 원칙적으로 가능하다. 왜냐하면 독일 형법은 제23조 1항에서 중죄(1년 이상의 자유형이 규정된 범죄)의 미수에 대하여는 명시적으로 가벌성을 인정하고 있는데 결과적 가중범은 중죄이기 때문이다.

독일의 판례도 학설이 말하는 부진정 결과적 가중범에 상응하

---

272) F. Haft, Strafrecht, AT, 2. Aufl., München: C.H. Beck, 1984, S. 211f; Johannes. Wessels, Strafrecht, AT, 14. Aufl., Heidelberg: C. F. Müller, 1984, S. 167f;

273) Vgl. A. Schönke/H. Schröder/P. Cramer, a .a. O., Rdn. 10.; 그러나 여기서 한 가지 의문 나는 점은 과연 고의 있는 결과적 가중범과 부진정 결과적 가중범과의 차이가 무엇이냐 하는 점이다. 고의 있는 결과적 가중범이나 부진정 결과적 가중범과의 구분기준이 애매할 뿐 아니라 고의 있는 결과적 가중범을 진정 결과적 가중범과 부진정 결과적 가중범으로 나누고 있는 구분기준 또한 없다고 보아도 과언이 아닐 것이다.

는 유형(중한 결과 발생에 관하여 고의는 있지만 결과가 발생하지 않은 경우)에 관하여 고의 있는 결과적 가중범의 미수를 긍정하고 있다.[274] 한편 이러한 학설과 판례의 상황에 대하여 고의 있는 결과적 가중범 그것 자체를 일률적으로 부정해야 한다는 주장도 강하게 제기되고 있다. 이 입장이 내세우는 논거는 고의 있는 결과적 가중범을 인정함으로써 생기는 체계상의 문제점, 독일 형법 제211조 모살죄의 구성요건과의 중첩가능성, 통상의 고의범과의 개념적 혼란, 죄수나 공범이라는 개별적 문제의 해결의 곤란함 등을 고려하여 주장되고 있다.[275]

3) 부진정 결과적 가중범의 미수의 해석론

① 부정설

부진정 결과적 가중범의 미수와 관련하여 독일에서는 고의 있는 결과적 가중범(vorsätzliches erfolgsqualifiziertes Delikte)이라는 개념으로서 이러한 개념의 미수를 인정하여 부진정 결과적 가중범의 미수를 긍정하는 경향에 있는 것이 일반적이라는 점은 앞에서 기술하였다. 그러나 최근 고의 있는 결과적 가중범 그것 자체를 일률

---

274) BGHSt. 21, 194.

275) Vgl. Rudolf Seebald, "Teilnahme am erfolgsqualifizierten und fahrässigen Delikt", GA 1964, S. 161; H. J. Hirsch, a. a. O., S. 65f; K. H. Gössel, a. a. O., S. 236f; Rengier, Erfolgsqualifizierte Delikte, S. 132(즉 독일의 경우는 형법 제211조에서 모살죄를 인정하고 있기 때문에 중한 결과의 고의는 충분히 불법과 책임가중이 모살죄에 포섭될 수 있기 때문이라는 것을 근거로 든다).

184

적으로 부정해야 한다는 입장도 강하게 제기되고 있다. 이 입장은
고의 있는 결과적 가중범을 인정함으로써 생기는 체계상의 문제
점, 모살죄를 따로 인정하고 있는 독일의 경우의 통상의 고의범과
의 개념적 혼란으로 인한 각칙구성요건상의 중한 결과에 있어서
"중과실"의 명문화요청, 죄수나 공범이라는 개별적 문제해결의 곤
란함 등을 고려하여 주장되고 있는 실정이다.[276]

  또한 중한 결과의 고의적 실현을 결과적 가중범으로부터 배척하
기 위하여 독일 형법 제18조[277]의 「적어도 과실」의 요건을 「과실」
에 한정해야 한다는 입법론도 주장되고 있다.[278] 이러한 주장은
현행법에 채용되지는 못하였다. 하지만 행위자에게 요구되는 「적
어도 과실」이라는 표현에 대하여 그것은 중한 결과의 우연적 실현
을 배척하기 위한 강조적인 표현일 뿐 그 이상은 아니라는 입장을
취한다면, 중한 결과의 고의적 실현을 해석론상으로도 결과적 가
중범의 개념으로부터 배척할 수 있을 것이다. 그리고 각칙에서 중
한 결과의 발생에 「중과실」을 요건으로 하는 새로운 형태의 결과
적 가중범에 있어서는 중한 결과의 고의적 실현은 배척되고 중과

---

276) Vgl. R. Seebald, "Teilnahme am erfolgsqualifizierten und am
    fahrlässigen Delikt", GA 1964, S. 161; H. J. Hirsch, a. a. O., S.
    65f; K. H. Gössel, a. a. O., S. 236; Rengier, Erfolgsqualifizierte
    Delikte, S. 132.
277) 독일 형법 제18조(결과적 가중범)는 "법률이 행위의 특별한 결과
    에 가중된 형벌을 규정하고 있는 때에는 그 결과에 대하여 적어
    도 과실이 있는 '정범 또는 공범'(Täter oder Teilnehmer)에게만
    이를 적용한다"고 규정하고 있다.
278) H. J. Hirsch, a. a. O., S. 76.

실에 의한 경우에 한정된다고 하는 해석이 유력하게 제기되고 있다.[279] 따라서 이러한 점들을 생각해 볼 때 행위자의 「적어도 과실」이라는 문구를 조문상 요구하는 독일에서도 고의 있는 결과적 가중범이라는 것을 부정하고 또한 이러한 유형의 미수도 전혀 부정할 수 있는 여지가 없는 것은 아니다.

② 긍정설

중한 결과와의 관계에서 결과적 가중범의 미수를 생각할 수 있는가 하는 점에 관하여 독일에 있어서는 앞에서도 잠깐 언급했듯이 고의 있는 결과적 가중범의 존재를 인정함으로 인하여 일반적으로 긍정하는 경향에 있다.[280] 그러나 중한 결과의 과실

279) Vgl. Manfred Maiwald, "Der Begriff der Leichtfertigkeit als Merkmal erfolgsqualifizierter Delikte", GA 1974, S. 270; J. Tenckhoff, "Die leichtfertige Herbeiführung qualifizierter Tatfolgen", ZStW 88(1976), S. 913ff., 922(이는 결과적 가중범에 있어서 중한 결과에 대한 고의범의 형벌에 상응할 정도로 가중시킨 근거를 중한 결과에 대한 고의범(고의살인)의 책임비난에 가까운 정도의 "중과실" 내지는 "경솔성"에서 바라보면서 전체로서는 특별히 중한 과실(치사)죄의 일 형태로 이해할 수 있다고 한다); Rengier(Erfolgsqualifizierte Delikte, S. 132)도 결과적 가중범의 범죄군을 기존의 고의살인죄 규정과 과실치사죄 규정 사이에 존재하는 가벌성의 공백(특히 고의살인과 거의 맞물려 있는 현저히 위험한 중과실의 경우)을 메우기 위한 양형상의 규정으로 바라보면서 궁극적으로 중한 결과에 대한 통상적인 고의범과 과실범 간에 현행법상의 평가상의 현저한 격차를 최소화시킬 수 있는 결과적 가중범에만 고유한 중과실 개념을 재구성하려는 시도가 주목받고 있는바 이 견해도 결과적 가중범을 전체로서 중한 결과의 특수한 과실범으로 바라본다는 일반적 관점에 기초하고 있다는 것은 앞에서 기술하였다).

186

적 실현과의 관계에 있어서 미수의 가능성에 관하여는 거의 언급되지 않고 있다. 이것은 독일의 통설이 해석론적으로 결과적 가중범의 미수를 논할 때에 기본범죄의 미수로부터 중한 결과가 발생한 경우와 중한 결과의 실현을 목표로 하였으나 그것이 불발생으로 끝난 경우의 두 가지만을 대상으로 한정짓고[281] 중한 결과의 과실적 실현과의 관계에서의 미수는 과실범의 미수를 배척하는 것과 마찬가지로 개념적으로 배척된다는 인식이 있었다고 볼 수 있는 것이다. 따라서 독일에서의 부진정 결과적 가중범의 미수를 긍정함에 있어서는 그 전제로서 고의 있는 결과적 가중범의 미수를 인정한다.

이 입장을 가장 먼저 주장한 학자는 톰젠(Thomsen)이다. 톰젠은 이미 1세기 전에 이 문제를 검토하고 고의 있는 결과적 가중범의 존재를 긍정하였다. 그는 이러한 고의 있는 결과적 가중범의 미수에 관하여 중한 결과의 발생을 의도하였지만 그것이 발생하지 않았던 경우에 결과적 가중범의 미수를 생각할 수 있다고 하고 이를 「결과적 가중범의 진정미수(echte Versuch des qualifizierten Delikts)」라고 이름 지었다.[282] 이처럼 톰젠에 의해서 해석론상 주

---

280) F. Haft, a. a. O., S. 211; J. Wessels, a. a. O., S. 167; A. Schönke/H. Schröder/P. Cramer/Sternberg-Lieben, Strafgesetzbuch, Kommentar, 26. Aufl.(München: C. H. Beck), 2001, §18 Rdn. 8.

281) A. Schönke/H. Schröder/P. Cramer/Sternberg-Lieben, a. a. O., Rdn. 8ff.

282) A. Thomsen, Über den Versuch der durch eine Folge qualifizierten Delikte, Kiel, Leipzig, 1895, S. 67ff.

장된 고의 있는 결과적 가중범의 존재는 그 후 1953년에 주장된 구형법 제56조가 「적어도 과실」을 성립요건으로 하면서 조문상의 근거를 두게 되었다. 그리고 이 상황은 구형법 제56조와 본질적으로 동일한 내용을 인계한 현행 형법 제18조하에서도 변화되지 않았다. 이러한 조문의 존재를 주된 근거로 하여 고의 있는 결과적 가중범을 인정하지 않는다면, 중한 결과의 고의적 실현과 과실적 실현의 사안과의 사이에 상당한 과형상의 불균형이 생긴다는 실제적인 관점도 더해져서 독일에서 입법론은 별도로 하더라도 고의 있는 결과적 가중범의 존재가 긍정되고 있는 것이다. 따라서 중한 결과의 실현을 의도하였으나 그것이 발생하지 않았던 경우를 결과적 가중범의 미수라고 하는 것은 당연하다고 생각하게 된 것이다.283) 하지만 독일에 있어서도 고의 있는 결과적 가중범이 모든 유형에 관하여 예외 없이 인정되고 있는 것이 아니라 그것이 인정되는 유형(부진정 결과적 가중범)과 인정되지 않는 유형(진정 결과적 가중범)으로 명확히 구별되고 있다. 따라서 중한 결과의 발생을 의도하였지만 완성하지 못한 형태의 미수는 부진정 결과적 가중범에서만 인정된다고 할 것이다.284)

---

283) Vgl. D. Oehler, a. a. O., S. 521.

284) Vgl. W. Stree, a. a. O., S. 289f; A. Schönke/H. Schröder/P. Cramer/Sternberg-Lieben, a. a. O., Rdn. 10.

(3) 검 토

　기본범죄가 미수에 그쳤지만 중한 결과가 발생한 경우 독일에서 이를 어떻게 취급해야 할 것인가 하는 것은 2단계의 심사를 거쳐야 명확하게 해답을 이끌어 낼 수 있게 된다. 첫 번째 단계는 이것을 과연 결과적 가중범으로 볼 수 있을 것인가 하는 것이고, 두 번째 단계는 결과적 가중범이라고 본다면 이를 결과적 가중범의 미수로 보아야 하는가 기수로 보아야 하는가의 두 단계의 심사이다.

　우선 첫 번째 단계에 대해서 심사해 보면, 일단 기본범죄가 원인으로 되어 중한 결과가 발생한 이상 기본범죄에 내포된 위험성이 현실화되었고 비록 기본범이 미수에 그쳤다고는 하나 일단 중한 결과가 발생한 이상은 결과적 가중범으로 인정하여야 할 것으로 본다. 다만 기본범죄의 실행의 착수가 있었어야 하며 기본범죄와 중한 결과 간의 사이에 인과관계가 있고 객관적으로 귀속이 가능하며 "직접성의 원칙"에 따라서 제한되는 것은 당연하다고 생각한다. 객관적 귀속을 위한 필요조건만 간단히 제시하면 독일 형법의 경우에 보통상해죄(§223 StGB)는 미수범 처벌규정이 없다. 그러므로 보통상해의 미수만으로는 더 나아간 과실치사의 결과 발생과 연결시켜 상해치사죄를 성립시킬 수 없다. 만약 그렇게 할 경우는 중한 결과 발생이 기본범죄행위를 통하여 가중되는 것이 아니라 그를 통해 비로소 가벌성이 구성된다는 논리적 귀결에 이르기 때문이다.[285] 따라서 독일 형법상의 고의기본행위는 중상해의 경우는 상해의 미수행위(§223a, 12StGB)로도 가능하나 보통상해죄(§223 StGB)의 경우는 상해기수를 그 요건으로 한다. 반면 우리나라의 형법은 상해죄의 미수규정을 두고 있으므로 이론상 기본범죄행위의 미수 형태로도 구성가능하다. 또 하나 주의해야 할 사항 중에 하나가 기본범죄에 내포된 고유한 위험성이 현실화된 경우만이 결과적 가중범의 경우로 취급되고 그렇지 않은 경우는 단순한 범죄경합의 사안(예를 들면 위험성이 현실화되지 않은 기본범의 미수범 처벌규정이 있는 경우는 기본범죄의 미수와 과실치사상죄와의 경합범)으로 처리해야 할 것이다. 만약 기본범죄에 내포된 위험성이 현실화되었는데도 불구하고 기본범죄가 미수라는 이유로 결과적 가중범을 인정하지 않게 되면 결과적 가중범의 개념 자체에 혼란을 가져오게 되는 경우가 생길 수 있다. 즉 기본범죄의 위험성으로 인해서 이와 결합된 가중된 결과에 중점을 두고 있는 결과적 가중범[286]이 기본범죄의 기수냐 미수냐에 따라서 결정되는 결과로서 결과적 가중범의 개념 자체가 흔들리는 결과를 가져올 가능성이 있는 것이다.

두 번째 단계의 심사에서는 기본범죄의 결과와 행위 중 어느 것을 중시하느냐에 따라서 좌우된다고 본다. 즉 결과와 행위 중 하나의 중요성을 어느 정도로 중시하느냐에 따라서 결론이 달라질 수 있는 것이다. 기본범의 결과의 발생을 중한 결과의 발생과

---

285) 조상제, 「결과적 가중범의 객관적 가중표지와 주관적 귀속 형식」, 358면 참조.

286) Martin Schubarth, Das Problem der erfolgsqualifizierten Delikte, ZStW 85(1973), S. 755.

동일한 정도로 중시한다면 기본범의 결과의 불발생을 이유로 이 경우를 결과적 가중범의 미수로 구성하는 것이 가능하다. 중한 결과에 못지않게 기본범의 결과의 不發生도 중시하기 때문에 전체로서 결과적 가중범의 미수를 인정한다는 논리가 가능하다. 그러나 중한 결과 발생에 관한 기본범죄의 고유한 위험성의 존재를 그 본질로서 강조한다면, 즉 기본범죄의 결과와 관계없이 행위 그 자체에 고유한 위험성이 있다고 본다면 이미 중한 결과로서 위험성은 실현되었으므로 기본범이 미수단계에 그치고 있다 하더라도 행위 자체로서 결과적 가중범으로서의 본질은 이미 충족되었다고 보아야 할 것이다. 특히 강도죄나 강간죄에 있어서의 폭행과 같이 그 자체로서 피해자의 사상이 발생하기 쉬운 행위 유형을 생각한다면 간음이나 재물탈취가 미수단계에 그치고 있다고 하더라도 그 위험성은 간음의 유무나 재물탈취의 유무와는 관계없이 존재할 수 있다고 할 수 있다.[287] 결국 기본범죄의 행위에 중점을 두는 입장에 철저하면 결과적 가중범의 미수라는 개념은 배척되게 되고 기수가 되는 것이다. 즉 중한 결과가 기본범에 내재하는 고유한 위험성의 실현인 경우에는 결과적 가중범의 기수가 성립하고 그렇지 않으면 처음부터 결과적 가중범으로서의 취급이 부정된다고 할 수 있다.[288]

---

[287] Vgl. Reinhart Maurach, "Probleme des erfolgsqualifizierten Delikte bei Menschenraub, Geiselnahme und Luftpiraterie", in: FS für E. Heinitz zum 70. Geburtstag, 1972, S. 407, 413f.

[288] 이러한 유형의 경우를 미수적인 태양으로부터 생긴 결과적 가중범이라고 하는 학자도 있다.: A. Thomsen, Über den Versuch der durch eine Folge qualifizerten Delikte, kiel, Leipzig, 1895, S. 67ff.

한편 독일에서 중한 결과가 발생하지 않은 경우의 미수는 과실로 인한 중한 결과의 불발생과 고의로 인한 중한 결과의 불발생의 두 가지로 나누어 볼 수 있다. 첫 번째로 과실로 인한 중한 결과의 불발생은 우리나라나 일본 그리고 독일 모두가 과실범의 미수를 인정하지 않는 것이 일반적인 인식이므로 과실범의 미수와 마찬가지로 중한 결과가 발생하지 않은 결과적 가중범의 미수도 인정하지 않는다고 해야 할 것이다. 만약 이를 기본범죄의 위험성의 확장으로 보아 결과적 가중범의 미수라고 한다면 당해 위험성이 중한 결과로 실현되지도 않았는데 결과적 가중범이라고 하는 것이 되어 형법상의 책임원칙에 반할 뿐만 아니라 결과적 가중범의 개념상의 체계에도 큰 혼란을 가져오게 될 것이다. 중한 결과 발생에 관한 위험성이 현실화되지 않았던 경우는 기본범 그 자체의 기수 또는 미수로서 처리되는 것이기 때문에 결과적 가중범의 문제로서 취급되어서는 안 된다고 생각한다.

두 번째로 고의로 인한 중한 결과의 불발생은 먼저 부진정 결과적 가중범의 미수와의 개념 구분이 선행되어야 한다고 생각한다. 개념 구분이 확실하게 되지 않으면 고의로 인한 진정 결과적 가중범의 미수와 고의로 인한 부진정 결과적 가중범과의 미수와의 구분이 애매하게 된다. 필자는 부진정 결과적 가중범의 미수를 인정해야 한다고 생각한다. 이는 독일의 경우에 있어서도 마찬가지이며, 만약 부진정 결과적 가중범의 미수를 인정하지 않으면 발생된 결과 고의에 관해서 별개의 이중의 고의를 인정해야만 하는 경우가 발생할 수 있기 때문이다.[289] 예를 들면 가중된 결과의 고의로 기본범죄를 범했는데 가중된 결과가 발생하지 않고 조금 가벼운 결과가 발생한 경우 부진정 결과적 가중범의 미수를 인정하지 않으면 기본범죄의 고의와 가중된 결과의 미수의 상상적 경합을 인정하거나 전혀 다른 별개의 부진정 결과적 가중범을 인정해야 하는데, 후자를 선택하게 되면 가중된 결과의 고의에 대하여서 전혀 다른 별개의 고의가 서로 뒤바뀌게 되어 일관성 없는 단순 감상적인 논리가 성립되기 때문이다.

요컨대 결과적 가중범의 미수는 독일 형법에 있어서도 반드시 인정할 필요성이 있지 않나 싶다. 결과적 가중범은 중죄이고 중죄의 미수의 가벌성을 총칙에서 일반적으로 명시하고 있을 뿐만 아니라(제 23조 1항) 만약 결과적 가중범의 미수를 인정하지 않는다면 중지미수의 성립가능성을 아예 배제하는 결과가 되고 이는 똑같이 기본범죄가 미수에 그치고 적극적인 중지행위가 있었음에도 불구하고 단지 중한 결과가 발생하였다는 사실 자체로서 중지미수와 결과적 가중범의 기수라는(가령 강간죄를 예로 들면

---

289) 가령 부진정 결과적 가중범의 대표적 예인 현주건조물방화치사죄를 예로 들어 볼 때 위의 논거는 명확해진다. 만약 살인의 고의로 현주건조물에 방화한 경우에 상해의 결과만 나온 경우 현주건조물방화치사죄의 미수를 인정하지 않으면 현주건주물방화치상죄나 현주건조물방화죄와 살인죄의 미수를 인정해야 하는데 상상적 경합이 될 경우 형이 중한 살인죄의 미수로 처벌받게 된다. 이때 현주건조물방화치상죄를 인정하게 되면 처음의 살인의 고의가 어떻게 상해의 고의로 바뀌었는지 설명할 수 없게 되며 살인죄의 미수로 처벌하게 되면 중한 결과의 과실로서 현주건조물에 방화한 경우(현주건조물방화치사죄)와의 형의 균형을 유지하기 곤란하다는 단점이 있다.

강간죄의 중지미수와 강간치상죄의 차이) 양형에 있어서 큰 차이가 나는 불합리한 결과를 방지하기 위해서라도 반드시 결과적 가중범의 미수를 인정해야 한다고 본다. 또한 독일 형법 제11조 제2항의 신설로서 결과적 가중범의 미수를 인정할 수 있는 기준을 마련해 주었다고 볼 수 있다. 한편 기본범죄가 불가벌적 미수로서 중한 결과가 발생한 경우도 결과적 가중범의 본질이 기본범죄와 중한 결과의 결합인 이상 가벌성이 없는 기본범죄는 이미 결과적 가중범의 전제조건에서 벗어났다고 볼 수밖에 없다. 중한 결과 자체로는 형벌가중기능을 할 뿐 객관적인 처벌조건과는 거리가 멀어서 가벌성을 초래할 수는 없기 때문이다.

다만 고의 있는 결과적 가중범의 경우 중한 결과에 고의가 있는 데 중한 결과가 발생하지 않은 경우의 해결이 문제된다. 기본범죄의 기·미수 여부에 따라서 전체적 결과적 가중범의 가벌성의 유무가 좌지우지되는 현상[290]을 사전에 차단하기 위해서라도 고의 있는 결과적 가중범은 전체로서 부진정 신분범으로 보아 기본범죄의 실행에 착수하기만 하면 형이 가중되는 부진정 신분범으로서의 주체가 되어 중한 결과의 기·미수 여부에 따라서 전체적 부진정 결과적 가중범의 기·미수 여부를 판단하는 논리구성이 요구된다 할 것이다.

---

290) 성낙현, 「결과적 가중범의 미수에 관한 한국과 독일 형법의 비교」, 159면 참조: 한편 독일에서는 기본 구성요건의 기수는 결과적 가중범 전체의 전제로서 요구될 필요가 없다는 것이 주류이다 (Wessels Johannes, Strafrecht Allgemeiner Teil, 26. Auflage., 1996, Rdnr. 617).

194

3. 일본의 입법태도와 해석론

(1) 입법태도

결과적 가중범의 미수에 관한 일본 형법상의 규정을 분석하면 기본범죄가 미수인 경우를 취급하는 방식에 따라 크게 다섯 가지로 구분해 볼 수 있다.[291]

1) 제1유형

첫 번째 유형은 한국 형법에서와 마찬가지로 범죄목록의 장별 규정에 입법자가 미수범 일반에 관한 규정을 먼저 두고 그 뒤의 결과적 가중범 규정에서 당해 미수범 또는 미수범을 범한 자도 그 범행 주체로 포함시키고 있는 방식이다. 이러한 유형에 속하는 범죄로는 부동의타태치사상죄(제216조)와 강제わいせつ등치사상죄(제181조)를 들 수 있다. 이외에도 형사특별법상의 '항공기의강취등의처벌에관한법률' 제2조가 있다. 예를 들면 일본형법 제181조는 '제179조의 죄를 범하여 사람을 사상에 이르게 한 때'라고 규정하고 있다. 제179조(미수죄)는 "제176조(강제わいせつ죄)와 제177조(강간죄) 그리고 제178조(준강제わいせつ및준강간)의 미수는 벌한다"라고 규정하여 위 세 가지 범죄의 미수범도 강제

---

291) 이러한 유형의 구분은 한국에서와 마찬가지로 기본범죄가 미수에 그치고 중한 결과가 발생한 경우를 결과적 가중범의 미수로 인정하는 긍정설의 전제하에서만 논의될 수 있다. 만약 이 경우를 결과적 가중범의 미수가 아닌 기수로 취급한다면 이하의 유형 구분에 관한 논의는 그 자체가 무의미해질 수 있다.

わいせつ등치사상죄의 범행 주체에 해당함을 명시하고 있다. 따라서 제177조 소정의 '강간죄'에 해당하는 미수범(제179조)은 비록 그 행위가 미수에 그쳤더라도 과실로 사상의 결과를 발생시켰다면 강제わいせつ등치사상죄(제181조)가 성립한다.

　이러한 제1유형에 속하는 결과적 가중범에 있어서는 역시 한국과 마찬가지로 그 기본범죄가 미수에 그친 경우에도 당해 결과적 가중범의 미수가 성립하는지 여부의 논란이 애당초 발생할 여지가 없다.

2) 제2유형

　두 번째 유형은 입법자가 결과적 가중범에 대한 처벌규정을 먼저 두고 그 뒤에서 그 결과적 가중범의 기본범죄의 미수를 처벌하는 규정을 두고 있는 방식이다. 이러한 유형에 속하는 범죄로는 왕래방해및동치사상죄(제124조 제2항), 기차전복등및동치사죄(제126조 제3항)를 들 수 있다. 예를 들면 일본형법 제124조 제2항은 '제1항의 죄를 범하여 사람을 사상에 이르게 한 때'라고 규정하고 있다. 제1항(왕래방해죄)에 대하여는 '제124조 제1항의 죄의 미수는 벌한다'(제128조)라고 규정하여 그 미수범도 왕래방해치사상죄의 범행 주체에 해당함을 명시하고 있다. 따라서 가령 제124조 제1항 소정의 '왕래방해의 죄'에 해당하는 미수범(제128조)은 비록 그 행위가 미수에 그쳤더라도 과실로 사상의 결과를 발생시켰다면 왕래방해및동치사상죄가 성립한다고 볼 가능성이 있다.

이러한 제2유형에 속하는 결과적 가중범의 경우에는 그 기본범죄의 미수범을 처벌한다는 규정을 두고 있을 뿐 그 기본범죄의 미수를 범하고 중한 결과를 발생케 한 자를 당연히 결과적 가중범의 범행 주체로서 전체적인 결과적 가중범의 미수로서 보아야 하는가 아니면 결과적 가중범의 기수가 성립한다고 보아야 하는가의 문제가 생긴다.[292]

3) 제3유형

세 번째 유형은 입법자가 명시적으로 결과적 가중범의 미수범 처벌을 규정하고 있는 방식이다. 이러한 규율방식을 취하고 있는 범죄로는 강도치사상죄(제240조), 강도강간및동치사죄(제241조)가 있다. 예를 들면 일본형법상의 강도치사상죄의 경우 제240조에서 '강도가 인질을……부상에 이르게 한 때와 사망하게 한 때'에는 처벌한다고 규정하면서 아울러 제243조에서 그 미수범을 처벌한다고 규정하고 있다. 이는 강도강간및동치사죄(제241조)도 마찬가지이다.

이러한 유형의 결과적 가중범에서는 기본범죄가 미수인 경우에도 그 결과적 가중범이 성립하는지의 여부는 문제되지 않는다. 다만 결론을 도출해내는 근거는 두 가지의 다른 방향에서 접근해 갈 수 있다. 첫 번째의 방식은 조문상 제240조와 제241조의

---

292) 물론 이때 기본범죄의 기수·미수에 따라 결과적 가중범의 성립 여부가 문제될 수도 있으나 일단 결과적 가중범은 성립하되 그 기수인가 미수인가를 논의대상으로 삼기로 한다.

강도치사상죄와 강도강간및동치사죄의 미수범은 처벌한다는 제
243조의 조문에 근거한 해결로서 결과적 가중범의 미수범은 처
벌할 수 있다는 해석이다. 두 번째는 제236조의 강도행위와 제
241조의 강도강간행위를 범한 자의 미수범은 처벌하도록 규정되
어 있는 제243조의 규정을 이용하여 기본범죄의 미수범을 처벌
할 수 있으므로 이로 인하여 중한 결과인 상해나 사망이 발생하
였을 때에는 결과적 가중범의 미수 전체를 인정할 수 있다는 해
석의 시도이다.[293]

4) 제4유형

위의 세 가지 유형에 있어서는 모두 입법자가 기본범죄의 미수
범 처벌규정을 두고 있다. 하지만 기본범죄의 미수를 처벌하는 규
정을 두고 있지 아니한 경우에도 한국 형법에서와 동일한 논란이
일어날 수 있다. 일본형법상 기본범죄의 미수범을 처벌하는 규정
을 두고 있지 아니한 결과적 가중범의 형태로는 가스누출등및동치
사상죄(제118조), 정수오염등치사상죄(제145조), 수도독물등혼입
및동치사죄(제146조),   특별공무원직권남용등치사상죄(제196조),
상해치사죄(제205조), 위험운전치사상죄(제208조의 2), 동의타태
및동치사상(제213조), 업무상타태및동치사상죄(제214조), 유기등

---

[293] 물론 여기서도 성립하는 결과적 가중범을 기수로 취급할 것인가
미수로 취급할 것인가가 문제될 수 있다. 하지만 설령 기수로 취
급한다고 할지라도 그 경우를 기본범죄가 애당초 기수에 이르른
채로 중한 결과가 발생한 결과적 가중범과 다르게 취급해야 한다
는 점은 확실하다.

치사상죄(제219조), 체포등치사상죄(제221조), 건조물등손괴및동치사상죄(제260조) 등이 있다. 이 유형은 해석론상 문제가 되는 부분도 있으나 기본적으로 입법자가 기본범죄의 미수를 처벌하는 규정을 두고 있지 않다는 점에서 위에서 살펴본 세 가지 유형과는 그 성격이 다르다.

이는 한국 형법에 있어서와 동일하다. 따라서 이 유형과 관련해서는 한국과 마찬가지로 입법자가 기본범죄의 미수범을 처벌하는 규정을 두고 있지 않은 이상 기본범죄가 미수에 그치고 그로 인해 사상의 결과를 발생시켰다면 결과적 가중범으로는 처벌할 수 없고 과실치사상죄로만 처벌할 수 있을 뿐이라고 보아야 한다. 이러한 결론이 행위자에 대해 면죄부를 주는 것이 아님은 물론 굳이 입법자가 처벌규정도 두고 있지 아니한 행위의 양태를 끌어들여 단지 사상의 결과를 발생시켰다는 이유만으로 기본범과 과실범의 형을 합한 것보다 더 중하게 처벌하는 결과적 가중범의 성립을 인정하는 것은 일본헌법 제31조, 제39조, 제73조 6호에 규정되어 있는 죄형법정주의원칙과 형법상의 책임원칙에 비추어 보았을 때에도 바람직하지 않다고 생각된다.

(2) 결과적 가중범의 미수의 유형과 해석론

1) 문제의 제기

일본에 있어서도 결과적 가중범의 미수를 생각하는 것이 가능한가? 이 문제는 종래 일본에 있어서 강·절도죄의 미수범 처벌을 규정한 형법 제243조[294]가 강도치사죄의 규정으로 여겨져 왔던 제240조[295] 후단을 포함하고 있는 것과 관련해서 형법 제240조 후단에 강도살인죄의 경우가 포함되는가 포함되지 않는가의 형태로 논의되어 왔다. 특히 大正11年에 대심원이 종래의 판례를 변경하여[296] 제240조 후단을 강도죄와 살인죄 내지는 강도죄와 상해치사죄와의 결합범으로 해석하는 것으로 하여 강도살인의 사안에 대하여는 제240조 후단의 적용으로 족하다고 한 것[297]이 논의의 단서였다. 그 후 木村 박사가 「고의있는 결과적 가중범」이라는 개념을 들고서 대심원판결의 논리를 비판하여[298] 이 문

---

294) 일본형법 제243조는 미수범처벌규정으로서 "제235조(절도)부터 제236조(강도)까지 그리고 제238조(사후강도)부터 제241조(강도강간 및 동치사)까지의 죄의 미수는 벌한다"라고 규정되어 있다.

295) 일본형법 제240조는 "강도가 사람을 사망에 이르게 한 때에는 무기 또는 7년 이상의 징역에 처하고 사망하게 한 때에는 사형 또는 는 무기징역에 처한다"라고 규정되어 있다. 전단은 강도치사를 후단은 강도살인을 의미하는가가 문제로 되어 온 것이다.

296) 종래에는 구법시대의 판례를 답습하여 제240조 후단 일죄설을 채택하였다(大判 明治42년6월8일 刑錄15집, 728면).

297) 대판, 大正11년12월22일 刑集1권 815면.

298) 木村龜二, 「結果的加重犯の未遂 －強盜殺人罪を中心として－」, 同·

제에 커다란 파문을 던졌다. 즉 처음에는 결과적 가중범의 미수라고 하는 문제는 일본 형법 제240조(강도치사)에 강도살인의 사례가 포함되는가와 관련하여 「고의있는 결과적 가중범」의 문제와 관련하여 고의에 기인한 가중된 결과의 야기가 미수의 단계에 그친 경우 어떠한 형으로 처단되어야만 하는가 하는 각론의 문제로서 논의되어 왔다.[299] 그리하여 이 문제는 명확한 결론이 내려지지 않은 채로 오늘에 이르렀다.

일본에서도 결과적 가중범이라고 하는 범죄 유형은 기본범으로서의 고의범과 중한 결과를 야기한 과실범이 밀접하게 결합한 것으로서 규정되어 있기 때문에 그 미수범도 각각의 결과와의 관계에서 두 가지의 경우로서 생각하는 것이 가능하다. 한 가지는 기본범의 결과와의 관계에서 예정된 미수이고(제1유형) 다른 또 하나는 중한 결과와의 관계에서 예정된 미수이다(제2유형).[300] 제1유형의 전형적인 문제는 기본범의 결과가 발생하고 있지 않음에도 불구하고 중한 결과가 발생한 경우를 어떻게 취급해야 하나에 있다. 다른 한편 종래 논의되어 왔던 제240조 후단의 미수를 어떠한

刑法の基本問題(昭和54年) 320면 以下.

299) 丸山雅夫, 「結果的加重犯の未遂(一)」, 警察研究55卷10号, 昭和59년, 65면.

300) 제1유형을 '결과적 가중미수(erfolgsqualifizierter Versuch)', 제2유형을 '미수적 결과적 가중범(versuchte Erfolgsqualifizierung)'이라고 부른다. 더욱이 제1유형에서 중한 결과가 고의에 의한 경우와 과실에 의한 경우를 구별하고 제2유형에서 기본범이 기수인 경우와 미수인 경우와를 구별하고 있다(平野龍一, 「結果的加重犯について」, 同・犯罪論の諸問題(上), 昭和56年, 117頁).

경우에 인정해야 하는가 하는 문제는 주로 제2유형에 관한 것이었다. 제2유형의 전형적인 형태는 일단 중한 결과가 발생하지 않았을 경우를 의미하며 주로 부진정 결과적 가중범에서 그 가치를 찾아볼 수 있다.

그러나 일본에서 이러한 문제의 논의는 종래 일반적인 형태로서 논의되지 않고 각각의 구성요건에서 별개로 논의되었다. 이 점은 이 문제를 주로 일반적인 형태로서 논하는 경향이 있는 독일의 학설[301]과 비교하였을 때 특징적이다. 그 이유는 아마도 제1유형에 관하여는 구성요건적 결과 하나인 중한 결과가 발생하고 있는 이상 미수라고 하는 상태는 일어나지 않는다고 생각하고 있기 때문이라고 생각된다.[302] 또한 제2유형에 관하여는 제240조 후단에 의한 과형의 불균형이 생기는 경우에 관심이 집중되고 있기 때문이라고 생각된다. 그러나 이러한 상황에 있음에도 그것이 곧 문제를 해결해 준다고는 생각되지 않는다. 제1유형에 관하여 언급하면 구성요건적 결과인 중한 결과가 발생하고 있는 이상 미수를 생각할 여지가 없다고 한 것만으로는 형식논리에 지나치게 치우쳤다는 비판을 면하기 어렵다고 할 것이다. 왜냐하면 결과적 가중범이 두 개의 구성요건적 결과를 가진 범죄 유형이라는 점을 중시하게 된다면 「미수는 종국적 구성요건의 어딘가에 결함이 있는 경우이다」[303]라는 것을 강조하여 기본범이 미수단계에 그친

---

301) A. Thomsen, Über den Versuch der durch eine Folge qualifizierten Delikte, 1895; H.-J. Widmann, Der Versuch eines erfolgsqualifizierten Delikts, 1964, usw.

302) 平野龍一, 前揭書, 118頁.

경우를 결과적 가중범의 미수라고 하여 평가하는 것도 가능하기 때문이다. 어쨌든 이 점에 있어서 기본범의 미수와의 관계에서 전체적 결과적 가중범의 미수문제를 일반적으로 논하는 의미가 있다고 말해도 좋다. 또한 제2유형에 대하여 말한다면 과실범의 미수를 想定할 수 있다는 점이라든가 고의 있는 결과적 가중범의 존재를 인정하는 것은 가능한 것인가 하는 점과의 관계에서 이 문제를 일반적으로 논하는 의미가 있다. 위와 같은 관점에서 이하에서는 제1유형과 제2유형에서의 각각에 관하여 일본에서의 논의를 바탕으로 하여 "결과적 가중범의 미수"라고 하는 개념의 유형에 대하여 일반적인 형태로서 해석해 보고자 한다.

2) 제1유형과 해석론

① 서 설

일본에 있어서는 기본범이 미수단계에 그치고 중한 결과가 발생한 경우에 대하여 판례·학설 모두 "결과적 가중범의 미수"라고 하는 개념을 결론적으로 부정하고 있다고 말해도 좋다.

다만 기본범이 미수단계에 그칠 때는 그 미수에는 가벌적인 것과 불가벌적인 것의 두 가지 종류가 있다는 것과, 조문의 가운데에는 기본범의 미수에서 중한 결과가 발생한 경우에 결과적 가중범의 기수의 성립을 명시적으로 인정하는 것이 있다(제181

---

303) 小野淸一郞, 「强盜が人を傷けて, 財物を得なかった場合」, 刑事判例
  評釋集 第9卷, 昭和26年, 57頁.

조·제216조)는 것과의 관계에서 엄밀하게 말하면 제1유형의 취급에 대하여는 두 개의 입장으로 구별하는 것이 가능하다.

첫 번째는 제181조[304]와 제216조[305] 이외의 결과적 가중범의 미수에 대하여도 기본범의 불가벌적 미수로부터 중한 결과가 발생한 경우를 포함하여 일반적인 결과적 가중범의 기수의 성립을 인정하는 것이다. 판례와 일부의 학설은 이 입장을 채택하고 있다고 생각된다.

두 번째는 제181조와 제216조의 존재를 근거로 해서 기본범의 가벌적 미수로부터 중한 결과가 발생한 경우에 결과적 가중범의 기수의 성립을 인정하는 것으로, 이 입장은 기본범의 불가벌적 미수로부터 중한 결과가 발생한 경우는 본래적으로 결과적 가중범의 문제는 아니라고 하고 있다. 현재 일본 내에서 다수의 학설이 이 입장을 채택하고 있다.[306]

② 판례의 태도

일본 내에서의 결과적 가중범의 미수에 관한 판례는 먼저 강간

---

304) 일본형법 제181조는 "제176조(강제외설죄)에서 제179조(미수죄)까지의 죄를 범하여 사람을 사상케한 자는 무기 또는 3년 이상의 징역에 처한다"라고 되어 있다.

305) 일본형법 제216조는 "부동의타태죄를 범하여 여자를 사상케 한 자는 상해의 죄와 비교하여 중한 형으로 처벌한다."라고 되어 있다. 부동의타태죄는 제215조에 규정되어 있으며 "여자의 촉탁을 받지 않고 또는 그 승낙을 얻지 않은 채 타태하게 한 자는 6月 이상 7年 이하의 징역에 처한다"라고 되어 있으며 제2항에서 "전항의 죄의 미수는 벌한다"라고 되어 있다.

306) 丸山雅夫, 結果的加重犯論, 東京: 成文堂, 1990, 295頁.

치사상죄(제181조)에 대하여 「강간을 당한 부녀에게 상해의 결과가 발생하면 간음행위가 비록 미수라도 강간치상죄의 기수로 되고 강간치상죄의 미수라고 하는 관념을 인정할 수 없다」[307]라고 하는 것을 최초로 하여 제1유형의 경우에 결과적 가중범 전체의 기수를 인정하는 데 일치하고 있다.[308] 그래도 기본범 그 자체로서는 중지미수가 가능한 사안임에도 결과적 가중범 전체의 기수의 성립을 인정하는 데 일치하고 있는 것이다.[309] 더욱이 강간치사상죄(제181조)와 부동의타태치사상죄(제216조)에 있어서는 기본범의 기수·미수의 구별을 할 것도 없이 형벌이 가중되는 것은 조문상으로 명확하고 기본범의 행위로부터 치사상의 결과가 발생되면 당연히 해당범죄의 결과적 가중범의 기수의 성립은 피할 수 없는 것으로 본다.[310] 물론 이러한 점으로부터 제181조라고 하는 특수한 조문에 대한 판례의 태도만으로는 일반적인 경향을 판정하는 것은 어렵다고도 말할 수 있다. 그러나 제181조와 제216조 이외의 유형에 대한 판례 가운데에도 강도치사상죄(제240조)에 대하여도 「강도에 착수한 자가 그 실행행위중에 피해자에게 폭행을 가해 상

---

307) 最高裁判所, 昭和24年7月12日, 刑集3권8호, 1237면.

308) 大判, 明治44年6月29日, 刑錄17집, 1330면; 大判, 大正11年8月8日, 刑錄19집, 807면; 最高裁判所, 昭和23年11月16日, 刑集2권12호, 1535면.

309) 最高裁判所, 昭和24年7月9日, 刑集3권8호, 1174면; 필자 역시 중지미수의 성립가능성을 열어 주기 위하여 결과적 가중범의 미수의 인정을 주장하고 있는 입장이다.

310) 香川違夫, 註釋刑法(4), 昭和40年, 311면; 三井暗, 「强姦·强制わいせつ」 判例刑法研究 第五券(昭和55年), 280頁.

해의 결과를 발생하게 한 이상 재물을 탈취하지 못하고 미수에 그친 경우에도 강도상해죄의 기수를 들고서 논해야만 한다」고 판시한 것 등이 적지 않게 존재하고 있고[311] 업무상타태치사죄(제214조)에 있어서도 「본죄는 타태수단에 기인하여 당해부녀의 죽음을 초래함에 의하여 완성한 타태의 기수 혹은 완성하지 못한 타태의 미수를 묻는 것은 당해부녀의 죽음을 초래하는 결과로서의 결과적 가중범 전체의 기수를 인정함에 아무런 영향을 미치지 못한다」라고 판시하였다.[312] 그러므로 이러한 판례의 경향을 언급하면 일본의 판례의 경향은 제1유형의 경우에 있어서는 결과적 가중범의 기수가 성립한다고 생각하고 있다고 해도 좋을 것이다.

③ 해석론

이상에서 살펴본 바와 같이 일본에 있어서 판례 및 학설이 제1유형의 경우에 결과적 가중범의 미수개념을 부정하고 있는 배경에는 일본 형법이 미수범의 처벌을 각각의 조문에서 개별적으로 규정하고 있기 때문에 결과적 가중범의 미수를 인정하는 것은 각 조문의 구성과의 관계에서 실제상 의미가 없다고 하는 인식 때문이라고 생각된다.[313]

---

311) 最高裁判所, 昭和23年6月12日, 刑集2卷7号, 676頁.

312) 大判, 大正13年4月28日.

313) 예를 들면 団藤重光, 刑法綱要總論(改訂版), 昭和54年, 332頁은 「第44條는 未遂의 處罰이 명문상 규정이 있는 경우에 한정되어 있기 때문에 해석론적인 문제(結果的加重犯의 未遂를 想定하는 것의 是非)를 논의하는 실익은 적다」고 하고 있다.

어쨌든 제1유형의 경우 결과적 가중범의 기본범죄로부터 중한 결과가 발생한 경우에 그것을 어떻게 취급해야 하는가 하는 것은 엄격하게 2단계의 검토를 거쳐야만 명확하게 된다. 그 첫 번째는 이러한 종류의 사안을 각각 결과적 가중범의 사안으로서 볼 수 있는가 없는가 하는 검토이고, 두 번째는 결과적 가중범으로 볼 수 있는 사안에 있어서 그러한 사안을 미수로 보아야 하는가 기수로 보아야 하는가 하는 점의 검토이다. 그러고 나서 결과적 가중범이라고 하는 범죄 유형의 구조를 어떠한 형태로서 이해하는가에 따라서 그 결론도 달라질 것이라고 생각된다.

결과적 가중범에 있어서 형벌가중과의 관계에서 적어도 독자적인 범죄 유형으로서 그 존재를 부인하는 입장에 있어서는 정도의 차는 있어도 기본범과 중한 결과와의 사이에 약간의 내적 관련이 존재한다는 것은 사실이다. 이러한 기본범과 중한 결과와의 사이에 내적연관에 있어서는 이미 앞에서 언급해 온 것처럼 이른바 위험성설의 주장에 정확한 핵심이 있다고 생각된다. 상징적으로 말한다면 결과적 가중범은 「고의의 기본범에 내재하는 잠재적인 위험성이 현실화한 범죄」라고 이해할 수 있다.314) 그러므로 기본범으로 정해져 있는 범죄의 미수로부터 정해져 있는 중한 결과가 발생한 경우도 완전히 그 사실이 중한 결과 발생에 관한 기본범의 고유의 위험성의 현실화인 경우만이 결과적 가중범의 문제가 되는 사안으로 취급되는 것이고, 그 이외의 경우는 단순한 범죄경합의 사안(기본범으로 되어 있는 범죄의 미수와

---

314) Eckhard Horn, Konkrete Gefährdungsdelikte, köln 1973, S. 52ff.

과실치사상죄와의 경합)으로서 처벌되는 것이 된다. 이러한 의미
에 있어서 앞장에서 언급한 결과적 가중범의 성립범위를 축소하
기 위한 노력의 일환인 기본범죄와 가중된 결과 간의 직접성의
원칙요구와도 일맥상통하는 면이 있다고 볼 수 있을 것이다.

그러나 제1유형의 사안을 결과적 가중범의 미수로서 구성할
것인가 기수로서 구성해야 할 것인가 하는 점에 있어서는 문제
가 있다. 이 문제는 아마도 기본범의 결과의 중요성을 어느 정도
로 고려하고 있는가에 따라서 결론이 좌지우지되는 것으로 보아
야 할 것이다. 기본범의 결과의 발생을 가중된 중한 결과의 발생
이상으로 중시하게 된다면[315] 혹은 양자를 같은 정도로서 중시
하여 파악한다면, 기본범의 결과의 불발생을 이유로 하여 제1유
형의 경우를 결과적 가중범의 미수로서 구성하는 것이 가능하다.
왜냐하면 기본범의 행위와 결부된 고유의 위험성이 중한 결과로

---

315) 香川達夫, 前揭書, 124면은 제243조를 결과적가중범에 있어서 유
　　일한 예외적인 미수범처벌규정이라고 주장하면서 『「고의의 배후
　　에 남은 결과」-그것은 기본범 그 자체로서의 의도한 결과이다-
　　라고 하여 중한 결과와의 총괄은 단순히 같은 선에서 행하여지고
　　있는 것은 아니고 중한 결과는 상당인과관계에 의해서 그 범위를
　　한정하고 있는 것이라고는 해도 그 기능은 역시 형벌가중의 목적
　　의 역할을 다하고 있음에 지나지 않는 사실을 간과해서는 안 된
　　다. 이에 대하여 기본범의 결과는 범죄의 성립 그 자체에 관련한
　　다. 즉 동일한 결과라도 그 결과의 발생에 의해서 시작한 범죄는
　　기수가 되고 가벌적으로 되는 경우와 결과의 발생을 기대하지는
　　않아도 범죄 그 자체는 성립하고 특히 중한 결과의 발생으로 형
　　이 가중되는 경우는 역시 구별하여 생각하여야 한다. 결과적 가
　　중범은 동일한 구성요건 내에 두 개의 결과가 포함된 이상 그 결
　　과를 초래하는 효과와 기능에 주종의 차이가 있는 것은 어쩔 수
　　없다』고 되어 있다.

서 실현되고 있기 때문에 그것을 결과적 가중범의 사안으로 받아들여 기본범이 아직 기수로서 실현되고 있지 않은 점을 중시하여 전체적으로 결과적 가중범의 미수를 인정하는 논리가 성립할 수 있기 때문이다.

한편 중한 결과 발생에 대한 고유의 위험성의 존재를 불법 내용으로 하여 강조하면, 즉 기본범죄의 행위에 중점을 둔다면, 그것이 중한 결과로서 실현되어 있는 이상은 기본범이 미수단계에 그치고 있다고 하여도 결과적 가중범으로서의 불법 내용은 이미 충족되고 있다고 보는 것도 가능하다. 특히 강도죄라든가 강간죄에 있어서 폭행의 형태로서 그 자체로부터 피해자의 사상이 발생하기 쉬운 행위 유형을 상정한다면, 간음이라든가 재물탈취의 점이 미수단계에 그치고 말았기 때문에 그것이 폭행에 내재하는 위험성을 사라지게 했다고는 생각할 수 없다. 폭행에 내재하는 피해자의 사상을 일으킬 위험성은 간음의 유무라든가 재물탈취의 유무와는 무관하게 존재하여 실현된다고 말해야만 하기 때문이다.316) 따라서 위험성설의 입장을 철저하게 관철하면 제1유형의 경우에는 결과적 가중범의 미수라는 개념은 일반적으로 배척된다. 즉 중한 결과가 기본범에 내재하는 고유의 위험성의 실현인 경우에는 결과적 가중범의 기수가 성립하고 그렇지 않은 경우에는 결과적 가중범으로서의 취급이 본래적으로 부정되기 때문에 제1유형의 사안에 있어서는 결과적 가중범의 기수가 성립

---

316) 神山敏雄, 「强姦致死傷罪」, 現代刑法講座 第4卷(昭和57年), 293면, 295면.

하는가 아예 결과적 가중범이 성립하지 않는가의 둘 중의 어느 한쪽이 되는 것이다.[317]

그러나 강도치사상죄에 있어서 중한 결과(피해자의 사상)가 발생하여도 그것은 기본범의 결과(재물탈취)의 실현에 어떠한 영향도 미치는 것이 아니고 기본범의 실현 그 자체가 행위자의 자유행위 영역에 완전히 맡겨져 있는 유형이 있다는 것을 간과한 것은 아닌지와 이러한 유형의 존재를 전제로 하게 된다면 제1유형의 결과적 가중범의 미수를 일률적으로 부정하는 것은 오히려 실정에 맞지 않는다고 해야 한다. 또한 위험성설의 입장은 중한 결과 발생의 고유의 위험성이 실현된 경우를 결과적 가중범의 사안으로 하는 것은 주장할 수 있지만 그것을 결과적 가중범의 기수로 하여 취급해야 한다는 것까지도 주장하는 것은 아니다. 위험성설이 기본범의 결과가 발생하지 않은 사실을 중시하는 것을 배척하는 것은 결코 아니기 때문이다. 따라서 위험성설의 입장을 따른다고 해도 제1유형의 미수의 가능성이 전체 유형에 있어서 전부 부정되는 것은 아니고 중한 결과가 발생한 후에도 기본범의 실현을 위한 것 이상의 새로운 행위가 필요하게 된 유형에 있어서는 제1유형의 미수의 가능성이 긍정되어야만 한다고 생각한다. 이러한 생각은 중한 범죄의 미수의 가능성을 총칙적으

---

317) 위험성설에 입각하면서 일반론으로서 제1유형의 미수를 긍정하는 쪽에 대하여 香川 교수는 「결과적가중범을 구성하는 기본범의 미수가 직접 중한 결과에 대하여 미치는 위험성의 상실을 의미하는 것인가」라고 하는 의문을 제기하는 것도 제1유형의 미수를 긍정하는 것에 대한 불철저함을 지적하는 것이라고 할 수 있다.(香川 達夫, 前揭書, 昭和53年, 110頁).

로 묶어서 일반적으로 명시하는 독일 형법과는 달리 미수죄의 가벌성 자체가 개별 본조의 각각의 규정에 위임되어 있는 일본의 형법에 있어서는 일반론으로서의 의미를 지탱해 나가는 것은 거의 있을 수 없다고 할 수 있다. 그러나 강도치사상죄(제240조 전단,후단)의 미수범처벌을 반드시 배척하고 있지는 않은 제243조와의 관계에서는 이러한 견해로 인하여 결과적 가중범으로서의 강도치사상죄의 미수를 긍정하는 것이 가능하다.

또한 입법론으로서 언급한다면 해석론으로서는 「기본범의 미수죄를 기본범으로 하는 결과적 가중범」의 기수를 인정해야만 하는 각각의 조문으로 구성되어 있는 제181조와 제216조의 치상 유형에 대하여는 중한 결과가 발생한 후에도 기본범 그 자체를 완성시키기 위해서는 중한 결과 이상의 새로운 행위가 필요하고 그러한 한도 내에서는 기본범의 중지라고 하는 상황마저도 예상할 수 있기 때문에[318] 현행 일본 형법 제243조와 같은 형태에서 결과적가중범의 미수를 인정할 여지를 남겨두고 있는 것이라 생각해도 좋을 것이다.

그러면 기본범의 불가벌적 미수로부터 중한 결과가 발생한 경

---

318) 일본에 있어서는 이러한 경우에 중지범을 인정하는 견해는 찾아 보기 어렵다. 그러나 예를 들면 강간의 목적으로 피해자의 저항을 억압하기 위하여 발밑을 저격하여 위협사격을 행한 경우 발에 명중했기 때문에 (상해죄의 미필적 고의는 인정되는 경우) 간음을 중지하고 의사에게 데리고 간 경우에는 진지한 상태에서 피해자의 구조에 나서고 있는 등의 사정이 있으면 강간죄에 대하여는 중지범의 성립을 인정하여 상해죄의 한도에서 처벌하는 것도 불 가능한 것은 아니라고 하는 견해도 있다(丸山雅夫, 結果的加重犯論, 東京 成文堂, 319면 참조).

우는 어떻게 취급해야만 할까? 위험성설의 주장을 철저하게 관철하면 이러한 경우를 결과적 가중범의 사안으로서 취급하고 더군다나 기수범의 성립을 인정하는 것도 가능하다. 왜냐하면 중한 결과 발생의 고유의 위험성은 기본범의 불가벌적인 미수행위와 연결되는 경우도 있을 수 있기 때문이다. 일본 형법의 타태죄와의 관계에서 언급하면 부동의타태죄의 미수(가벌적)와 동의타태죄 내지는 업무상타태죄의 미수(어느 쪽이든지 불가벌)와는 모체에 대한 위험성이라는 객관적 측면에서는 어느 쪽도 다른 면이 없고 타태에 대한 동의의 유무만으로 차이가 난다고 말해도 좋다. 그러므로 일본의 학설의 일부와 판례가 불가벌인 동의타태죄의 미수로부터 중한 사상의 결과가 발생한 경우를 동의타태치사상죄를 구성한다고 하는 것도[319] 충분한 이유에 기인하는 것이다. 그러나 이러한 종류의 사안을 결과적 가중범의 기수로서 구성하는 것은 위험성설의 입장으로서 이치에 맞지 않는다고는 할 수 없어도 결과적 가중범의 개념을 애매하게 할지도 모른다. 왜냐하면 중한 결과가 객관적 처벌조건으로서는 명확하게 구별되어 가벌성 그 자체를 초래하는 것은 아니고 형벌가중기능을 수행하는 것이라고 되어 있기 때문이라 한다면 결과적 가중범의 기본범으로서 충분히 벌할 수 있는 것은 그 자체로서 이미 가벌적이어야만 하기 때문이다.[320] 객관적 처벌조건을 지니고 있는

---

319) 大谷實, 刑法講義各論(第2版), 昭和63年, 60頁; 泉二新熊, 日本刑法論各論(增補42版), 昭和6年, 589頁.

320) 불가벌인 기본범에 결과적 가중범이 있을 수 있다고 하는 원칙적인 의문이 남아 있다(中山研一, 刑法各論, 昭和59年, 82면 참조);

212

범죄 유형과 결과적 가중범과를 준별하고 있는 이상은 기본범의 불가벌적 미수로부터 중한 결과가 발생한 경우를 결과적 가중범의 사안으로서 취급하는 것은 허용되지 않는다고 해야 한다.[321] 또한 실제 문제로서도 이러한 종류의 사안에 대해서는 과실치사상죄의 성립만으로 그치지 않고 업무상과실치사상죄라든가 중과실치사상죄의 성립이 있을 수 있기 때문에 이러한 범죄성립만으로 취급하여도 커다란 지장이 있다고는 생각되지 않는다.

한편 제1유형에 대한 고의 있는 결과적 가중범의 미수와 관련하여서는 고의 있는 결과적 가중범 개념 자체의 인정 여부와 함께 살펴볼 필요가 있다.

일본 형법학계 내에서는 종래 고의 있는 결과적 가중범에 대하여 부정하는 것이 대세였고 고의범과 결과적 가중범은 서로 상호 배척되는 것이라고 하는 인식이 강했다.[322] 가중된 결과에 대하여 과실을 요구하는 통설은 「결과적 가중범을 고의범과 과실범의 복합적 형태라고 하는 한 고의 있는 경우를 결과적 가중범이라고 해석할 수 없다」[323]고 한다. 또한 결과적 가중범에 고

벌할 수 없는, 즉 제로(0)를 기본으로 하는 가중이라는 것은 있을 수 없기 때문에 기본범이 없는 결과적 가중범이라고 하는 것에는 중대한 의문점이 있다(西村克彦, 「結果的加重犯の總點檢」, 同・日本國刑法の前述, 昭和61年, 145면).

321) 丸山雅夫, 「結果的加重犯の構造論的檢討」, 刑法雜誌27卷4号, 昭和62年, 832면.

322) 丸山雅夫, 「結果的加重犯の未遂(二)」, 警察研究55卷 11号, 昭和59年, 50頁.

323) 山崎一夫, 「結果的加重犯」, 中山研一/西原春夫/藤木英雄/宮澤浩一編『現代刑法講座3卷』, 昭和54년, 110면.

의적 실현의 경우를 포함시킨다면 결과적 가중범 개념에 혼란을
초래하는 것이 되고 고의적 실현의 경우에는 본래적인 의미에
있어서 고의범 그 자체가 성립해야만 한다고 주장하는 학자도
있다.[324] 이는 결과적 가중범을 인과관계의 문제로서 받아들여
온 판례에 있어서도 동일하다.[325] 이에 대하여 처단형의 불균형
을 이유로 하여 고의 있는 결과적 가중범의 긍정설이 유력하게
대두되고 있다. 즉 일본 형법 제240조(강도치사상)에 강도살인이
포함되지 않는다고 해석한다면 진정 결과적 가중범인 강도치사
의 경우에는 제240조에 의해서 처단됨에 반하여 살인에 대하여
고의가 있는 경우는 고의가 실현되든지 실현되지 않든지 강도죄
와 살인죄의 관념적경합에 의해서 처단되어 그에 의한 처단형이
가볍게 되는 것은 현저한 형의 불균형을 초래하기 때문이다. 또
한 긍정설에 의하면 가중된 결과의 고의적 실현을 의도하고 행
하면서도 그 목적을 달성하지 못한 경우에는 결과적 가중범의
미수를 상정하는 것이 가능하게 된다. 더욱이 일본 형법에서는
폭행죄의 결과적 가중범으로서 폭행치상죄가 존재하지 않고 상
해죄의 미수범도 처벌하지 않는다. 따라서 만약 고의 있는 결과
적 가중범의 미수를 인정하지 않는다면, 즉 예를 들면 살인의 고
의로서 상해를 가했는데 상해는 미수에 그쳐 버렸으나 사망의
결과가 발생한 경우 고의 있는 결과적 가중범의 미수를 인정하

---

324) 小野淸一郎, 「强姦致死罪と殺人罪の觀念的競合」, 『刑事判例評釋集
　　 18卷昭和31年度』, 昭和53年, 165면 이하; 福田平, 全訂刑法總論,
　　 昭和59년, 78면.
325) 예를 들면 앞에서 언급한 大正11年 大審院判決 참조.

지 않는다면 살인기수죄로만 처벌된다. 따라서 사형 또는 무기 혹은 3년 이상의 징역에 처하는 무거운 형벌을 받게 된다. 그러나 고의 있는 결과적 가중범으로서 상해치사죄(제205조)의 미수범을 인정하게 된다면 2년 이상의 유기징역에 처하는 형벌을 받게 되어 전자의 경우보다 훨씬 더 가벼운 처벌을 받게 된다. 이는 형의 균형 면에서 합리적이며 피고인에게 유리한 해석으로서 형사소송법상의 '의심스러울 때는 피고인의 이익으로'라는 해석의 원칙에도 적합한 해석이 되는 것이다.[326]

3) 제2유형과 해석론

① 서 설

일본에서 제2유형의 미수의 성부, 즉 중한 결과의 불발생과의 관계에서 결과적 가중범의 미수를 상정하는 것이 가능한가 하는 문제는 특히 제240조와 제243조를 둘러싼 문제로서 논의되어 왔다. 그것은 결과적 가중범으로서의 강도치사상죄를 상정하고 있다고 생각되는 제240조가 사상(死傷)의 고의적 실현의 경우에도 적용이 있는 것인가라는 문제로서 논의되어 제240조의 미수죄를 예정하는 제243조가 어떠한 경우에 적용되는가라는 문제로서 논

---

326) 형의 균형의 면에 있어서는 기본범이 고의범이고 가중된 결과가 과실인 결과적 가중범에도 마찬가지로 적용된다. 한편, 중한 결과에 대한 고의(살인)가 기본범에 대한 고의(상해)를 흡수하여 살인죄로서 일죄가 성립되고 결과적 가중범의 미수는 문제되지 않는다고 볼 수도 있다.

의되어 왔다. 그러나 제2유형의 미수의 문제는 반드시 이러한 논의에 그치는 것은 아니다. 적어도 가능성의 문제로서 언급하면 제2유형의 미수의 성부는 두 가지의 경우에 있어서 문제로 삼는 것이 가능하다.

그중 한 가지는 중한 결과에 행위자의 과실을 요구하는 통설과의 관계에서 과실범에 미수라고 하는 상황이 상정되어 있으면 그 연장선상에 결과적 가중범의 미수도 상정되어 있는 것은 아닐까라는 것이다. 그러나 앞에서도 논의한 것처럼 일반적으로 이러한 경우에는 과실범에 미수는 존재하지 않는다고 하여 결과적 가중범의 미수의 성립을 부정하는 경향이 강하다. 확실히 일본의 현행 형법학계에서는 과실범에 대한 미수의 처벌규정을 두고 있지 않지만 그것은 과실범의 미수를 가벌적이 아니라고 평가하고 있을 뿐이고 과실범의 미수가 순이론적으로 관념상 상정할 수 없다고 하는 것은 아니다. 결과적 가중범의 불법 내용을 고의의 기본범과 단순한 과실치사상의 불법내용의 합계로 해결되는 것이라고 간주하는 것이 아니고, 기본범의 불법 내용이 가중된 결과의 객관적 예견가능성 혹은 위험성에 의해 가중된 것이라고 보게 된다면 가중된 결과 발생의 개연성이 높은 경우에 있어서 기본범의 실행행위는 결과적 가중범의 실행행위이고 그러한 행위를 행한 자는 이미 결과적 가중범의 불법 내용을 충족하고 있다. 예컨대 현재의 형법상 과실치사에 대해서 고찰하게 된다면 죽음의 결과의 발생에 상당한 행위가 있다 하여도 우연에 의한 죽음의 결과가 발생하지 않고 상해의 결과에 그치고 마는 경우도 있다. 이는 틀림없이 과실치사의 미수인 것이다.

또 다른 하나는 고의 있는 결과적 가중범이라는 개념을 인정하는 데에 있어서 중한 결과의 발생을 목표로 하여 그것이 불발생에 그친 경우를 결과적가중범의 미수로서 평가할 수 있지 않은가라는 것이다. 제240조와 제243조를 둘러싼 논의는 주로 제243조와의 관계에서 전개되어 왔다고 말해도 좋다.

② 과실범의 미수의 성부와의 관계

일반적으로 양자의 관계는 동일한 선에서 논의되는 것으로 이해되어 왔다.327) 이 때문에 학설의 일부는 과실범에서 미수를 상정할 수 없는 것을 근거로 하여 제2유형의 미수를 바로 부정해버리는 경향이 있다.

반면 학설 가운데에는 양자를 동일한 평행선상의 것으로 파악하는 전제하에서 과실범에 미수범으로서의 인식 자체가 반드시 분명히 존재하는 것은 아니라고 하는 이유 때문에 과실범과 결과적가중범 각각에 대한 미수범 성립의 가능성을 보여주는 학자도 있다.328) 특히 牧野 박사는 과실범에서 미수의 성립을 긍정하는 입

---

327) 한편 香川達夫, 전게서, 101면은 과실불요설의 입장으로부터 양자를 동일선의 관계로서 파악하지 않고 결과적가중범의 미수를 부정하고 있다. 또한 양자를 동일한 선에서 논의하지 않는 것을 명시하는 입장으로서는 正田滿三郎, 「違法性と正犯意思 －行爲による違法と事態としての違法－」, 同・刑法における犯罪論の批判的考察, 昭和37년, 191면 以下.

328) 齊藤誠二, 「過失犯の未遂」 日沖憲郎博士還曆祝賀過失犯(1), 昭和41년, 186면 以下; 木村精子, 「結果的加重犯の未遂」 木村龜二編・體系刑法事典, 昭和41년, 244면; 平野龍一, 刑法總論 I, 昭和

장에서 「강도치사의 경우에서 치사의 결과가 과실에 기인하고 있는 때에는 처음부터 이론상 여기에 미수가 성립하는 것은 나의 견해로는 당연히 인정하는 것이다」라고 하고 있고 더욱이 이 문제를 제205조의 상해치사에 대하여도 고려하였다. 「치사의 결과에 대하여 인식은 없어도 특히 위험한 폭행을 더한 경우에 대하여는 이론상 상해치사의 미수가 성립한다」고 하고 있다.[329]

　다만 이러한 견해를 주장하는 牧野 박사도 「과실범에 미수를 긍정하는 것은 이론상 당연하지만 그 미수는 범죄를 구성하지 않는다. 그와 동일한 이유로 인하여 이른바 순수한 결과적 가중범에도 미수는 생각할 수 있지만 그것을 미수죄로 논할 수는 없다」고 하여 결과적 가중범의 미수로서의 처벌은 명시적으로 부정하고 있음은 주의할 필요가 있다.[330]

　이처럼 과실설에 입각한 통설의 입장에 있어서는 과실범의 미수와 같은 선상에서 결과적 가중범의 미수가 고려되는 것으로 인하여 이러한 종류의 미수를 개념적으로 부정하고 있는 것과 현행 일본형법상 과실범의 미수를 처벌하는 규정은 없으므로 이

47년, 199면 이하; 大塚仁, 註解刑法(增補第二版), 昭和52년, 302면 이하; 福田平, 全訂刑法總論, 昭和59년, 214면 이하; 大谷實, 刑法講義總論(제2판), 平成元年, 343면, 等.

329) 牧野英一, 「結果的加重犯と未遂」 同・刑法研究第8卷, 昭和14년, 357면 이하.

330) 牧野英一, 전제논문, 358면, 364면; 같은 견해로서 齊藤誠二, 전게논문, 188면; 団藤重光, 刑法綱要總論(改訂版), 昭和54년, 332면; 平野龍一, 「過失犯についての覺書」, 同・犯罪論の諸問題(上), 昭和56년, 82면.

러한 종류의 미수를 상정하는 것은 실제상 의미가 없다고 생각
되고 있는 것의 어느 쪽이라고 말해도 좋다. 그러나 牧野 박사의
견해에 대하여 香川 교수가 「결과적가중범의 미수의 처벌규정」
이 실정법상 전혀 없는 것은 별개의 문제이고 적어도 제243조가
현존하는 한 "강도치사의 경우에 한하여 특히 과실범의 미수를
미수죄로서 논해야만 하는 실체적인 이유가 있다."라고 주장하
여331) 적어도 제240조와의 관계에 있어서는 이러한 종류의 미수
의 성부를 고유한 문제로서 검토하는 의미는 남아 있다고 말할
수 있다.

  명확한 것은 논리적인 가능성의 의론을 우선으로 한다면 제2
유형에 있어서 미수는 지금까지의 경우 고의 있는 결과적 가중
범이 아닌 이상 일반적으로 부정된다고 보아야 할 것 같다.332)
다만 제2유형은 중한 결과가 발생하지 아니하였으므로 고의 있
는 결과적 가중범에서 큰 의미가 있고 이 관계는 진정 결과적
가중범의 미수에 단지 영향을 미치는 정도라고 생각한다. 중한
결과의 불발생과의 관계에서 미수라고 하는 상황을 산정하는 것
이 불가능하다고 하는 해석의 요점은 중한 결과의 과실로 인한
실현에 있어서 미수가 논리적으로는 충분히 가능하지만 현행법

---

331) 香川違夫, 전게서, 109면: 같은 비판으로서 草野豹一郞, 「結果的加
    重犯と未遂罪」, 同刑事判例硏究第5卷, 昭和15년, 290면 이하; 同「
    未遂犯」, 同刑法改正上의 重要問題, 昭和25년, 211면: 下村康正,
    전게논문, 31頁 이하.
332) 고의 있는 결과적 가중범(부진정결과적가중범)의 미수에 대하여
    는 다른 장에서 다시 자세히 논하므로 여기서는 자세한 언급은
    뒤로 미루기로 한다.

상은 실질적으로 부정하는 것이 된다. 바꿔 말하면 제2유형의 형태에서의 진정 결과적 가중범의 미수라고 하는 것은 현행법상 있을 수 없다고 말해도 좋다. 그리하여 제2유형의 미수를 일률적으로 부정하는 것과의 관계에서 제243조에 의해 현행법상 인정되고 있는 제240조의 미수죄의 범위 내에서의 결과적 가중범으로서의 강도치사상죄에서의 미수죄는 피해자에게 사상의 결과를 발생시키면서도 재물탈취의 사실이 미수에 그치고 만 사안(제1유형의 미수)에 한정된다고 본다.

③ 부진정 결과적 가중범의 미수와의 관계

일본에서 부진정 결과적 가중범의 미수는 주로 제2유형, 즉 중한 결과의 불발생과 관련하여 논의되어 왔다. 즉 고의 있는 결과적 가중범의 미수라는 개념을 인정하느냐 인정하지 않느냐의 문제로서 제2유형과 관련하여 논의되어 온 것이다.[333]

가. 부정설

일본에서 고의 있는 결과적 가중범을 인정하지 않는 견해는 고의 있는 결과적 가중범의 미수도 물론 부정하고 있다. 그 주요한 내용은 중한 결과의 고의적 실현의 경우를 결과적 가중범의 개념의 가운데에 넣어 혼잡한 해석이 되게 하는 것은 결과적 가중범의 개념 자체에 대하여 쓸모없이 혼란만 초래하게 된다는 점을 근거로 하고 있다. 따라서 이러한 입장을 채택한다면 중한 결과로서 되

---

333) 일본에서 결과적 가중범의 미수를 나누는 기준으로 제1유형과 제2유형에 대해서는 앞에서 이미 설명하였다.

어 있는 사실이 고의적으로 실현된 경우는 통상의 고의범이 성립할 뿐이고 결과적 가중범과는 본래적으로 무관계한 사실로서 취급되게 된다.334) 그리하여 그 결과로서 「(고의 있는) 결과적 가중범의 미수」도 개념적으로 부정되는 것이 된다.335)

부정설의 주된 논거는 중한 결과에 대한 고의의 존재가 기본범에 내재하는 중한 결과 발생의 위험성과 서로 배척되는 것은 아니고 고의 있는 결과적 가중범의 본질은 가중된 결과 발생의 위험성을 포함한 기본범을 행하는 것에 더하여 중한 결과를 더욱더 고의적으로 실현하려고 하는 경우에서 구할 수 있다는 것이다. 확실히 그 때문에 고의 있는 결과적 가중범은 기본범을 내용으로 한 고의범과 가중된 결과를 내용으로 한 고의범의 관념적 경합보다도 더 무겁게 처벌될 가능성이 있다고 하겠다. 그러나 그러한 중한 결과가 발생하지 않은 이상 위험성이 중한 결과에 현실화하지 않아 결과적 가중범의 미수는 부정된다. 따라서 기본범죄와 중한 결과의 고의미수의 경합범으로 처리되는 것이 부정설의 주된 논거이다.

나. 긍정설

고의 있는 결과적 가중범이라는 개념을 인정하는 것에 의하여 제2유형의 미수를 고려하는 가능성에 대하여 긍정설이 내세우는 근거는 먼저 첫 번째로 중한 결과가 고의적으로 실현된 사안에

---

334) 靑柳文雄, 刑法通論Ⅰ總論, 昭和40년, 300면.

335) 下村康正, 「結果的加重犯及びその未遂」, 同・犯罪論の基本的思想, 昭和35年, 153면 참조.

있어서는 통상의 고의범(상해죄·살인죄)에 대하여 규정되어 있
는 법정형이 결과적 가중범에 대하여 규정되어 있는 법정형보다
도 가벼운 경우 어떠한 일정한 형태에서 결과적 가중범의 법정
형을 적용하지 않는 한 과형상의 불균형이 생기게 되는 것과 두
번째로 중한 결과에 대하여 행위자의 과실을 요구하는 것은 책
임주의의 최저한의 요청이므로 중한 결과의 과실적 실현의 경우
만으로 결과적 가중범의 성립을 한정하는 논리적 필연성은 없으
며 이러한 인식으로부터 고의 있는 결과적 가중범이라고 하는
개념을 인정해야만 한다고 하는 주장이 소수이면서 유력한 주장
으로 부상하고 있다.336)

  고의 있는 결과적 가중범이라고 하는 것의 존재를 인정하는
것이 가능하다면 그 관계에서 제2유형의 사안을 결과적 가중범
의 미수로서 구성하는 것이 가능하게 된다. 왜냐하면 중한 결과
의 고의적 실현이 결과적 가중범 개념에 포함된다고 하는 입장
으로부터는 중한 결과의 고의적 실현을 목표로 하여 행위하면서
그것을 달성하지 못한 경우에 미수를 고려하는 것이 가능하기
때문이다. 예를 들면 牧野 박사의 견해에 의하면 「결과적 가중범
은 그 가중된 결과에 고의가 없는 경우가 일반적이나 경우에 따
라서는 규정상 그 결과에 고의 있는 경우와 고의가 없는 경우를

---

336) 가령 예를 들면 木村 博士, 平野 博士, 內田 敎授를 대표적 학자
    로 들 수 있다; 최근의 학자로는 井田 良, 전게서, 422면을 들 수
    있다(井田 교수는 결과적 가중범에 있어서 본질적인 면은 기본범
    과 중한 결과와의 사이에 존재하는 특수한 관계이므로 그러한 관
    계가 요구되는 한 고의 있는 결과적 가중범을 결과적 가중범에
    포함하여야 한다고 한다).

포괄하여 결과적 가중범이라고 하기도 한다. 이때 결과에 고의가 있는 경우에 결과적 가중범의 미수의 성립을 생각할 수 있다」고 한다.337) 이러한 부류의 것이 바로「고의 있는 결과적 가중범의 미수」라고 불리고 있는 것이다.338) 다만 여기서 주의해야 할 것은 이러한 입장, 즉 고의 있는 결과적 가중범의 미수의 성립을 긍정하는 입장에 의하여도 살인죄와의 관계에서 고의 있는 상해치사죄라고 하는 존재는 논리적으로 배척되는 경우가 있으므로 모든 유형에 있어서 고의 있는 결과적 가중범의 존재가 긍정된다고 할 수는 없다는 견해도 있음에 주의할 필요가 있다.339)

다. 검 토

중한 결과와의 고의적 실현과의 관계에서 제2유형의 미수를 고려하는 것이 가능한가의 방향은 중한 결과의 고의적 실현의 경우를 결과적 가중범의 개념으로 포함한다고 하는 것을 전제로 하는 데에 입각하여 성립하는 것이다. 만약에 이러한 전제 그 자체가 부정된다면 중한 결과로 되어 있는 사실의 고의적 실현의 사안은 보통의 고의범(예를 들면 상해죄)과 기본범과의 경합범으로서 해결되는 것으로서 족하게 되고 그와의 관계에서 제2유형의 미수도 부정되는 것이 된다.

일본에서 기본범죄와 중한 결과 간의 관계에서 기본범죄의 고유한 위험성의 실현에 결과적 가중범의 본질이 있다는 위험성설

---

337) 牧野英一, 重訂日本刑法上卷, 昭和12년, 319면.
338) 木村龜二, 新刑法讀本(全訂增補版), 昭和36년, 249면.
339) 木村龜二, 犯罪論の新構造(下), 昭和43년, 46면 이하, 51면.

의 입장에 있어서는 고의 있는 결과적 가중범을 인정하는 것이
논리적으로는 일관성이 있다고 말해도 좋다. 왜냐하면 위험성설
의 주장에 의하면 기본범으로 행해진 범죄 가운데에 중한 결과
의 사실이 나타나게끔 되어 있는 고도의 유형적인 위험성을 내
포하고 있는 범죄 유형으로서 결과적 가중범을 이해한다면 그러
한 위험성이 중한 결과로서 실현된 이상 그것이 과실적인 실현
의 경우이든 고의적인 실현의 경우이든 결과적 가중범으로서의
본질적 부분(고유의 불법 내용)은 완전히 충족되고 있다고 말할
수 있기 때문이다. 이러한 점으로부터 위험성설의 입장에 있어서
중한 결과의 실현을 목표로 함에 관계없이 기본범만을 실현한
데에 그친 경우를 결과적 가중범의 미수로서 구성하는 것이 가
능하게 된다.

4) 제1유형과 제2유형 전체에 대한 적용분석

이상의 귀결을 일본의 현행 형법에 있어서 미수가 가벌적이고
대표적인 결과적 가중범의 규정이라고 생각되는 강도치사, 강간
치사, 상해치사, 폭행치상에 있어서의 상해에 적용시켜 보자. 상
해에 대하여는 이것을 순수한 고의범으로서 받아들이는 입장과
폭행의 결과적 가중범으로서 받아들이는 입장이 대립하고 있
다.340) 이 중 결과적 가중범설은 주로 상해죄에 있어서 미수범의

---

340) 한국 형법도 구법하에서는 상해죄를 폭행죄의 결과적 가중범으로
　　해석하고 있었다. 그러나 현행 한국 형법은 폭행죄의 결과적 가중범
　　으로 폭행치상죄(제262조)를 규정하는 한편 상해죄의 미수범을 처
　　벌하여 (제257조 3항) 상해죄와 폭행죄를 엄격히 구별하고 있다(정

224

처벌규정이 없는 것으로부터 발생하는 형의 현저한 불균형을 이
유로 하여 주장되고 있는 것으로서 통설·판례의 입장이다.[341]
여기에 대하여 결과적 가중범을 인정하는 경우를 될 수 있는 한
한정하여 책임주의의 관철을 도모하려고 하는 견지에서부터 純
고의범설에 의한 반론이 대두되고 있다.

그러나 결과적 가중범은 앞에서도 언급한 바와 같이 책임주의
에 의해 완전히 배제되어야만 하는 것은 아니다. 중한 결과에 대
하여 예견가능성(통설에 의하면 과실)을 요구하는 것으로부터
그 본질을 위험성에서 구하는 것에 의해 책임주의에 저촉되지
않는 존속이 가능하게 된 것이다. 여기에서 통설인 결과적 가중
범설에 따라서 상해를 결과적 가중범의 하나라고 하여 받아들일
수 있다. 한편 위의 네 가지 경우의 사례를 구체적으로 풀어서

성근/박광민, 앞의 책(각론), 45면); 한편 독일 형법은 폭행죄와 상
해죄를 구별하지 않고 제223조 제1항에서 신체침해 (Körperverle-
tzung)를 처벌하면서 행위태양을 두 가지로 구분하고 있다. 즉 행위
태양으로서 신체적 부당취급(Körperliche Mißhandlung)과 건강훼손
(Gesundheitsbeschädigung)을 규정하고 있다. 독일 형법은 이 모두
를 묶어서 하나의 복합 개념으로서 신체침해죄로 규정하고 있으므
로 그 보호법익을 통일적으로 파악하여 신체의 불가침성(Unver-
sehrtheit)이라고 한다(임웅, 형법각론, 법문사, 2003, 50면).

341) 宇佐美 佐保子, 전게논문, 30면; 일본형법은 폭행죄(제208조)를 "폭
행을 가한 者가 사람을 상해함에 이르지 아니한 때"로 규정하고 있
으며 또 폭행치상과 상해미수의 처벌규정을 두고 있지 않아서 일본
형법학계의 다수설은 상해죄(제204조)를 폭행죄의 결과적 가중범으
로서 폭행치상죄와 고의범인 상해죄를 포함하는 복합형의 범죄로서
해석하고 있다(前田雅英, 刑法各論講義, 제2판, 1995, 41면; 団藤重
光, 刑法綱要 各論, 제3판, 1990, 412면; 大塚 仁, 刑法概說 各論, 改
訂版, 1987, 29면; 曾根威彦, 刑法各論 新版, 1995, 19면).

결과적 가중범의 미수를 해석하면 다음과 같다(이 사안의 해석이 반드시 맞는다고는 할 수 없다. 단지 현행 일본 형법상의 해석을 따른 것이다).

① 강도치사의 경우

중한 결과의 비고의적 실현의 미수에 관하여는 중한 결과가 발생하지 않으면 결과적 가중범의 문제로는 되지 않고 기본범의 범주에서 탈취가 기수에 도달하고 있으면 강도죄의 기수로서의 일죄(제236조)가 그렇지 않으면 강도죄의 미수로서의 일죄(제236조, 제243조)가 성립하는 것에 지나지 않는다. 중한 결과의 비고의적 실현의 미수에 관하여 중한 결과는 발생하였으나 재물을 탈취함에 이르지 못한 경우(기본범의 미수), 즉 강도치사에 있어서는 중한 결과 발생의 위험이 탈취의 수단인 폭행으로부터도 현실화되어 나타나기 때문에 위험성설에 입각한다면 결과적 가중범의 문제로 되고 강도치사로서의 일죄(제240조)가 성립하고 그 위에 미수로서의 제243조의 적용을 받는다.

중한 결과의 고의적 실현의 미수인 경우에는 고의 있는 결과적 가중범이 성립하여 탈취와 살인 중 어느 하나라도 미수에 그치고 있다면 고의 있는 결과적 가중범(제240조)의 미수로서 제243조의 적용을 받는다. 더욱이 그것이 살인에 있어서 기수의 결과가 나타났다면 통상의 고의범으로서의 살인죄의 기수(제199조)가 된다. 만약 살인죄와 강도치사죄의 관념적경합을 인정하게 된다면 강간행위가 평가되는 면이 부각되기는 하지만 사망의 결과

226

를 불필요하게 이중평가하게 된다는 점에 주의할 필요가 있다.[342] 고의 있는 결과적 가중범을 결과적 가중범의 범주에 포함시키는 것을 부정한다면 중한 결과인 살인이 미수에 그친 경우 살인죄의 미수(제199조, 제203조)와 강도죄와의 관념적 경합의 관계에 입각하여 처리하는 것으로 된다.

② 강간치사의 경우

중한 결과의 비고의적 실현의 미수에 관하여는 중한 결과가 발생하지 않는다면 결과적 가중범의 문제로서는 역시 되지 않고 기본범의 범주에서 간음이 기수에 도달하고 있다면 강간죄의 기수로서의 일죄(제177조)가 그렇지 않다면 강간죄의 미수로서의 일죄(제177조, 제179조)가 성립함에 지나지 않는다. 중한 결과의 비고의적 실현의 미수에 관하여 중한 결과는 발생하였지만 간음 행위가 기수에 이르지 못한 경우 강간치사에 있어서는 중한 결과 발생의 위험이 간음의 수단인 폭행으로부터도 현실화되어 나타나기 때문에 위험성설에 의하면 결과적 가중범의 문제로 되고 강간치사로서의 일죄(제181조)가 성립하고 그 위에 미수범이 성립한다. 강간치사에 대하여는 강도치사의 경우처럼 미수의 규정은 존재하지 않지만 보다 가벌성이 낮은 단순한 강간의 미수를 처벌하는 규정(제179조)이 존재하는 이상 그것은 강간치사에도 준용가능하다고 생각된다. 중한 결과의 고의적 실현의 미수의 경우에는 고의 있는 결과적 가중범이 성립하고 간음과 살인 중의

---

342) 井田 良, 前揭書, 422면.

어느 쪽이든 하나라도 미수에 그치고 있다면 고의 있는 결과적 가중범의 미수로서 취급된다. 더욱이 그것이 살인의 면에서 기수라면 통상의 고의범으로서의 살인의 기수(제199조)가 되고, 고의 있는 결과적 가중범을 결과적 가중범 개념에 포함시키지 않는다면 살인이 미수에 그쳤을 경우 살인의 미수(제199조)와 강간죄와의 관념적 경합의 관계에 서게 된다.

③ 상해치사의 경우

중한 결과의 비고의적. 실현의 미수에 관해서는 중한 결과가 발생하지 않는다면 역시 결과적 가중범의 문제로서 되지 않고 기본범의 범주에서, 즉 바꿔 말하면 상해가 기수에 도달하고 있다면 상해의 기수 일죄(제204조)로서 처리한다. 그렇지 않다면 상해미수로서의 폭행죄(제208조)에 의해 처벌됨에 지나지 않는다. 중한 결과의 비고의적 실현의 미수에 관하여 상해치사에 있어서 사망의 결과 발생의 위험은 그 범죄의 성질상 상해의 결과를 통하지 않고서는 현실화할 수 없다고 해석되기 때문에 기본범의 미수의 사례는 고려될 수 없다. 행위자가 상해의 고의로서 폭행을 가한 때에 상해의 결과가 발생하지 않는 동안에 어떠한 사정으로 피해자의 사망이 야기되어도 그것은 결과적 가중범의 문제는 아니고 기껏해야 상해의 미수로서의 폭행죄(제208조)와 과실치사죄(제210조)가 성립함에 지나지 않는다. 중한 결과의 고의적 실현의 미수에 대하여는 상해치사의 경우 중한 결과에 대한 고의(살인)가 기본범에 대한 고의(상해)를 흡수하여 살인죄로서 일죄가 성립하기 때문에 결과적 가중범은 문제되지 않는다. 중한 결과가 발생하면 살인의 기수로서 일죄(제199조)가 성립하고 발생하지 않으면 그 미수로서 일죄(제199조와 제203조)가 문제로 됨에 지나지 않는다.

④ (폭행치상으로서의) 상해의 경우

기본범인 폭행이 거동범이고 기본범의 미수가 성립될 수 없다는 점에서 기본범의 미수의 사례는 전혀 고려될 수 없다. 중한 결과의 비고의적 실현의 미수에 관하여는 역시 중한 결과가 발생하지 않는다면 결과적 가중범의 문제로는 되지 않고 기본범의 범주에서 폭행(기수)죄 일죄(제208조)가 성립함에 지나지 않는다. 중한 결과의 고의적 실현의 경우는 소위 상해죄의 사례로 된다. 중한 결과가 발생한 경우에는 고의 있는 폭행치상으로서의 상해일죄(제204조)가 성립하지만 중한 결과인 상해에 대하여 고의가 있었음에도 불구하고 그것이 발생하지 않으면 고의 있는 결과적 가중범으로서의 상해의 미수 일죄가 성립하여 폭행죄(제208조)에 의해 처벌된다.

(3) 검   토

1) 입법태도에 대한 검토

현행 일본 형법상 기본범죄가 미수인 경우의 결과적 가중범의 미수에 관한 조문의 입법태도는 위에서 살펴본 바와 같이 네 가지 유형으로 나눌 수 있다. 그중 제1유형과 제3유형의 결과적 가중범에 관해서는 그 기본범죄가 미수인 경우의 법해석과 관련하여 별 문제가 없다고 볼 수 있다. 기본범죄가 미수이고 중한 결과가 발생한 경우를 결과적 가중범의 미수로 인정한다는 전제만 결정된다면 전혀 문제가 없거나, 또는 그다지 의문스러운 점이 없다고 할 수 있다. 즉 이러한 유형에 대하여는 어느 정도 명쾌한 법해석이 내려질 수 있음을 알 수 있다. 제4유형도 입법자가 기본범죄의 미수범을 처벌하는 규정을 두고 있지 않은 이상 중한 결과에 따라 과실범으로 처벌하면 된다.

　그러나 가장 문제가 되는 것은 제2유형이다. 왜냐하면 기본범죄의 미수범 처벌규정을 정해 놓고 "~의 죄를 범하여"의 해석에서 기본범죄가 기수인 경우만을 의미하는지 아니면 미수인 경우도 포함하는지에 대해서 명쾌한 해석을 내릴 수가 없기 때문이다. 만약 결과적 가중범의 미수를 인정한다면 이 경우의 해석은 기본범죄의 미수범을 포함시켜 해석하여 전체적인 결과적 가중범의 미수를 인정할 수 있다. 그러나 결과적 가중범의 미수를 인정하지 않는다면 기본범죄가 미수에 그치고 중한 결과가 발생한 경우에 결과적 가중범의 기수로 취급하는 일본의 통설의 태도에 따라서 전체적 결과적 가중범의 기수가 될 수도 있을 것이다. 만약 조문에 충실하게 해석하여 "~의 죄를 범하여"에 "~의 죄 또는 그 미수의 죄를 범하여"라고 규정되어 있지 않음을 근거로 결과적 가중범 그 자체가 기본범죄가 미수에 그친 경우는 아예 성립하지도 않는다고 볼 수도 있다. 다만 굳이 제2유형에서 "~

의 죄 또는 ~의 미수죄를 범하여"라고 개정하지 않는다 할지라도 이는 형벌의 개별화를 통하여 미수범의 임의적 감경을 배제하여 해결하는 방법도 생각할 수는 있을 것이다.

생각건대 결과적 가중범의 미수라는 개념을 인정한다는 전제하에서, 먼저 입법에 기준을 두고 기본범죄가 미수에 그친 경우는 결과적 가중범의 미수에서 제외되고 결과적 가중범의 기수에서조차 제외되어야 한다고 본다.

그 논거는 첫째, 무조건 제2유형에서 기본범죄가 미수에 그친 경우까지도 결과적 가중범에 포함된다고 본다면 관련 부분에 관한 전반적이고 체계적인 고찰 없이 무리하게 아무런 조문상의 근거인 입법의 근거 없이 모든 형태의 결과적 가중범에로 확장했다고 할 것이다. 둘째, 이러한 형식의 규율방식은 여러 가지 유형의 하나에 불과할 뿐이고 불규칙적 규정이며 그것이 전형적이거나 표준적인 형태라고는 볼 수 없고 이와 같은 해석론은 처벌로 지향된 해석정책(Interpretationspolitik, Politics of Interpretation)을 중시한 데서 비롯되었다고 볼 수 있다. 셋째, 형법 전체의 체계적 관점에서 볼 때 제2유형의 결과적 가중범에 있어서 입법자가 기본범죄의 미수범의 포함 여부를 분명하게 규정하지 않은 것은 통일성과 체제일관성을 결여한 중대한 오류라고 볼 수 있을 것이다. 넷째, 죄형법정주의 원칙적용 면에서 만일 입법자가 이 미수범까지 왕래방해및동치사상죄(제124조 제2항), 기차전복등및동치사죄(제126조 제3항)의 범행 주체에 포함시키려 했다면 제124조 제2항과 제126조 제3항의 문언을 현행대로 '전항의 죄를 범하여' 또는 '전2항의 죄를 범하여'라고 표현하는 대신 '전항의 죄 또는 그 미수범을 범하여' 또는 '전2항의 죄 또는 그 미수범을 범하여'라고 표현했어야 하기 때문이다. 따라서 위 '~의 죄를 범하여'라는 문언에서 '~의 죄'에 기본범죄의 기수뿐만 아니라 미수도 당연히 포함되는 것으로 해석하는 것은 일본헌법상의 죄형법정주의 원칙(유추해석금지의 원칙 내지 엄격해석의 원칙)에 반한다고 보아야 한다. 이 경우에도 결과적 가중범의 미수를 인정하려면 입법의 수정을 통하여 결과적 가중범의 기본범죄의 주체에 미수도 당연히 포함되는 것으로 바로잡았어야 했었을 것이다.

 한편 각 유형별로 결과적 가중범의 미수와 관련하여 처리방안을 제시하면 다음과 같다. 우선 제1유형과 제3유형에서는 기본범죄가 미수에 그쳤지만 중한 결과가 발생한 경우에 결과적 가중범의 미수를 인정한다. 제4유형에서는 입법자가 기본범죄의 미수범 처벌규정을 두고 있지 않으므로 기본범죄가 미수에 그치고 중한 결과가 발생하였다면 결과적 가중범으로 처벌할 수 없고 과실치사상죄로만 처벌할 수 있을 뿐이라고 하여야 한다. 문제가 되는 제2유형에서는 기본범죄가 미수에 그치고 중한 결과가 발생한 경우도 결과적 가중범에 포함시켜서는 안 된다. 이 경우는 '~죄를 범하여'의 해석을 미수도 포함하는 의미로 해석하여서는 아니 된다. 그리하여 만약 기본범죄인 왕래방해행위가 미수에 그치고 사람에 대하여 사상의 결과가 나타났다면 전체적으로 기본범죄인 왕래방해죄의 미수와 중한 결과인 과실치사상죄의 상상적 경합으로 처리하여 결국 기본범죄인 왕래방해죄의 미수범으로 처벌하게 된다. 이는 구체적으로 일본형법 제124조 제1항에 의하여 왕래방해행위를 한 자가 미수에 그쳤지만 그 결과가 과실로서 사람을 사상케 한 경우는 2년 이하의 징역 또는 20만 엔 이하의 벌금에 처하게 되고 이는 일본형법 제43조와 제44조에 의해 임의적 감경사유가 된다.

2) 해석론상 유형에 대한 검토

다음으로 해석론상의 유형에서 가장 먼저 주목해야 할 사실은 일본도 우리나라와 같이 비록 일부이긴 하지만 결과적 가중범의 미수범 처벌규정인 제243조를 두고 있다는 사실이다. 이러한 규정의 존재를 근거로 하여 해석론상 기본범의 결과와의 관계에서 예정된 미수인 제1유형과 중한 결과와의 관계에서 예정된 미수인 제2유형으로 나누어 미수범 성립 여부를 종합적으로 검토하면 다음과 같다.

기본범의 결과와의 관계에서 예정된 미수인 제1유형의 미수의 경우는 기본범의 결과는 발생하지 않았는데 중한 결과가 발생한 경우이다. 이 경우는 결론적으로 결과적 가중범의 미수를 긍정해야 한다. 그 근거로는 첫째, 결과적 가중범은 분명히 구성요건적 결과를 기본범과 가중된 결과인 과실범의 두 가지를 필요로 한다는 점을 기준으로 고의범과 과실범의 결합인 결과적 가중범은 앞부분인 기본범죄의 고의범의 결과에 과실범보다 더 중점을 두는 것이 고의범 처벌을 원칙으로 하고 과실범 처벌을 예외적으로 하는 형법의 원칙에 더 합당할 수 있다는 점과 둘째, 제243조에 의하면 분명히 조문상 강도치사죄와 강도치상죄 그리고 강도강간치사죄에 대하여만 결과적 가중범의 미수로서 처벌한다고 규정하고 있고 조문체계의 합리성상 이는 기본범이 생명에 대한 위험의 결과를 초래하는 범죄를 기본범으로 하는 모든 결과적 가중범에 적용된다고 보아야 할 것이다. 셋째, 위험성설에 의하더라도 기본범의 행위와 결부된 고유의 위험성이 중한 결과로서 실현되고 있기 때문에 그것을 결과적 가중범의 사안으로 받아들여 기본범이 아직 기수로서 실현되고 있지 않은 점을 중시하여 전체적으로 결과적 가중범의 미수를 인정하는 논리가 성립할 수 있다는 점 그리고 넷째, 중지미수의 성립가능성을 열어두기 위해서라도 필요하다. 과실로 인한 중한 결과 발생 이후에 기본범의 실현 이상의 새로운 행위를 막고 기본범의 중지미수유도 및 기본범만의 중지미수죄와의 형벌의 균형을 위해서라도 결과적 가중범의 미수는 반드시 필요한 개념이다.

마지막으로 기본범의 불가벌적 미수로부터 중한 결과가 발생한 경우는 결과적 가중범의 개념에 포함되지 않는다고 보아야 한다. 결과적 가중범은 일단 충분히 벌할 수 있는 기본범을 전제로 하고 있고 불가벌인 기본범만으로는 중한 결과 발생 그 자체에 관한 직접적인 관련성을 찾는 데 큰 의미를 부여하기는 힘들기 때문이다.

한편 제2유형의 경우는 중한 결과의 미수를 의미하는데 이는 두 가지 관점에서 분석할 수 있다. 첫 번째는 중한 결과가 과실로 발생한 경우로서 이는 과실범의 미수범 성립 여부와 직결된다. 두 번째는 고의 있는 중한 결과의 미수로서 이는 부진정 결과적 가중범의 미수의 문제이다.

우선 첫 번째는 과실범의 미수는 인정할 수 없으므로 기본범죄의 범주에서 기수·미수를 인정하여 처벌함에 그친다.

두 번째로 부진정 결과적 가중범의 미수는 인정해야 한다. 그렇지 않으면 기본범의 고의범죄의 기수·미수와 가중된 결과의 고의범죄의 기수·미수의 상상적 경합범을 인정해야 하는 데 이 경우 실현된 구성요건 중에서 "가장 중한 죄에 정한 형"으로 처벌하므로 이렇게 되면 부진정 결과적 가중범과의 형의 균형상 중한 결과 발생을 과실로서 행한 자를 고의로 행한 자보다 더 무겁게 벌하는 결과가 되므로 이는 일본에 있어서도 마찬가지로 적용되어야 한다.343) 따라서 부진정 결과적 가중범의 미수는 긍정해야 한다.

한편 부진정 결과적 가중범의 미수의 처리문제는 중한 결과의 고의적 실현의 미수인 경우, 즉 고의 있는 결과적 가중범이 성립하고 중한 결과가 미수에 그치고 있다면 고의 있는 결과적 가중범의 미수로서 처리되어 취급된다는 점도 알아두어야 할 것이다. 물론 고의 있는 결과적 가중범(부진정 결과적 가중범)을 결과적 가중범의 영역에 포함시키지 않는다면 중한 결과가 발생하지 않는 경우 기본범과 중한 결과의 미수와의 관념적경합의 문제로서 처리하여야 한다. 그리고 한 가지 주의해야 할 사항은 일본 형법상의 상해치사죄의 경우 중한 결과에 대한 고의(살인)가 기본범

---

343) 井田 良, 前揭書, 421면.

에 대한 고의(상해)를 흡수하여 살인죄로서 일죄가 성립하기 때문에 결과적 가중범의 미수는 문제되지 않는다.

결과적 가중범의 미수 인정 여부와 관련해서는 중한 범죄의 미수의 가능성을 총칙적으로 묶어서 일반적으로 명시하는 독일형법과는 달리 미수죄의 가벌성 자체가 각 개별적 본조의 각각의 규정에 위임되어 있는 일본의 형법에 있어서는 결과적 가중범의 미수 인정 여부에 대해 일반론으로서의 의미를 지탱해 나가는 것은 거의 있을 수 없다. 그러나 강도치사상죄(제240조 전단,후단)의 미수범처벌을 반드시 배척하고 있지는 않은 제243조와의 관계에서는 이러한 견해로 인하여 결과적 가중범으로서의 강도치사상죄의 미수를 긍정하는 것이 가능하고 또한 입법론으로서 언급한다면 해석론으로서는 「기본범의 미수죄를 기본범으로 하는 결과적 가중범」의 기수를 인정해야만 하는 각각의 조문으로 구성되어 있는 제181조와 제216조의 치상유형에 대하여는 중한 결과가 발생한 후에도 기본범 그 자체를 완성시키기 위해서는 중한 결과 이상의 새로운 행위가 필요하고 그러한 한도 내에서는 기본범의 중지라고 하는 상황마저도 예상할 수 있기 때문에 현행 일본 형법 제243조와 같은 형태에서 결과적가중범의 미수를 인정할 여지를 남겨두고 있는 것이라 생각해도 좋을 것이다.

결국 현행 일본 형법조문체계를 살펴보았을 때 결과적 가중범의 미수를 처리하는 해결책은 기본범죄가 미수인 경우에 중한 결과가 발생했을 때 어떻게 처리할 것인지의 문제로서 위에서 고찰한 것처럼 현행 형법조문을 근거로 결과적 가중범의 미수유형을 분류할 수밖에 없으며 이는 현행 형법이 기본범죄가 미수인 경우에 그치고 중한 결과가 발생한 경우를 결과적 가중범의 미수와 관련시켜 규정해 놓은 이상 당연하다고 볼 수도 있을 것이다.[344] 물론 이때 기본범죄가 미수이고 중한 결과가 발생한 경우를 결과적 가중범의 미수로 인정한다는 전제를 인정해야 한다고 본다. 만약 이를 인정하지 않는다면 기본범죄가 미수에 그치고 중한 결과가 발생한 경우에서 기본범죄의 미수도 결과적 가중범의 중한 결과에 포함시켜 해석한다면 전체적인 결과적 가중범의 기수가 되어 버린다. 이러한 해석이 된다면 결과적 가중범의 미수를 규정한 실익이 없을 뿐만 아니라 형벌의 균형, 중지미수의 성립가능성, 전체적 결과불법의 고려 등을 추정해 보았을 때에도 그 불합리함을 알 수 있을 것이다.

---

[344] 물론 형법조문상의 규정을 근거로 결과적 가중범에서 기본범죄가 미수에 그친 경우만을 해석해서 유형을 분류한다면 굳이 결과적 가중범의 미수 인정 여부를 논하지 않고서도 유형을 나누고 해석할 수 있다. 그러나 이는 한국 형법에서의 문제와 마찬가지로 단지 조문의 해석에만 치우칠 뿐 근본적인 결과적 가중범의 미수해결문제와는 거리가 있다고 생각한다. 예를 들면 일본형법 제124조 제2항에서 기본범죄에 '~전항의 죄를 범하여'에 미수범도 포함한다고 한다면 기본범죄가 미수에 그치고 중한 결과가 발생한 경우에 결과적 가중범이 성립한다는 의미인데 만약 이때 결과적 가중범의 미수가 성립하는가 기수가 성립하는가를 밝혀 주기 위해서는 결과적 가중범의 미수 전체가 해결되어야만 할 것이다.

4. 우리나라의 입법태도와 바람직한 입법론

(1) 입법태도

결과적 가중범의 미수에 관한 현행 형법상의 규정을 분석하면 기본범죄가 미수인 경우를 취급하는 방식은 크게 여섯 가지 유형으로 구분해 볼 수 있다.[345]

1) 제1유형

첫 번째 유형은 범죄목록의 장별규정에 입법자가 미수범 일반에 관한 규정을 먼저 두고 그 뒤의 결과적 가중범 규정에서 당해 미수범 또는 미수범을 범한 자도 그 범행 주체로 포함시키고 있는 방식이다. 이러한 유형에 속하는 범죄로는 특수공무방해치사상죄(제144조 제2항), 체포·감금치사상죄(제281조), 강간등치상죄(제301조), 강간등치사죄(제301조의 2)를 들 수 있다.[346] 예

---

345) 이러한 유형의 구분은 기본범죄가 미수에 그치고 중한 결과가 발생한 경우를 결과적 가중범의 미수로 인정하는 긍정설의 전제하에서만 논의될 수 있다. 만약 이 경우를 결과적 가중범의 미수가 아닌 기수로 취급한다면 이하의 유형 구분에 관한 논의는 그 자체가 무의미해질 수 있다.

346) 이용식 교수는 강간치사상죄의 경우만을 입법자가 명시적으로 기본범죄의 미수와 기수를 동일하게 취급하도록 규정하고 있다고 한다(이용식, 「결과적 가중범의 미수」, 24면 창조): 그러나 우리 형법은 이러한 논리에 따르더라도 기본범의 미수와 기수를 동일하게 취급하여 중한 결과가 발생한 경우 결과적 가중범으로 처벌하는 경우로서 강간치사상죄(제301조, 제301조의 2) 뿐만 아니라

를 들면 형법 제144조 제2항은 '제1항의 죄를 범하여 공무원을 상해에 이르게 한 때'라고 규정하고 있다. 제1항(특수공무방해죄)에서는 '제140조 내지 전조[제143조(미수범)]의 죄를 범한 때'라고 규정하여 그 미수범도 특수공무방해치상죄의 범행 주체에 해당함을 명시하고 있다. 따라서 가령 제144조 제1항 소정의 '전조의 죄'에 해당하는 공무상비밀표시무효죄(제140조)의 미수범(제143조)은 비록 그 행위가 미수에 그쳤더라도 과실로 상해의 결과를 발생시켰다면 특수공무방해치상죄가 성립한다.

이러한 제1유형에 속하는 결과적 가중범에 있어서는 그 기본범죄가 미수에 그친 경우에도 당해 결과적 가중범의 미수가 성립하는지 여부의 논란이 애당초 발생할 여지가 없다.[347]

2) 제2유형

두 번째 유형은 입법자가 결과적 가중범에 대한 처벌규정을 먼저 두고 그 뒤에서 그 결과적 가중범의 기본범죄의 미수를 처벌하는 규정을 두고 있는 방식이다. 우리 형법상의 결과적 가중

특수 공무방해치사상죄(제144조 제2항), 체포·감금치사상죄(제281조)도 같은 유형으로 규정하고 있음에 주의할 필요가 있다.

[347] 이와 같은 법률의 상황에도 불구하고 판례는 대판 2003. 5. 30, 2003도1256; 대판 1999. 4. 9. 99도519의 내용에서 기본범죄인 강간이 미수에 그친 경우에 그로 인하여 피해자가 상해를 입었으면 강간치상죄가 성립한다는 언명이 마치 결과적 가중범의 미수범 인정 여부에 관한 긍정설로부터 직접 도출된다는 식의 해석론을 전개하고 있다. 하지만 이러한 결론은 형법 제301조에 근거하여 도출되는 당연한 결론이라고 생각한다.

범 중 상당히 많은 범죄가 이러한 형태의 규율방식을 취하고 있다. 폭발성물건파열치사상죄(제172조 제2항), 가스전기등방류치사상죄(제172조의 2 제2항), 가스전기등공급방해치사상죄(제173조 제3항), 현주건조물일수치사상죄(제177조 제2항), 교통방해치사상죄(제188조), 음용수혼독치사상죄(제194조), 중손괴죄(제368조 제1항), 재물손괴·공익건조물파괴치사상죄(제368조 제2항), 교통방해치사상죄(제188조)가 그러하다. 부진정 결과적 가중범인 현주건조물방화치사상죄(제164조 제2항) 역시 이 유형에 속한다.[348] 이러한 제2유형에 속하는 결과적 가중범의 경우에는 그 기본범죄의 미수범을 처벌한다는 규정을 두고 있을 뿐 그 기본범죄의 미수를 범하고 중한 결과를 발생케 한 자를 당연히 결과적 가중범의 범행 주체로서 전체적인 결과적 가중범의 미수로서 보아야 하는가 아니면 결과적 가중범의 기수가 성립한다고 보아야 하는가의 문제가 생긴다.[349]

3) 제3유형

세 번째 유형은 입법자가 기본범죄의 미수범 처벌규정을 앞서서 규정하고 그 뒤에서 결과적 가중범의 처벌규정을 두고 있는

---

348) 여기서 현주건조물방화치사상죄의 기본범죄의 주체가 미수범은 포함되지 않고 기수범에 국한된다는 학설도 있다(오영근, 앞의 책(각론), 611면).

349) 물론 이때 기본범죄의 기수·미수에 따라 결과적 가중범의 성립 여부가 문제될 수도 있으나 일단 결과적 가중범은 성립하되 그 기수인가 미수인가를 논의대상으로 삼기로 한다.

형태이다. 제2유형과 비교하여서는 그 선후가 바뀌었다고 볼 수 있다. 우리 형법상의 결과적 가중범 규정 중 상해치사죄를 제외하고는 주로 부진정 결과적 가중범에서 이러한 형태를 많이 취하고 있다. 중상해·존속중상해죄(제258조)와 중권리행사방해죄(제326조) 그리고 상해치사죄(제259조)의 경우가 대표적인 예이다. 예를 들면 상해치사죄의 경우 기본범죄의 미수범 처벌규정(제257조 제3항)을 앞서 규정하고 그 뒤에서 결과적 가중범의 처벌규정을 두고 있다. 이러한 제3유형에 속하는 결과적 가중범의 경우에도 그 기본범죄의 미수범을 처벌한다는 규정을 앞에서 두고 있을 뿐, 그 기본범죄의 미수를 범하고 중한 결과를 발생케한 자를 당연히 결과적 가중범의 범행 주체로서 전체적인 결과적 가중범의 미수로서 보아야 하는가 아니면 결과적 가중범의 기수가 성립한다고 보아야 하는가의 문제가 생긴다.[350]

4) 제4유형

네 번째 유형은 입법자가 명시적으로 결과적 가중범의 미수범 처벌을 규정하고 있는 방식이다. 이러한 규율방식을 취하고 있는 범죄로는 인질치상죄(제324조의 3), 인질치사죄(제324조의 4), 강도치상죄(제337조), 강도치사죄(제338조), 해상강도치상죄(제340조 제2항), 해상강도치사죄(제340조 제3항)가 있다. 일단 형법의

---

350) 이 경우에도 마찬가지로 기본범죄의 기수·미수에 따라 결과적 가중범의 성립 여부가 문제될 수도 있으나 일단 결과적 가중범은 성립하되 그 기수인가 미수인가를 논의대상으로 삼기로 한다.

규정을 살펴보면 가령 형법상의 인질치상죄의 경우 제324조의 3에서 '제324조의 2의 죄(인질강요죄)를 범한 자가 인질을……상해에 이르게 한때'에는 처벌한다고 규정하면서 아울러 제324조의 5에서 그 미수범을 처벌한다고 규정하고 있다.

이러한 유형의 결과적 가중범에서는 기본범죄가 미수인 경우에도 그 결과적 가중범이 성립하는지의 여부는 문제되지 않는다.351) 다만 결론을 도출해내는 근거는 두 가지의 다른 방향에서 접근해 갈 수 있다. 첫 번째의 방식은 조문상 제324조의 3과 제324조의 4의 인질치상죄와 인질치사죄의 미수범은 처벌한다는 제324조의 5의 조문에 근거한 해결로서 결과적 가중범의 미수범은 처벌할 수 있다는 해석이며, 두 번째는 제324조의 2의 인질강요행위를 범한 자의 미수범은 처벌하도록 규정되어 있는 제324조의 5의 규정을 이용하여 기본범죄의 미수범을 처벌할 수 있으

---

351) 다만 애당초 결과적 가중범의 미수의 성립을 인정하지 않는 견해에 의하면 문제의 소지는 여전히 남게 된다. 형법 제324조의 5는 "제324조 내지 제324조의 4의 미수범은 처벌한다"라고 규정하고 있다. 이 규정의 미수범 처벌대상은 그 문언형식상 '제324조의 3(인질상해·치상)', '제324조의 4(인질살해·치사)라고 표현되어 있어 인질상해죄와 인질살해죄 외에 인질치상죄와 인질치사죄도 당연히 포함되는 것으로 보인다. 그럼에도 불구하고 결과적 가중범의 미수를 부정하는 견해에 의하면 제324조의 5의 미수범 처벌규정은 인질상해죄와 인질살해죄에만 적용되는 것으로 생각할 수 있다. 하지만 이와 같은 부정설을 취하더라도 인질치상죄와 인질치사죄 규정의 범행 주체가 되는 제324조의 2(인질강요죄)의 기수범은 물론 그 미수범도 현행 형법에서 처벌하고 있는 이상(제324조의 5), 결과적 가중범의 미수를 부정하는 견해에 의하더라도 여전히 인질강요죄가 미수에 그친 경우이더라도 결과적 가중범의 성립을 인정할 것이다.

242

므로 이로 인하여 중한 결과인 상해나 사망이 발생하였을 때에는 결과적 가중범의 미수 전체를 인정할 수 있다는 해석이다.[352]

5) 제5유형

다섯 번째 유형은 입법자가 결과적 가중범의 처벌규정을 먼저 규정하고 그 뒤에서 미수범 일반에 관한 처벌규정을 두되 선행하는 당해 결과적 가중범 규정의 관련 문언에서(즉 범행 주체와 관련하여) 그 범행 주체를 특정한 미수범에 한정한다고 규정하고 있는 방식이다. 이러한 방식을 취하고 있는 것으로는 성폭력범죄의처벌및피해자보호등에관한법률(제9조, 제10조, 제12조 관련[353])을 들 수 있다. 예컨대 (특수)강간치상죄(同法 제9조 제1항)에서는 '제5조 제1항, 제6조 또는 제12조(제5조 제1항 또는 제6조의 미수범에 한한다)의 죄를 범한 자가……상해에 이르게 한 때'라고 규정되어 있는바, 그 뒤의 제12조에서는 미수범 일반에 관한 처벌규정(여기서는 제9조도 포함된다)을 두고 있다. 이러한 유형의 결과적 가중범에서는 기본범죄가 미수인 경우에도 그 결과적 가중범이 성립하는지 여부의 문제가 애당초 발생할 여지가 없다. 이미 입법자가 해석상의 논란의 소지를 원천적으로 제거하

---

352) 물론 여기서도 성립하는 결과적 가중범을 기수로 취급할 것인가 미수로 취급할 것인가가 문제될 수 있다. 하지만 설령 기수로 취급한다고 할지라도 그 경우를 기본범죄가 애당초 기수에 이르른 채로 중한 결과가 발생한 결과적 가중범과 다르게 취급해야 한다는 점은 확실하다.

353) 제12조는 제9조와 제10조의 미수범은 처벌한다고 규정한다.

는 규율방식을 취하고 있기 때문이다.

다만 이러한 유형의 결과적 가중범에 있어 입법자가 결과적 가중범의 범행 주체가 될 수 있는 경우를 기수범을 비롯하여 특정한 미수범에 한정한다고 규정하고 있음을 두고서 다음과 같은 두 가지 해석이 가능하다. 그 하나는 입법자가 결과적 가중범의 범행 주체를 특정한 미수범에 한정한다고 규정하고 있지 아니한, 즉 성폭력특별법상의 규율방식을 제외한 예컨대 제2유형과 같은 규율방식을 취하고 있는 때에는 그 반대해석의 귀결로 기본범죄의 미수를 범한 자도 당연히 결과적 가중범의 범행 주체가 되어 결과적 가중범의 미수가 될 수 있다는 해석이다. 또 다른 하나는 기본범죄의 미수범도 당연히 당해 결과적 가중범의 범행 주체가 될 수 있다고 보아서는 안 되며, 성폭력특별법상의 규율방식처럼 입법자가 당해 결과적 가중범의 범행 주체로서 (특정한) 미수범도 포함한다고 규정하고 있을 경우에야 비로소 그 미수범도 그 결과적 가중범의 범행 주체가 될 수 있다고 해석하는 것이다. 이러한 두 가지의 해석 중에서 후자가 죄형법정주의에 좀더 충실한 해석이라고 생각한다.[354]

6) 제6유형

위의 다섯 가지 유형에 있어서는 모두 입법자가 기본범죄의 미수범 처벌규정을 두고 있다. 하지만 기본범죄의 미수를 처벌하

---

[354] 변종필, 「결과적 가중범에서 기본범죄가 미수인 경우의 법해석」, 비교형사법연구 제6권 제1호, 2004년, 357면.

는 규정을 두고 있지 아니한 경우에도 동일한 논란이 일어날 수 있다. 우리 형법상 기본범죄의 미수범을 처벌하는 규정을 두고 있지 아니한 결과적 가중범의 형태로는 폭행치사상죄(제262조), 동의낙태치사상죄(제269조 제3항), 업무상동의낙태·부동의낙태치사상죄(제270조 제3항), 단순·존속중유기죄(제271조 제3항, 제4항), 유기치사상죄(제275조)를 들 수 있다.[355]

이 유형은 해석론상 문제가 되는 부분도 있으나 기본적으로 입법자가 기본범죄의 미수를 처벌하는 규정을 두고 있지 않다는 점에서 위에서 살펴본 다섯 가지 유형과는 그 성격이 다르다. 따라서 이 유형과 관련해서는 입법자가 기본범죄를 처벌하는 규정을 두고 있지 않은 이상 기본범죄가 미수에 그치고 그로 인해 사상의 결과를 발생시켰다면 결과적 가중범으로는 처벌할 수 없고 과실치사상죄로만 처벌할 수 있을 뿐이라고 보아야 한다. 기본범죄의 미수를 처벌하는 규정이 없다는 것은 기본범죄의 위험성이 중한 결과에 실현되었다고 말할 수 없고, 이러한 결론이 행위자에 대해 면죄부를 주는 것이 아님은 물론이다. 또한 논란이 되고 있는 낙태치사상죄의 경우에는 이미 낙태죄를 추상적 위험범으로 파악함(다수설[356])으로써 태아의 생명보호의무를 앞당겨

---

355) 이 중 낙태치사상죄를 둘러싸고 그 기본범죄가 미수인 경우에도 당해 결과적 가중범이 성립한다고 볼 것인지 여부의 논란이 있다.

356) 김일수/서보학, 앞의 책(각론), 47면; 김종원, 형법각론(상), 법문사, 1971, 83면; 박상기, 앞의 책(각론), 84면; 백형구, 형법각론, 청림출판, 1999, 78면; 유기천, 형법학(각론 강의), 일조각, 1982, 73면; 이정원, 형법각론, 법지사, 2000, 111면; 이형국, 형법각론연구 Ⅰ, 법문사, 1997, 149면; 정성근/박광민, 앞의 책(각론), 89면;

이행하고자 노력하고 있는 상황에서 굳이 입법자가 처벌규정도
두고 있지 아니한 행위의 양태를 끌어들여 기본범과 과실범의
형을 합한 것보다 더 중하게 처벌하는 결과적 가중범의 성립을
인정하는 것은 죄형법정주의원칙과 책임원칙에 비추어 바람직하
지 않다고 생각된다.[357)]

(2) 검 토

이상에서 살펴본 바와 같이 현행 형법상 기본범죄가 미수에
그치고 중한 결과가 발생한 경우에 결과적 가중범의 미수에 관
한 조문의 체계는 우선 결과적 가중범이라는 동일한 총론상의
개념을 전제로 하였으면서도 일관적이지 못한 여러 가지 유형을
둠으로써 명확하고 체계적으로 규정하지 못한 것을 알 수 있다.
그리고 부진정 결과적 가중범에서 기본범죄가 미수인 경우의 입
법은 규정했으나 기본범죄는 기수에 이르렀으나 예상했던 중한
결과가 미수에 그친 경우와 기본범죄도 미수이고 중한 결과도
미수에 그친 경우의 입법에 대해서는 전혀 언급이 없는 것도 역
시 통일성과 체계일관성을 결한 중대한 오류라고 할 수 있다. 이
러한 경우를 해석론에 의해서 해결할 수는 있으나 바람직한 입
법론적으로 보았을 때는 위에서 범한 오류를 면하기 어려울 것
이다.

정영일, 형법개론, 박영사, 2004, 400면.
357) 변종필, 앞의 글, 357면.

현행 입법태도를 살펴보면 먼저 위에서 살펴본 유형들 중 제1
유형, 제4유형, 제5유형, 제6유형의 결과적 가중범에 관해서는 그
기본범죄가 미수인 경우의 법해석과 관련하여 별 문제가 없다고
볼 수 있다. 기본범죄가 미수이고 중한 결과가 발생한 경우를 결
과적 가중범의 미수로 인정한다는 전제만 결정된다면 전혀 문제
가 없거나 또는 그다지 의문스러운 점이 없다고 할 수 있다. 즉
이러한 유형에 대하여는 어느 정도 명쾌한 법해석이 내려질 수
있음을 알 수 있다. 가장 문제가 되는 것은 제2유형, 제3유형 그
리고 제4유형에서의 인질치사상죄의 미수범 처벌규정인 제324조
의 5의 규정이다. 여기서 제324조의 3과 제324조의 4 조문을 보
았을 때 미수범은 인질강요죄의 기수범이 상해미수 또는 살인미
수를 범하였을 경우인 결합범을 전제로 한 규정이라고 생각된다.
따라서 입법론적으로는 결과적 가중범인 인질치사상죄의 미수를
인정하기 위해서 좀더 논리적인 체계를 세울 필요가 있다. 그를
위해서는 먼저 인질치상죄에서 "인질강요죄를 범한 자"에 인질
강요죄의 미수범을 포함한다고 명시하여야 할 것이 요구된다.[358]

---

358) 성폭력범죄의 처벌 및 피해자 보호 등에 관한 법률 제9조와 제10
조는 기본범죄가 미수범인 결과적 가중범의 경우를 명시하고 있
다. 과거 대법원은 성폭력특별법을 적용하면서 동법의 미수범규정
을 배제하는 판시를 하였다(대판 1995. 4. 7, 95도 94). 그것은 동
법 제9조 제1항이 "제6조의 죄를 범한 자가 사람을 상해하거나
상해에 이르게 한 때에는 무기 또는 7년 이상의 징역에 처한다"
고 규정하고 있으나 제9조 제1항의 주체는 "제6조의 죄를 범한
자", 즉 기수범으로 제한하였다. 그 결과 특수강간을 시도하다가
미수에 그치고 상해만 입힌 경우 특수강간치상죄(동법 제9조)가
성립하지 않는다고 보았으나 그 후 동법을 개정하여(1997년 8월

한편 제2유형과 제3유형에서는 먼저 기본범죄의 미수범 처벌 규정을 정해 놓고 "~의 죄를 범하여"의 해석에서 기본범죄가 기수인 경우만을 의미하는지 아니면 미수인 경우도 포함하는지에 대해서 명쾌한 해석을 내릴 수가 없는 문제가 발생한다. 만약 결과적 가중범의 미수를 인정한다면 이 경우의 해석은 기본범죄의 미수범을 포함하여 해석하여 전체적인 결과적 가중범의 미수를 인정할 수 있다. 그러나 결과적 가중범의 미수를 인정하지 않는다 할지라도 기본범죄가 미수에 그치고 중한 결과가 발생했다면 결과적 가중범의 기수로 취급하는 통설과 판례의 태도에 따른다면 전체적 결과적 가중범의 기수가 될 수도 있을 것이다. 여기서 결과적 가중범의 미수의 유형을 분석하는 데 있어서는 결과적 가중범의 미수라는 개념을 인정한다는 전제하에서 논의를 전개해 나가야 한다.

이런 전제하에 제2유형과 제3유형의 입법태도를 검토하면 먼저 기본범죄가 미수에 그친 경우는 결과적 가중범의 미수에서 제외되고 결과적 가중범의 기수에서조차 제외된다는 해석론을 펼치는 견해가 있다.[359]

이 견해의 논증근거는 다음과 같다. 첫째, 무조건 제2유형과 제3유형에서 기본범죄가 미수에 그친 경우까지도 결과적 가중범에 포

22일) 제9조와 제10조의 죄에 기본범죄의 미수범을 포함하고 있다고 개정함으로써 결과적 가중범의 미수를 인정할 수 있게 된 것이다.

359) 변종필, 「결과적 가중범에서 기본범죄가 미수인 경우의 법해석」, 비교형사법 연구 제6권 제1호, 2004, 358~361면.

함된다고 본다면 관련 부분에 관한 전반적이고 체계적인 고찰 없이 무리하게 아무런 조문상의 근거 없이 모든 형태의 결과적 가중범에로 확장했다고 할 것이다. 둘째, 이러한 형식의 규율방식은 여러 가지 유형의 하나에 불과할 뿐이지 그것이 전형적이거나 표준적인 형태라고는 볼 수 없고 이와 같은 해석론은 처벌로 지향된 해석정책(Interpretationspolitik, Politics of Interpretation)을 중시한 데서 비롯되었다. 셋째, 형법 전체의 체계적 관점에서 볼 때 제2유형과 제3유형의 결과적 가중범에 있어서 입법자가 기본범죄의 미수범의 포함 여부를 분명하게 규정하지 않은 것은 통일성과 체제일관성을 결여한 중대한 오류라고 볼 수 있을 것이며 이 때문에 결과적 가중범의 미수로 처벌할 수는 없다. 넷째, 죄형법정주의 원칙적용 면에서 현주건조물방화죄(제164조 제1항)의 미수범 처벌은 제174조에서 규정하고 있는데 만일 입법자가 이 미수범까지 현주건주물방화치사상죄의 범행 주체에 포함시키려 했다면 제164조 제2항의 문언을 현행대로 '제1항의 죄를 범하여'라고 표현하는 대신 '제1항의 죄 또는 그 미수범을 범하여'라고 표현했어야 하기 때문이다. 따라서 위 '~의 죄를 범하여'라는 문언에서 '~의 죄'에 기본범죄의 기수뿐만 아니라 미수도 당연히 포함되는 것으로 해석하는 것은 죄형법정주의 원칙(유추해석금지의 원칙 내지 엄격해석의 원칙)에 반한다고 보아야 한다. 그리고 결과적 가중범의 미수를 인정하는 관점에서 볼 때 현주건조물방화치상죄를 예로 들어보면 개정 전 형법 제174조에서는 현주건조물방화죄와 그 결과적 가중범까지 함께 규정하고 있던 개정 전 형법 제164조의 미수범을 처벌한다고 분명하게 규정하고 있었으나 개정 후 현행 형법에서는 현주건조물방화죄의 미수범만을 처벌한다고 규정하고 있을 뿐 그 결과적 가중범인 현주건조물방화치사상죄의 미수범을 처벌한다는 규정은 두고 있지 않다. 다섯째, 대법원은 성폭력범죄의처벌및피해자보호등에관한 법률(1997.8.22. 법률 제5343호로 개정되기 전의 것) 제9조 제1항[360]의 죄의 범행 주체에 같은 법 제6조의 미수범도 포함되는지 여부가 문제된 사안[361]에서 이를 부정한 바가 있고, 당시의 법 규정에서 동법 제9조 제1항의 죄(특수강간 등 상해·치상죄)는 그 범행 주체로서 '제6조의 죄[362]를 범한 자'로 명시하고 있었고, 제6조에 대한 미수범 처벌규정[363]이 있었음에도 미수범을 범행 주체로 포함한다는 명시적 언급은 없었다. 이러한 상태에서 제1심과 항소심은 제6조 제1항의 미수범(제12조)인 피고인을 제9조 제1항 소정의 '제6조의 죄를 범한 자'에 해당하는 것으로 판단하여 같은 법 제9조 제1항을 적용하여 처벌하였다. 그러

---

360) 제9조 제1항: 제6조의 죄를 범한 자가 사람을 상해하거나 상해에 이르게 한 때에는 무기 또는 7년 이상의 징역에 처한다.

361) 대판 1995. 4. 7, 95도94(갑은 친구와 술을 마시고 혼자 집으로 갔다가 같은 날 새벽 부엌에서 과도를 들고 나와 포장마차 부근을 돌아다니던 중 피해자인 여성 을이 교회에 가기 위해 혼자서 걸어가는 것을 발견하고 갑자기 욕정을 일으켜 을을 강간하기로 마음먹고 을을 끌고 가려고 하다가 을이 반항하자 과도로 을을 찌르자 비명에 그 뜻을 이르지 못하고 을에게 약 6주간의 장간막혈관파열, 대장천공 등의 상해를 입게 하였다).

362) 제6조 1항: 흉기 기타 위험한 물건을 휴대하거나 2인 이상이 합동하여 형법 제297조(강간)의 죄를 범한 자는 무기 또는 5년 이상의 징역에 처한다.

363) 제12조: 제5조 내지 제11조의 미수범은 처벌한다.

나 대법원은 "형벌법규는 그 규정 내용이 명확하여야 할 뿐만 아니라 그 해석에 있어서도 엄격함을 요하고 유추해석은 허용되지 않는 것이므로 동법 제9조 제1항의 죄의 주체는 '제6조의 죄를 범한 자'로 한정되고 같은 법 제6조 제1항의 미수범까지 여기에 포함되는 것으로 풀이할 수는 없다."고 판시하였다. 즉 제9조 제1항 소정의 '제6조의 죄를 범한 자'는 제6조의 기수범만을 의미하는 것이고 비록 그 미수범을 처벌하는 규정이 있다고 하여 이를 '제6조의 죄를 범한 자'에 포함되는 것으로 해석하여 적용하는 것은 유추해석으로서 허용될 수 없다는 것이다. 그리고 그 뒤 대법원의 이러한 판단이 반영되어 1997. 8. 22. 법률 제5343호로 개정된 법 제9조 제1항에서는 미수범도 범행 주체로 포함한다는 점을 명시적으로 언급하여 입법적인 해결을 보게 된 것이라고 한다.[364]

생각건대 일단 현행 형법조문 체계를 살펴보았을 때 결과적 가중범에서 기본범죄가 미수인 경우의 결과적 가중범 처리문제는 현행 형법조문을 근거로 유형을 분류할 수밖에 없다. 그리고 이는 현행 형법이 기본범죄가 미수인 경우에 그치고 중한 결과가 발생한 경우를 결과적 가중범의 미수와 관련시켜 규정해 놓은 이상 당연하다고 볼 수도 있을 것이다.[365] 물론 이때 기본범

---

364) 변종필, 앞의 글, 359~362면.

365) 물론 형법조문상의 규정을 근거로 결과적 가중범에서 기본범죄가 미수에 그친 경우만을 해석해서 유형을 분류한다면 굳이 결과적 가중범의 미수 인정 여부를 논하지 않고서도 유형을 나누고 해석할 수 있다. 그러나 이는 단지 조문의 해석에만 치우칠 뿐 근본적인 결과적 가중범의 미수해결문제와는 거리가 있다고 생각한다. 예를 들면 형법 제164조 2항에서 기본범죄에 '~죄를 범하여'에

죄가 미수이고 중한 결과가 발생한 경우를 결과적 가중범의 미수로 인정한다는 전제를 인정해야 한다고 본다. 만약 이를 인정하지 않는다면 기본범죄가 미수에 그치고 중한 결과가 발생한 경우에서 기본범죄의 미수도 결과적 가중범의 중한 결과에 포함시켜 해석하게 되어 전체적인 결과적 가중범의 기수가 되어 버린다. 이러한 해석이 된다면 결과적 가중범의 미수를 규정한 실익이 없을 뿐만 아니라 형벌의 균형, 중지미수의 성립가능성, 전체적 결과불법의 고려 등을 추정해 보았을 때에도 알 수 있다. 현행 형법상의 입법태도를 유형별로 나누어 처리방안을 제시하면 다음과 같다.

우선 제1유형과 제4유형 그리고 제5유형에서는 기본범죄가 미수에 그쳤지만 중한 결과가 발생한 경우에 결과적 가중범의 미수를 인정한다. 제6유형에서는 입법자가 기본범죄의 미수범 처벌규정을 두고 있지 않으므로 기본범죄가 미수에 그치고 중한 결과가 발생하였다면 결과적 가중범으로 처벌할 수 없고 과실치사상죄로만 처벌할 수 있을 뿐이라고 하여야 한다. 문제가 되는 제2유형과 제3유형에서는 기본범죄가 미수에 그치고 중한 결과가 발생한 경우도 결과적 가중범에 포함시켜 이 경우는 '~죄를 범하여'의 해석을 미수도 포함하는 의미로 해석하여야 한다. 그리하

미수범도 포함한다고 한다면 기본범죄가 미수에 그치고 중한 결과가 발생한 경우에 결과적 가중범이 성립한다는 의미인데 만약 이때 결과적 가중범의 미수가 성립하는가 기수가 성립하는가를 밝혀 주기 위해서는 결과적 가중범의 미수 전체가 해결되어야만 하는 것이다.

여 전체적으로 결과적 가중범의 미수로서 처리하여야 한다. 물론 죄형법정주의에 반하는 측면이 있음은 부정할 수 없다. 그러나 만약 그렇지 않고 기본범죄가 미수인 경우를 포함하지 않는다고 하면 기본범죄의 미수와 중한 결과의 과실범의 상상적 경합으로 처리하여 결국 기본범죄의 미수범으로 처벌하게 된다. 이를 현주건조물방화치상죄(제164조 제2항)를 예로 들어 설명해 보자. 중한 결과인 상해에 대하여 고의가 있고 현주건조물방화죄의 실행에 착수하였으나 미수에 그치고 상해의 결과가 발생한 경우는 현주건주물방화죄의 미수범으로서 무기 또는 3년 이상의 징역에 처한다. 그리고 중한 결과인 상해에 대해 고의 없이 과실만 있는 상태에서 현주건조물방화죄의 실행에 착수하여 상해를 발생케 한 자는 현주건조물방화치상죄로서 무기 또는 5년 이상의 징역에 처하는 불합리한 결과를 가져오게 되는 것이다. 결국 법 개정을 통해 기본범죄의 미수범도 당해 결과적 가중범의 범행 주체가 될 수 있음을 분명히 규율하는 방식을 취한다면 더할 나위 없겠으나, 현실의 해석론적으로는 이러한 경우를 결과적 가중범의 미수로 처리하는 것이 최선의 방법이다. 이렇게 본다면 전자의 경우는 결과적 가중범인 현주건조물방화치상죄의 미수범으로서 처리하고 후자의 경우도 현주건조물방화치상죄로서 처리하게 되어 형의 균형을 맞출 수 있을 것이다. 또한 중지미수의 경우는 형의 필요적 감면을 하면 자연스럽게 해결할 수 있을 것이다.

(3) 입법의 바람직한 방향

이상에서 살펴본 바와 같이 결과적 가중범의 문제점으로는 책임주의 원칙과의 조화, 형벌의 과잉, 중한 결과에 대한 고의범과 과실범의 법정형을 동일하게 한 경우의 상대적 평등원칙 위반, 형사특별법상의 결과적 가중범 규정 남용 등을 들 수 있다. 또한 결과적 가중범의 미수의 문제점으로는 형법개정 후 강도치사상죄를 비롯한 일부 결과적 가중범의 미수범 처벌규정의 도입으로 인한 비논리적이고 체계적이지 못한 입법현실, 중한 결과 발생만으로 전체적인 기수로 판단하는 미수의 본질과 관련된 문제점, 해석상 부득이하게 인정되는 부진정 결과적 가중범의 미수와 고의결합범의 미수와의 균형문제 등을 들 수 있다.

한편 현재 우리나라에서의 결과적 가중범의 미수에 관한 입법태도는 기본범죄가 미수에 그친 경우를 취급하는 방식으로서 6가지 유형으로 나누어 규정하고 있음을 살펴보았다. 하나의 동일한 법형상인 결과적 가중범에 관하여 입법자의 규율방식이 이렇게 다양하다는 것은 방식이 체계적이고 일관적이지 못하다는 것을 의미한다. 이러한 여러 가지 유형을 둠으로써 명확하고 체계적으로 규정되어 있지 못한 결과적 가중범과 결과적 가중범의 미수의 입법을 체계적으로 규정하고 논리적으로 통일성을 기하기 위하여 우리나라에서의 바람직한 입법론을 제시하면 다음과 같다.

254

1) 누락된 규정신설 및 보완

현행 형법각칙상의 규정 중에서 일부 범죄는 신체침해 가능성과 위험성이 있고 범죄의 결과로서 과실에 의한 상해 또는 사망의 결과가 발생하여 그 위험이 범죄의 결과에 반영될 위험이 높은 일부 범죄 중에서 결과적 가중범 처벌규정이 없는 범죄가 있다. 이 경우 만약 결과적 가중범 처벌규정을 마련하지 않는다면 이러한 종류의 범죄가 미수에 그치고 중한 결과로서 상해 또는 사망의 결과가 발생한 경우 이러한 범죄의 미수와 중한 결과로서 과실치사상죄의 상상적 경합범으로 처벌하게 되어 양형의 측면에서 형이 중한 고의범죄의 미수범으로만 처벌되는 결과가 나타난다. 이는 같은 성격의 다른 기본범죄가 상해 또는 사망의 중한 결과를 발생시킨 결과적 가중범과 비교하여 책임원칙상 불합리하다고 생각된다.

따라서 형법각칙상 범죄의 미수범 처벌규정이 있는 범죄 중에서 일부, 즉 범죄의 전형적인 위험성이 중한 결과로서 상해 또는 사망에 반영되었다고 할 수 있고 신체에 대한 법익을 침해하여 위험을 발생시킬 가능성이 있는 범죄 전부가 중한 결과를 낳을 가능성이 있다고 보고, 이러한 범죄 유형에 대하여 결과적 가중범 처벌규정을 마련하고 법정형을 현행 각칙상의 범죄와 비교하여 조정하는 것이 바람직하다.

구체적인 예를 들면 각칙상의 제324조의 강요죄는 미수범 처벌규정이 있고(제324조의 5), 행위태양이 폭행 또는 협박으로서 사람의 권리행사를 방해하는 과정에서 신체에 대한 위험이 발생

하여 중한 결과로서 과실에 의한 상해 또는 사망의 결과가 나타
날 수 있으므로 당연히 결과적 가중범으로서 규정하여 강요치사
상죄를 입법화하여야 할 것이다. 또한 제287조의 미성년자의 약
취·유인죄와 영리 등을 위한 약취·유인·매매 등(제288조), 국
외 이송을 위한 약취·유인·매매(제289조), 결혼을 위한 약취·
유인(제291조), 약취·유인·매매된 자의 수수 또는 은닉(제292
조)죄도 미수범 처벌규정(제294조)이 있고 범죄의 진행과정에서
사람의 신체에 대한 위험이 발생하여 과실에 의한 상해 또는 사
망의 결과가 나타날 위험이 높다. 따라서 결과적 가중범으로서
처벌할 필요가 있으므로 미성년자의 약취·유인 치사상죄와 영
리 등을 위한 약취·유인·매매 등 치사상죄, 국외 이송을 위한
약취·유인·매매 치사상죄, 결혼을 위한 약취·유인 치사상죄
및 약취·유인·매매된 자의 수수 또는 은닉 치사상죄의 처벌규
정을 신설하고 법정형을 현행 각칙상의 일반범죄와 비교하여 조
정해야 한다. 이렇게 누락된 결과적 가중범을 모두 입법화하여서
합리적이고 균형 있는 형벌의 부과가 가능하게 하여야 한다.

　미수와 관련하여서는 기본범죄가 미수에 그치고 중한 결과가
발생했을 때에는 결과적 가중범의 미수로서 형법 제25조 제2항
에 따른 감경을 할 수 있다고 해야 한다.

　2) 기본범죄의 미수범처벌규정이 없는 형태의 정비

　우리 형법상 기본범죄의 미수범을 처벌하는 규정을 두고 있지
아니한 결과적 가중범이 있다. 구체적인 형태로는 각칙상의 폭행

치사상죄(제262조), 동의낙태치사상죄(제269조 제3항), 업무상동의낙태·부동의낙태치사상죄(제270조 제3항), 단순·존속중유기죄(제271조 제3항, 제4항), 유기치사상죄(제275조)를 들 수 있다. 이러한 결과적 가중범은 기본범죄의 미수범 처벌규정이 존재하지 않기 때문에 기본범죄의 미수가 없다. 따라서 기본범죄에 의거하여 중한 결과가 발생한 이상 과실치사상죄로서 처벌하는 것이 원칙이 되어야 한다. 그러나 판례를 비롯한 현실은 결과적 가중범의 기수로서 처벌하고 있다. 이는 책임주의의 관철과 죄형법정주의의 원칙이라는 면에서 부족하다고 볼 수밖에 없다. 이러한 형태의 결과적 가중범은 결과적 가중범의 미수를 인정하기 위해서는 그 전제로서 기본범죄의 미수범 처벌규정을 마련해야 한다. 왜냐하면 기본범죄의 위험성을 판단하는 기준으로서 미수범 처벌규정의 유무가 큰 작용을 하고 이러한 기본범죄가 미수에 그치고 중한 결과가 발생한 경우에 전체적인 결과적 가중범의 미수가 성립하여 미수에 따른 감경을 할 수 있기 때문이다.

따라서 이 경우에 기본범죄인 폭행죄(제260조), 낙태죄(제269조), 유기죄(제271조)의 미수범 처벌규정을 신설하여 결과적 가중범을 보완하거나 혹은 결과적 가중범규정을 삭제하고 기본범죄와 중한 결과의 상상적 경합에 의한 수죄로서 처리하는 방안도 고려해야 한다.

3) 결합범의 확장과 부진정 결과적 가중범의 미수 해결

우리 형법은 강도상해죄(제337조)를 비롯하여 강도살인죄(제338조), 인질살해죄(제324조의 4), 인질상해죄(제324조의 3)등의 결합범을 규정하고 있다. 이러한 결합범의 구조는 고의범+고의범의 결합구조이다. 또한 결합범은 결과적 가중범과는 구분하여 규정되고 있으며 대부분 미수범 처벌(제342조) 또한 인정하고 있다. 결합범이 형법에 규정되어 있는 이상 우리 형법에서 현실적으로 법정형의 불균형을 해소하기 위하여 해석론상 인정되는 부진정 결과적 가중범이라는 개념을 입법에서까지 굳이 규정할 필요는 없다고 본다. 부진정 결과적 가중범이라는 개념을 현행 입법에서 진정 결과적 가중범과 뚜렷이 구분해서 규정하고 있지도 않을 뿐 아니라 그러한 구체적인 기준도 없기 때문이다.[366]

기본범죄의 고의와 중한 결과의 고의범의 결합으로 이루어지는 부진정 결과적 가중범은 현행 결합범의 확장으로 충분히 해결할 수 있다. 구체적인 해결방법은 부진정 결과적 가중범으로 해석되는 범죄를 각각 뒷부분인 중한 결과에 따라 상해 또는 살인죄로 나누어서 기본범죄와 중한 결과의 결합범으로 규정하고 법정형을 현행 해석상의 부진정 결과적 가중범과 비교하여 조정한다면, 굳이 부진정 결과적 가중범이라는 개념을 도입할 필요

---

366) 부진정 결과적 가중범의 본질이 부진정 신분범이라는 점에 입각하여 해석하면 이 점은 더욱 명확해진다. 즉 부진정 결과적 가중범은 결국은 중할 결과를 행하는 고의를 가진 행위자가 전체 범죄 실행에 착수하는 행위를 기본범죄의 실행에 착수하는 행위로 제한하여 행한다는 점에 중점을 두어야 한다.

없이 결과범의 확장으로 자연히 해결되기 때문이다. 또한 이렇게 확장된 결과범의 미수범 처벌규정을 두어서 뒷부분인 중한 결과의 기수·미수에 따라서 전체적인 결합범의 기수·미수 여부를 결정한다면 미수범 처벌 또한 명쾌하게 해결된다.[367]

구체적으로 몇 가지 예를 들면 현행 형법각칙상의 해석상 부진정 결과적 가중범으로 인정되는 특수공무방해치상죄(제144조 제2항)는 결합범의 형태로서 중한 결과인 상해죄를 분리하여 특수공무방해상해로 구분하여 규정하고, 현주건조물방화치사상죄(제164조 제2항)도 고의결합범의 형태로서 중한 결과인 상해죄와 살인죄로 나누어 현주건조물방화상해 및 살인죄로 구분하여 규정한다. 폭발성물건파열치상죄(제172조 제2항) 역시 결합범의 형태로서 중한 결과인 상해죄를 분리하여 폭발성물건파열상해죄로 구분하여 규정하고, 가스·전기 등 방류치상죄(제172조의 2 제2항)도 결합범의 형태로서 중한 결과인 상해죄를 분리하여 가스·전기 등 방류상해죄로 구분하여 규정한다. 가스·전기 등 공급방해치상죄(제173조 제3항)도 결합범의 형태로서 중한 결과인 상해죄를 분리하여 가스·전기 등 공급방해상해죄 구분하여 규정한다. 현주건조물일수치상죄(제177조 제2항) 역시 결합범의 형태로서 중한 결과인 상해죄를 분리하여 현주건조물일수상해죄로 구분하여 규정하고, 교통방해치상죄(제188조 전문)도 결합범의 형태로서 중한 결과인 상해죄를 분리하여 교통방해상해죄로 구

---

367) 결합범의 본질도 부진정 신분범이라는 점에 주목한다면 쉽게 이해가 되리라고 본다. 즉 주된 범죄행위는 뒷부분의 행위이고 뒷부분의 행위의 기·미수가 전체 행위의 기·미수를 결정하게 된다.

분하여 규정한다. 음용수혼독치상죄(제194조)도 결합범의 형태로서 중한 결과인 상해죄를 분리하여 음용수혼독상해죄로 구분하여 규정한다. 체포·감금치상죄(제281조 제1항 전문)도 결합범의 형태로서 중한 결과인 상해죄를 분리하여 체포·감금상해죄로 구분하여 규정하고, 중손괴치상죄(제368조 제2항) 역시 결합법의 형태로서 중한 결과인 상해죄를 분리하여 중손괴상해죄로 구분하여 규정한다. 물론 이때 확장되는 결합범은 기존의 부진정 결과적 가중범과 비교하여 법정형을 알맞게 조정하여 책정할 필요가 있다.

제4장 결과적 가중범의 공범

제1절 공범과 관련된 문제점

결과적 가중범의 공범을 논하기 전에 공범과 관련한 결과적 가중범의 본질이 무엇인가에 대해서 생각해 볼 필요가 있다. 결과적 가중범의 주체는 기본범죄를 행한 자이다. 즉 기본범죄행위에 의하여 그보다 중한 결과가 발생한 경우에 그 기본범죄와 가중적 결과를 하나의 범죄로 하여 기본범죄의 형벌보다 중하게 처벌하는 범죄 유형이므로 결과적 가중범은 기본범죄를 행한 자가 아니면 범죄의 주체가 되지 못한다. 적어도 기본범죄의 실행에 착수한 자만이 결과적 가중범의 주체가 될 수 있는 자격이 있다. 이는 공범과 관련하여 형법상 신분범이라고 볼 수 있다.

신분범이란 행위자의 일정한 신분이 범죄성립 그 자체에 영향을 미치거나 또는 범죄의 성립과는 관계없지만 행위자의 신분으로 인하여 형의 가중·감경에 영향을 미치는 범죄를 의미한다. 즉 일정한 신분이 있어야만 범죄가 성립하는 범죄 유형 또는 일정한 신분이 없더라도 범죄는 성립하지만 신분이 있음으로 인해서 형이 가중되거나 감경되는 형태의 범죄 유형을 신분범이라 하는 것이다.[368] 여기에서 신분의 개념을 우리 형법 제33조에 의

---

368) 천진호, 「'공범과 신분'규정에 대한 입법론적 검토」, 형사법연구

해서 정의할 수 있다. 신분이라 함은 "남녀의 성별, 내·외국인의 구별, 친족관계, 공무원인 자격과 같은 관계뿐만이 아니라 널리 일정한 범죄행위에 관련된 범인의 인적 관계인 특수한 지위 또는 상태를 지칭"한다고 할 수 있다.[369] 즉 형법상 신분범의 개념의 특징은 행위에 중점을 둔 것이 아니라 행위자에 중점을 두어 행위자를 특정 지울 수 있는 개념이라는 데에 그 특징이 있는 것이다.[370] 그러나 우리 형법 제33조와 관련하여 형의 경중을 결정짓는 제33조 단서에서의 신분은 사회적·법률적 인적관계에 있어서 특정한 의무를 부담하는 경우의 지위 또는 자격을 의미하는 총체적 성질의 개념[371]으로 보았을 때는 일정한 유형의 기본범죄만의 법률적인 의무인 중한 결과 발생 방지의무를 부담하는 측면을 강조하는 신분범으로 볼 수 있다.

이러한 신분은 통설에 따라서 다음과 같이 세 가지로 분류할 수 있다.[372] 형법상의 형벌을 기초로 하여 일정한 신분이 있어야

제22호(2004 겨울) 특집호, 293면.

369) 손동권, 「공범과 신분에 관한 연구 -특히 형법 제33조가 규정한 신분의 포섭범위와 분류를 중심으로-」, 정성근 교수 회갑기념논문집(上), 1997, 264면: 정성근/박광민, 앞의 책(총론), 588면.

370) 행위자를 특정 지을 수 있는 개념에는 一身的 상태를 포함한다. 이에는 상습성, 업무성, 누범, 자수, 보증인적 지위 등이 포함된다 (정성근/박광민, 앞의 책(총론), 586면: 천진호, 「'공범과 신분'규정에 대한 입법론적 검토」, 295면).

371) 일본 형법은 우리 형법 33조와 동일한 규정을 제65조(身分犯の共犯)에서 규정하고 있다. 형의 경중을 결정짓는 신분의 개념을 이처럼 총체적 성질로 보는 견해는 木村龜二(阿部純二增補), 刑法總論, 有斐閣, 1978, 156頁 參照.

372) 이하의 분류는 손동권, 「공범과 신분에 관한 연구 -특히 형법 제

비로소 범죄가 성립되는 경우인 구성적 신분,[373] 신분이 없어도 범죄는 성립하지만 그 신분에 의하여 형벌이 가중 또는 감경되는 가감적 신분,[374] 행위자에게 일정한 신분이 있으면 범죄의 성립 또는 형벌이 조각되는 신분인 소극적 신분[375]으로 나눌 수 있다.

위의 신분범의 분류에 따른다면 결과적 가중범은 기본범죄행위는 행위적 요소이지만 그러한 기본범죄행위를 통하여 행위자로서의 구성요건이 특정되고 몇 가지 일정한 기본범죄를 범한 자로 범행 주체가 제한되어 있으므로 신분범이다. 또한 중한 결과는 누구나 발생케 하였을 때 고의범 또는 과실범으로 처벌받지만 결과적 가중범의 중한 결과는 행위 주체가 누구나 중한 결과를 발생케 하였을 때 성립되는 범죄가 아니라 몇몇 지정된 기

33조가 규정한 신분의 포섭범위와 분류를 중심으로 -」, 269~270면 참조.

373) 이러한 구성적 신분의 존재를 성립요건으로 하는 범죄를 '진정 신분범'이라고 한다. 여기에 해당하는 범죄로는 수뢰죄(우리 형법 제129조), 위증죄(제152조), 횡령 및 배임죄(제355조) 등이 있다.

374) 이러한 가감적 신분이 규정된 범죄를 '부진정 신분범'이라고 한다. 여기에 해당하는 범죄로는 존속살해죄(제250조 제2항), 영아살해죄(제251조) 등이 있다. 이러한 가감적 신분은 이론적으로 다시 가감적 위법신분과 가감적 책임신분으로 나누어질 수 있다. 자세한 신분상의 분류와 학설의 대립에 대해서는 손동권, 「공범과 신분에 관한 연구 -특히 형법 제33조가 규정한 신분의 포섭범위와 분류를 중심으로 -」, 271면 이하.

375) 여기에는 의사신분과 같은 위법조각적 신분, 형사미성년자와 같은 책임조각적 신분(제14조), 친족상도례에서의 친족의 신분(제328조) 등이 있다.

본범죄를 범한 행위자가, 즉 특정된 신분자인 기본범죄를 범한 결과로서 발생하였기 때문에 형벌이 가중되는 것이다. 결국 결과적 가중범은 신분범이며, 특정한 기본범죄를 행한 자만이 주체가 되어 형벌이 가중되는 가감적 신분으로 분류되는 부진정 신분범으로서 가중적 신분범이 된다.

이러한 관점에서 결과적 가중범의 공범을 논하여 보기로 한다. 형법에서 공범의 개념은 매우 다양하게 사용되고 있다. 다만 결과적 가중범과 관련하여서는 범죄가담 형태를 중심으로 하여 최광의의 공범개념을 사용하여 서술의 기준을 삼는 것으로 한다. 최광의의 공범이란 "2인 이상이 구성요건의 실현에 관여한 모든 경우"를 지칭한다. 최광의의 공범은 다시 임의적 공범과 필요적 공범으로 나누어진다. 임의적 공범은 총칙상의 공범이며 "구성요건의 규정 형식상 1인이 실현할 것으로 예정되어 있으나 현실적으로 2인 이상이 관여하여 범죄를 실현한 경우"를 의미하며 공동정범, 교사범, 방조범이 이에 속한다.[376]

결과적 가중범과 관련하여서는 임의적 공범을 기준으로 결과적 가중범에 2인 이상이 관여하여 범행한 경우의 형태를 논해 보도록 한다. 형법각칙에 결과적 가중범의 공범에 대하여는 규정된 것이 없다. 따라서 이와 관련하여서는 해석에 의존하는 수밖에 없다.

---

376) 임웅, 앞의 책(총론), 380면.

제2절 해석론적 문제

결과적 가중범의 본질이 부진정 신분범이라고 보았을 때 중한 결과를 낳는 행위가 일정한 유형의 기본범죄를 범함으로써 가중되는 결과적 가중범 단독으로 범행을 실행하였을 때에는 별 문제가 없다. 그러나 비신분자가 결과적 가중범을 범한 자에게 가담하여 공범관계가 있는 경우에는 형법적 문제가 제기된다. 형법 제33조와 관련된 해석론적 문제이다.

1. 형법 제33조 본문과 관련한 해석

형법 제33조 본문은 "신분관계로 인하여 성립될 범죄에 가공한 행위는 신분관계가 없는 자에게도 전3조(공동정범·교사범·종범)의 규정을 적용한다."고 규정하고 있다. 현재 우리 형법학계의 다수 견해는 제33조 본문은 구성적 신분(진정 신분범)의 연대성을, 제33조 단서는 가감적 신분(부진정 신분범)의 개별화를 규정하고 있다고 해석한다.[377] 이에 따르면 부진정 신분범인 결

---

[377] 권오걸, 앞의 책(총론), 593면; 김종원, 「공범과 신분」, 법정, 1976년 1월, 53면; 박상기, 앞의 책(총론), 473면; 배종대, 앞의 책(총론), 679~680면; 손동권, 「공범과 신분에 관한 연구 ─특히 형법 제33조가 규정한 신분의 포섭범위와 분류를 중심으로─」, 278면; 안동준, 형법총론, 학현사, 1998, 264면; 이재상, 앞의 책(총론), §36/8; 임웅, 앞의 책(총론), 472면; 천진호, 「'공범과 신분'규정에 대한 입법론적 검토」, 302면; 황산덕, 형법총론, 방문사, 1984, 289

과적 가중범은 제33조 본문의 적용은 받지 않는다고 보아야 한다. 그러나 제33조 본문은 진정 신분범만이 아니라 부진정 신분범의 성립의 근거를 규정하고 있다고 보고 단서는 부진정 신분범의 과형만을 규정한 것으로 해석하는 견해[378]에 의하면 기본범만의 고의를 가지고서 결과적 가중범의 범행에 공동정범·교사범·종범의 형태로 관여하여 공범관계에 있는 자에게도 결과적 가중범의 공동정범·교사범·종범의 규정을 적용하게 된다. 이 견해에 의하면 제33조 단서는 부진정 신분범인 결과적 가중범에 관한 과형만을 규정한 것으로 보게 된다.

2. 형법 제33조 단서와 관련한 해석

형법 제33조 단서는 "단 신분관계로 인하여 형의 경중이 있는 경우에는 중한 형으로 벌하지 아니한다."라고 규정하고 있다. 다수 견해에 따르면 단서는 부진정 신분범에 가담한 공범의 과형

면: 한편 제33조 본문과 단서를 모두 공범성립에 관한 제한종속형식을 기준으로 하여 위법의 근거가 되거나 위법에 영향을 주는 신분은 공범에게 연대작용을 하고 책임에 영향을 주는 신분은 정범과 공범 사이에 개별 작용을 한다고 보는 견해가 있다(정성근/박광민, 앞의 책(총론), 590면).

[378] 이를 신분의 종속·과형의 개별 화설이라고도 한다. 이 견해를 취하는 학자로는 김성돈, 앞의 책(총론), 790면; 오영근, 앞의 책(총론), §36/19; 정영석, 형법총론(제5전정판), 법문사, 1990, 270면; 진계호, 형법총론(제6판), 대왕사, 2000, 621면; 신동운, 「공범과 신분」, 고시계, 1991년 12월, 45면 이하; 신동운, 앞의 책(총론), 685면.

에 대해서만 적용된다고 한다. 또한 제33조 단서의 신분은 정범과 공범의 과형뿐만 아니라 죄명도 모두 개별화한다는 다수 견해[379]를 근거로 하여 부진정 신분범인 결과적 가중범은 단서의 적용을 받는다. 따라서 기본범의 고의만을 가진 자와 기본범의 고의와 중한 결과에 대한 예견가능성을 가진 자가 공동해서 결과적 가중범을 범한 경우에는 기본범의 고의만을 가진 자는 기본범이 성립하고 기본범의 고의와 중한 결과에 대한 예견가능성을 가진 자는 결과적 가중범이 성립한다. 과형에 있어서도 기본범의 고의만을 가진 자는 기본범만으로 처벌되고 결과적 가중범을 범한 자는 결과적 가중범으로 처벌된다. 부진정 신분범에 있어서 죄명과 과형이 모두 개별화되는 당연한 결과이다. 마찬가지로 기본범의 고의를 가진 자가 기본범의 고의와 중한 결과에 대한 예견가능성을 가진 자를 교사하여 결과적 가중범을 범한 경우에 기본범의 고의만을 가지고 교사한 자는 기본범의 교사범이 성립한다. 기본범죄에 대한 고의와 중한 결과에 대한 예견가능성을 가지고 결과적 가중범을 범한 자는 결과적 가중범이 성립한다. 과형에 있어서는 기본범의 고의와 중한 결과에 대한 예견가능성을 가지고 결과적 가중범을 범한 자는 결과적 가중범으로서 결과적 가중범의 형으로 처벌된다. 기본범의 고의로 교사한 자는 기본범죄만의 교사범의 형으로 처벌하여야 한다. 이는 종범에 있어서도 같다.

그러나 제33조 본문은 진정 신분범만이 아니라 부진정 신분범

---

379) 정성근/박광민, 앞의 책(총론), 595면 참조.

의 성립의 근거를 규정하고 있다고 보고 단서는 부진정 신분범의 과형만을 규정한 것으로 해석하는 견해에 의하면 공동정범의 경우 기본범의 고의만을 가지고 행위한 자와 중한 결과에 대한 예견가능성을 지닌 채로 결과적 가중범을 범한 자 모두 결과적 가중범의 공동정범이 성립한다. 이때 과형에서만 기본범의 고의만을 가진 자는 기본범만의 형으로, 결과적 가중범의 결과를 발생케 한자는 결과적 가중범의 형으로 처벌한다. 또한 기본범의 고의를 가진 자가 기본범의 고의와 중한 결과에 대한 예견가능성을 가진 자를 교사하여 결과적 가중범을 범한 경우 기본범의 고의를 가지고 교사한 자와 결과적 가중범을 범한 자 모두 결과적 가중범의 교사범과 결과적 가중범의 정범이 성립한다. 다만 과형에 있어서만 기본범의 고의를 가지고 교사한 자만 기본범의 형으로 처벌된다. 종범에 있어서도 또한 같다. 죄명은 신분에 연대하여 연결되고 과형만이 개별화되는 당연한 결과이다.

3. 검 토

결과적 가중범이 부진정 신분범임을 전제로 할 때 제33조 본문은 진정 신분범에 대해서 적용되는 것이므로 결과적 가중범은 그 적용이 없게 된다. 이 경우에 나타나는 문제점으로는 현행법상 부진정 신분범의 공범성립에 대한 근거규정이 없게 되고, 제33조 단서가 부진정 신분범의 과형에 대해서만 규정하고 있기 때문에 본문을 진정 신분범에 제한하여 적용해야 할 근거가 없

다고 한다.[380]

그러나 기본범의 고의만을 가진 자가 기본범의 고의와 중한 결과에 대한 예견가능성을 가진 자와 공동정범으로서 결과적 가중범을 범한 경우 및 기본범의 고의만을 가진 자가 기본범의 고의와 중한 결과에 대한 예견가능성을 가진 자를 교사 또는 방조하여 결과적 가중범을 범하게 한 경우, 제33조 본문이 진정 신분범 및 부진정 신분범의 공범의 성립근거를 규정한 것이라고 하면 진정 신분범에 대해서는 과형을 근거지우는 규정이 없어진다. 따라서 제33조 본문은 진정 신분범의 성립과 과형에만 적용되는 규정이라고 해야 한다. 제33조 본문을 부진정 신분범의 성립에까지 적용하면 공범의 죄명과 이에 대한 과형이 각각 다르게 되어 죄명이 갖는 법적·사회적 의미를 제대로 파악할 수 없다. 또한 부진정 신분범의 공범성립에 대한 근거규정은 제33조 단서를 적용하여 해결할 수 있다.

제33조 단서와 관련하여서는 죄명과 과형을 분리하여 적용할 때에는 죄명이 갖는 법적·사회적 평가를 부정하게 되므로 타당하지 않다. 또한 정범구성요건과 공범구성요건이 구별되어 있는 이상 단서의 내용에는 죄명도 개별화된다는 규범적 의미가 포함되어 있다고 해석해야 한다. 따라서 제33조 단서는 죄명과 과형을 모두 개별화한다고 해야 한다. 결국 단서의 부진정 신분은 공범관계가 있는 결과적 가중범과 여기에 가담한 공범인 기본범으로서의 공동정범·교사범·종범에 대하여 범죄의 성립과 처벌이

---

380) 천진호, 「'공범과 신분'규정에 대한 입법론적 검토」, 300면.

모두 개별적으로 작용한다고 보아야 할 것이다.

제3절 유형론적 분류와 구체적 해석

위에서 살펴본 부진정 신분범으로서의 결과적 가중범과 비신분범으로서 그에 가담한 공범 형태는 다음과 같이 두 가지로 그 구체적 유형을 분류할 수 있다. 이하에서는 국내에서의 학설대립을 중심으로 각각의 유형에 대해서 공범성립의 인정 여부를 논해 보기로 한다.

1. 결과적 가중범의 공동정범

공동정범이란 여러 사람이 공동하여 범죄를 실행하는 범죄 유형을 말한다. 이러한 공동정범은 공동행위자 사이에 공동실행한다는 의사의 연락이 있는 경우의 형태이다. 결과적 가중범을 신분범이면서 부진정 신분범으로 보았을 때 이와 관련하여 2인 이상이 관여하여 범한 형태 중 공동정범이 문제될 수 있다.

현재 국내학자들은 결과적 가중범의 공동정범 성립 여부와 관련하여 학설이 나누어진다. 결과적 가중범은 고의와 과실의 결합형식이므로 고의범인 기본범죄에 대해서만 공동정범의 성립이 가능하고, 과실에 의한 중한 결과에 대해서는 공동정범의 성립이

272

불가능하므로 결과적 가중범 자체의 공동정범은 성립하지 않고 공동정범자 각자가 중한 결과에 대한 과실이 있는 경우에는 동시범으로서 각자를 결과적 가중범으로 인정하면 된다는 부정설[381]이 있다. 그리고 주의의무를 공동으로 위반하는 과실범의 공동정범이 가능하다는 것을 전제로 하여 결과적 가중범에서도 중한 결과에 대한 공동의 과실, 즉 기본범의 고의에 대한 공동과 중한 결과에 대한 공동의 주의의무 위반이 있을 때에는 결과적 가중범의 공동정범이 성립한다는 긍정설[382]의 대립이 있다. 다만 과실범의 공동정범은 부정하면서도 결과적 가중범의 공동정범은 긍정하는 견해도 있음[383]에 주목할 필요가 있다.

이러한 학설대립은 결과적 가중범의 공동정범의 해석에서 결

---

381) 김일수/서보학, 앞의 책(총론), 476면; 박상기, 앞의 책(총론), 303면; 배종대, 앞의 책(총론), 728면(배종대 교수는 과실의 공동정범은 인정할 수 없기 때문에 결과적 가중범의 공동정범도 성립할 수 없다고 한다); 신동운, 앞의 책(총론), 587면; 안동준, 앞의 책(총론), 287면; 임웅, 앞의 책(총론), 518면;

382) 김성돈, 앞의 책(총론), 703면(김성돈 교수는 결과적 가중범의 공동정범 인정 여부와 과실범의 공동정범 인정 여부는 반드시 논리적인 연관관계를 가지고 있는 것은 아니라고 하면서 고의의 기본범죄의 유형적인 특징에 중점을 두고 결과적 가중범의 공동정범을 인정한다); 이재상, 앞의 책(총론), §15/15; 정성근/박광민, 앞의 책(총론), 446면.

383) 이는 日本에서 예를 찾아볼 수 있다. 団藤重光, 刑法綱要總論(第3版), 創文社, 1990, 402면; 前田雅英, 刑法總論講義(第3版), 東京大學出版會, 1998, 427면 이하; 또한 기본범이 고의범으로서 중한 결과를 발생시킨 행위로부터의 그러한 특별한 위험한 사정을 공동하여 인식하는 한 결과적 가중범의 공동정범을 인정해야 한다는 견해도 있다(井田 良, 前揭書, 431면).

과적 가중범의 본질이 신분범, 그중에서도 부진정 신분범이라는 점은 간과하고 있다. 따라서 결과적 가중범에 가담한 공동정범의 형태를 제33조에 의하여 해결하지 않고 단지 결과적 가중범이라는 단일의 범죄형상에 2인 이상이 참가한 형태를 기준으로 한 해석론으로 공동정범성립 여부를 판별하고 있기 때문에 발생하는 대립이다.

부진정 결과적 가중범의 공동정범의 경우에도 마찬가지 문제가 발생할 수 있다. 그러나 부진정 결과적 가중범을 부진정 신분범으로 본다면 중한 결과를 공동으로 하려는 고의의 공동이 있고 기본범죄의 실행에 동시에 착수하였다면 공동정범을 인정하는 데에 문제가 없다.

2. 결과적 가중범의 교사범과 방조범

결과적 가중범의 교사범과 방조범은 협의의 공범으로서 외부에서 결과적 가중범에 가담하는 범죄의 형태이다. 이러한 결과적 가중범에 가담한 교사범과 방조범에 대하여 현행 국내의 학설[384]과 판례[385]는 정범이 결과적 가중범을 범한 경우에 기본범

---

384) 김성돈, 앞의 책(총론), 765면: 김일수/서보학, 앞의 책(총론), 476면(김일수/서보학 교수는 결과적 가중범의 기본 구성요건이 고의범이므로 중한 결과의 구성요건이 과실이라도 전체로서 고의범의 일종으로 취급하여 이 한도에서 결과적 가중범에 대한 교사·방조도 고려할 수 있다고 한다): 박상기, 앞의 책(총론), 311면: 배종대, 앞의 책(총론), 730면: 임웅, 앞의 책(총론), 519면: 정성근/박광민, 앞의 책(총론), 447면.

274

죄에 대한 교사자 또는 방조자가 중한 결과에 대하여 스스로 과실이 있었을 때에는 결과적 가중범의 교사범 또는 종범으로서 공범성립을 인정하고 있다.

일반적인 논리에 따른다면 결과적 가중범에서 피교사자인 정범의 실행행위가 교사자의 고의 내용을 넘어서는 행위를 한 경우(양적 초과)에는 교사자는 자기의 고의범위 내에서만 책임을 지는 것이 원칙이다.[386] 이는 형법이 결과적 가중범의 공범성립 및 처벌에 있어서 예외를 인정하고 있다는 것을 의미한다. 그리고 그 구조에 대해서는 교사자 또는 방조자가 중한 결과 발생에 대한 정범의 고의(부진정 결과적 가중범의 경우) · 과실(진정 결과적 가중범의 경우)을 소지했느냐의 여부는 문제되지 않는다고 하고 있다.[387]

---

385) 대판 1993. 10. 8, 93도1873 판결; 대판 1997. 6. 24, 97도1075 판결.

386) 김성돈, 앞의 책(총론), 764면; 김일수/서보학, 앞의 책(총론), 643면; 배종대, 앞의 책(총론), 660면; 신동운, 앞의 책(총론), 625면; 정성근/박광민, 앞의 책(총론), 569면.

387) 중한 결과보다는 기본범죄에 중점을 둔 결과라고 생각된다. 다만 공범에 관한 제한적 종속형식을 철저히 따른다면 피교사자인 정범의 행위가 최소한 고의에 의한 위법한 행위일 것을 전제로 하므로 중한 결과에 대해서 고의가 없고 단지 예견가능성만이 있는 교사범이 결과적 가중범(진정 결과적 가중범) 전체의 교사범이 성립된다는 것은 논리에 맞지 않을 수도 있다(김성돈, 앞의 책(총론), 765면 참조); 김일수/서보학, 앞의 책(총론), 476면; 박상기 교수는 결과적 가중범에 대한 교사나 방조는 기본범죄에 대한 정범의 고의가 반드시 있어야 하고 동시에 중한 결과에 대한 과실이 인정되어야만 결과적 가중범의 교사범 또는 종범으로 처벌이 가능하다고 하여 고의기본범죄에 대한 교사 · 방조와 과실의 동시범으로 그 구조를 보고 있다(박상기, 앞의 책(총론), 311면); 배

다만 오영근 교수[388]가 결과적 가중범인 상해치사죄의 교사범을 인정하는 것은 중한 결과인 과실범에 대한 교사를 인정하는 것으로 부당하므로, 정범의 살인 또는 과실치사행위를 예견할 수 있었을 때에는 교사자에게 상해죄의 교사범과 과실치사죄의 상상적 경합 혹은 실체적 경합을 인정해야 하며 이 원리는 결과적 가중범의 교사범뿐만 아니라 방조범에도 그대로 적용해야 한다고 주장한다.[389]

또한 조상제 교수[390]는 현행 학설과 판례가 채택하고 있는 결과적 가중범의 공범성립의 긍정에 대한 정당성이 이론적 근거가

종대, 앞의 책(총론), 730면; 또한 임웅 교수는 공범의 처벌근거에 대한 '행위반가치·결과반가치 구별설'을 근거로 하여 결과적 가중범에 있어서 정범이 과실로 초래한 중한 결과의 '결과반가치'에 종속하여서 결과적 가중범의 교사범·방조범이 성립할 수 있으나 공범의 '행위반가치'는 독립적으로 자신에게 과실이 있는 경우에만 인정된다는 점을 구조로서 보여주고 있다(임웅, 앞의 책(총론), 519면).

388) 오영근, 앞의 책(총론), §34/67.

389) 일본의 경우는 과실범에 대한 교사 및 방조범은 인정하지 않는 견해가 통설이지만 결과적 가중범에 대한 교사범 및 방조범의 성립은 인정하는 견해가 다수설이다(예를 들면 井田 良, 前揭書, 432면; 大塚仁, 刑法概說(總論)(第3版增補版), 有斐閣, 2005, 324면; 大谷實, 新版 刑法講義總論, 成文堂, 2000, 490면 이하; 川端 博, 刑法總論講義, 成文堂, 1995, 587면 이하; 齊藤信治, 刑法總論(第5版), 有斐閣, 2003, 246면·274면; 野村稔, 刑法總論(補訂版), 成文堂, 1998, 439면注(5); 林幹人, 刑法總論, 東京大學出版會, 2000, 151면·448면; 前田雅英, 刑法總論講義(第3版), 東京大學出版會, 1998, 458면; 山口厚, 刑法總論, 有斐閣, 2001, 308면).

390) 조상제, 「결과적 가중범의 공범 -상해치사죄의 교사범-」, 저스티스 2004년 2월(통권 제77호), 한국법학원, 185면.

결여되었을 뿐 아니라 역시 중한 결과인 과실범 부분에 주목하는 한 과실범의 처벌에는 명문의 공범처벌규정이 필요하다는 점을 근거로 하여 공범성립 인정에 관한 학설과 판례의 태도에 대하여 의문을 품는 태도를 보이고 있다. 결국 조상제 교수는 '의심스러울 때에는 행위자에게 유리하게 (in dubio pro reo)라는 원칙을 근거로 하여 결과적 가중범의 공범성립을 부정하고, 기본범죄에 대한 교사범·방조범과 중한 결과에 대한 과실동시범의 상상적 경합으로 취급하는 입장을 취하고 있다.

다음으로 부진정 결과적 가중범의 공범은 중한 결과를 기준으로 하여 중한 결과를 교사 또는 방조하고 기본범죄의 실행의 착수를 교사한 경우 피교사자인 정범이 기본범죄의 실행에 착수하여 중한 결과를 발생시킨 경우는 부진정 결과적 가중범의 교사범 또는 종범이 성립하는 데 문제가 없다. 다만 중한 결과만을 교사하였는데 피교사자가 기본범죄의 실행에 착수하여 부진정 결과적 가중범을 발생시킨 경우는 형법 제33조 단서에 따라서 교사범과 방조범은 중한 결과의 죄명과 과형에 해당하는 책임만을 지게 됨에 주의할 필요가 있을 것이다.

마지막으로 독일의 경우에 1975년 이전 형법개정 전에는 결과적 가중범의 공범에 대하여 부정하는 견해가 있었다. 이는 공범은 이중의 고의(교사의 고의와 정범자의 고의)를 필요로 하므로 결과적 가중범의 정범자가 중한 결과를 고의 또는 과실로 야기한 경우에 공범이 성립하려면 공범자가 정범자의 중한 결과에 대하여 최소한 미필적 고의를 가지고 있어야만 결과적 가중범의

공범이 인정된다는 점을 근거로 하여 부정설을 전개하였다.[391]
즉 교사자 또는 방조자에게 단지 중한 결과에 대한 과실만 있는
경우에는 과실범의 공범은 불가벌이므로 결과적 가중범의 공범
은 성립할 수 없고, 단지 기본범죄의 교사범 또는 방조범으로 처
벌하는 것으로 족하다고 주장하였다.[392]

391) Hanack Ernst-Walter/Sasse Christian, Zur Anwendung des §56
auf den Teilnehmer, DRiZ 1954, 216(217); Oehler Dietrich, Das
Erfolgsqualifizierte Delikt und die Teilnahme an ihm, GA, 1954,
37f; Schneider Egon, Zur Anwendung des §56, JZ 1956,751;
Ziege Hans-Joachim, Die Bedeutung des §56 StGB für
Anstiftung und Beihilfe, NJW, 1954, 179.

392) 독일의 경우는 1975년의 형법개정을 통하여 결과적 가중범의 공범
성립을 인정하는 조항을 명문으로 규정함으로써 결과적 가중범의
공범성립 여부에 관하여 입법적인 해결을 보았다. 개정으로 인하여
독일 형법 제18조(결과적 가중범)는 "법률이 행위의 특별한 결과에
가중된 형벌을 규정하고 있는 때에는 그 결과에 대하여 적어도 과실
이 있는 정범 또는 공범에게만 이를 적용한다"고 규정하여 결과적
가중범의 공범을 명문으로 인정하고 있다. 또한 제11조 제2항을 신
설함으로써 "행위에 대하여는 고의를 요건으로 하지만 그로 인하여
야기된 특별한 결과에 대하여는 과실로 충족되는 법적 구성요건을
실현하는 경우에도 그 범행은 이 법에서 사용하는 의미의 고의이다"
고 하여 이를 뒷받침하고 있다. 그러나 개정 전 구독일 형법 시절에
는 현행 우리 형법과 같은 결과적 가중범 조문이 존재하고 있었으므
로 결과적 가중범의 공범인정 여부에 관한 학설의 대립이 치열하였
다. 이러한 학설의 대립의 내용과 전개에 대해서는 Christian,
Köhler, Beteiligung und Unterlassen beim erfolgsqualifizierten
Delikt am Beispiel der Körperverletzung mit Todesfolge(§ 227
I StGB), Berlin/Heidelberg/New York, 2000, S 56ff.

3. 검 토

　결과적 가중범의 본질은 신분범으로 볼 수 있고, 그중 부진정 신분범으로 볼 수 있음은 앞에서 살펴본 바와 같다. 즉 일정하고 특수한 유형의 기본범의 실행에 착수한 신분으로 인하여 중한 결과를 발생케 하였으므로 형이 가중되는 부진정 신분범이다. 이러한 신분범인 결과적 가중범이 단독으로 범행을 실행하였을 때에는 별 문제가 없다. 그러나 비신분자가 공범의 형태로 가담하여 범죄를 실행한 경우라면 비신분자의 형법적 취급이 문제된다. 우리 형법 제33조는 이러한 경우를 해결하기 위하여 마련한 입법이다.

　그러나 현행 학설과 판례는 이러한 결과적 가중범의 본질을 제대로 파악하지 못하고 있는 듯하다. 이는 현행 형법에서 외부에서 공범의 형태로 정범에 가담한 최광의의 공범 중 임의적 공범의 3가지 유형, 즉 공동정범·교사범·종범의 유형을 결과적 가중범과 관련지어 논함에 있어서 단지 범죄의 형태에 따른 결과적 가중범의 공동정범·교사범·종범 성립 여부를 결과적 가중범이라는 단일의 범죄형상에 임의적 공범의 3가지 형태가 인정될 수 있는가에 따라서 판별하는 방향으로 흘러온 점에서 알 수 있고 이러한 접근방식은 공범의 책임 여부 범위 확정과 인정 여부에 있어서 혼란을 불러일으킬 여지가 크다. 이는 결과적 가중범의 공동정범 인정 여부를 판별하는 데 있어서 중한 결과인 과실범의 공동정범의 공동정범인정 여부에 따라서 전체적 결과적 가중범의 공동정범인정 여부를 결정한다든지, 혹은 교사자 또는 방조자가 중한 결과에 대하여 과실이 있으면 결과적 가중범의 교사범 또는 종범을 인정한다는 학설의 태도 등에서 명백히 알 수 있다.

그러나 우리 형법은 제33조에서 규정을 두어 부진정 신분범에 가담하는 범죄를 판별하는 해석의 기준을 제시해 놓고 있다. 이에 따라서 해석한다면 제33조 단서를 적용하여 비신분범으로서 결과적 가중범에 공범의 형태로 가담한 공동정범·교사범·종범은 각각 죄명과 과형이 모두 함께 개별화된다고 보아야 한다. 결국 정범인 결과적 가중범에 외부에서 가담한 비신분자가 공동정범으로 가담한 경우는 정범은 결과적 가중범으로 처벌하고 공범인 공동정범은 기본범죄의 죄명과 형으로 처벌한다.

또한 정범인 결과적 가중범에 교사범 또는 방조범으로서 가담한 비신분자에게는 역시 제33조 단서에 따라서 정범은 결과적 가중범으로 처벌되지만 가담자는 기본범죄의 교사범 또는 방조범의 죄명과 과형으로 처벌해야 한다. 보다 명쾌한 결론에 도달하게 하는 해결방법이다.

다만 공범자가 중한 결과에 대해서 과실이 있고 이러한 과실이 입증되었을 경우가 문제된다. 그러나 결과적 가중범은 기본범죄를 행한 자가 중한 결과를 발생케 하였을 때만 성립되는 신분범의 일종이므로 외부에서 가담한 공범 중 교사범과 방조범은 중한 결과를 직접 발생케 하지 않았다. 따라서 이러한 입증은 단지 추상적인 입증으로서 '의심스러울 때는 피고인의 이익으로'라는 형사소송법상의 대원칙을 전제로 하는 한 굳이 유추할 필요성이 없다고 할 것이다. 그러나 공동정범의 경우에 기본범죄의 공동정범이 중한 결과에 대하여 모두에게 주의의무를 공동으로 위반한 과실이 입증된다면 (예를 들어 폭행을 동시에 2명이상이 하여 치사의 결과가 발생한 경우) 결과적 가중범의 공동정범으로 처벌할 필요성은 있다고 본다.

제4절 전 망

형법상의 결과적 가중범은 수많은 비난에도 불구하고 존속의 정당성에 대한 의문을 극복해 나가며 존속해 왔다. 이러한 결과적 가중범에 대하여 기본범죄의 미수에 중점을 두고 결과적 가중범의 미수에 대한 해석론과 입법론을 전개하였다. 또한 새로운 면에서 기존의 논의와는 다른 부진정 신분범이라는 본질적인 면에서 접근해 봄으로써 새로운 해석의 출발점을 찾아보았다.

우선 미수와 관련하여 기본범죄와 중한 결과로 구성된 결과적 가중범은 고의범인 기본범죄에 중점을 두어 해석을 전개해 나가야 한다. 이는 입법자가 결과적 가중범을 총칙에서 규정하면서 몇몇 특정된 기본범죄와 연결된 중한 결과만을 결과적 가중범이라는 독자적 형상의 범죄 형태를 입법하였다는 점을 염두에 두어야 한다. 따라서 결과적 가중범의 미수는 반드시 기본범죄가 기수에 도달하는 상황만을 상정한 것이 아니라는 점에 중점을 두어야 한다. 또한 형법에서 조문구조상 보여주는 결과적 가중범에 관한 총칙규정은 중한 결과에 대해 과실 여부에 따른 성립 여부를 묻고 있을 뿐 중한 결과가 발생했다고 해서 기본범죄가 미수에 그친 경우까지도 결과적 가중범의 기수로 처벌해야 한다는 근거는 찾을 수 없다.

미수에 관한 입법과 관련하여서는 논리적 기준이 없는 비일관적인 문제점이 가장먼저 시정되어야 하며 이를 위한 정책적 해결방안으로서 누락된 결과적 가중범 처벌규정의 신설, 기본범죄의 미수범 처벌규정이 없는 결과적 가중범의 보완, 부진정 결과적 가중범 해결을 위한 현행 고의결합범의 확장이 제시되었다.

또한 공범과 관련하여서는 결과적 가중범의 본질과 관련하여 먼저 논의가 이루어져야 한다. 결과적 가중범은 형의 불균형을 시정하기 위해 정책적으로 급조된 범죄 형태인 부진정 결과적 가중범을 제외한 진정 결과적 가중범은 기본범죄의 특성에 중점을 두어 공범문제를 해결해 나가야 한다.

즉 몇몇 특정된 기본범죄행위를 범한 자로서 범죄의 주체인 행위자가 특정되고 이러한 행위자만이 상해 또는 사망 등의 일정한 중한 결과를 낳았을 때 형벌이 가중되는 부진정 신분범이며, 이중 가중적 신분범임을 인식하여야 한다. 그렇다면 당연히 이러한 부진정 신분범인 결과적 가중범에 가담하는 공범은 우리 형법 제33조 단서의 적용을 받아야 한다. 따라서 정범은 결과적 가중범으로서 처벌되지만 여기에 가담하는 임의적 공범, 즉 공동정범 · 교사범 · 정범은 기본범의 죄명과 과형으로 처벌되어야 한다. 중한 결과를 직접 낳지도 않은 비신분자인 공범을 결과적 가중범과 동일한 죄명과 과형으로 처벌하는 해석은 우리 형법상 허용되지 않는 해석이며 피고인의 이익에 반하기 때문이다.

제5장 결합범과 부진정 결과적 가중범

284

제1절 문제의 제기

형법에는 "결합범"이라는 범죄 형태가 있다. 현행 형법에서 이러한 결합범은 개별적으로도 처벌이 가능한 독립된 구성요건에 해당하는 복수의 범죄가 결합하여 단일의 구성요건에 해당하는 범죄가 되는 유형을 의미한다.[393] 가령 강도죄와 살인죄 모두 개별적으로 처벌이 가능한 독립된 범죄구성요건이 결합하여 하나의 구성요건인 강도살인죄가 되는 것이 그 예이다.

한편 우리 형법상 인정되는 또 다른 범죄의 한 형태로서 "부진정 결과적 가중범"이라는 것도 있다.

부진정 결과적 가중범이란 중한 결과가 과실로만 발생하는 진정 결과적 가중범에 비하여 과실뿐만 아니라 고의에 의하여서도 발생할 수 있는 형태의 결과적 가중범 유형을 의미한다. 이는 결

---

393) 김성돈, 앞의 책(총론), 813면; 김일수/서보학, 앞의 책(총론), 522면; 박상기, 앞의 책(총론), 483~484면; 결합범은 일반적으로 포괄일죄로 취급된다. 그 근거는 결합범 자체는 한 개의 구성요건으로서 한 개의 범죄완성을 위하여 수 개의 실행행위가 포함되어 있다는 점에서 찾을 수 있다(이재상, 앞의 책(총론), §38/24; 정성근/박광민, 앞의 책(총론), 623면; 정영일, 앞의 책(총론), 369면; 香川達夫, 「結合犯と結果的加重犯」, 法學セミナ, 1983年 6月, 71頁).

과적 가중범에 해당하는 형태의 범죄 유형으로서 형벌의 균형을 맞추기 위하여 해석상 인정되는 범죄 형태이다.

중한 결과가 과실이 아닌 고의에 의해 발생한다면 기본범죄와 중한 결과라는 복수의 고의범의 결합과 복수의 보호법익침해로서 이루어지는 부진정 결과적 가중범도 결합범과 마찬가지의 구조를 지닌다. 즉 부진정 결과적 가중범도 중한 결과에 대하여 고의를 가지고 실행의 착수에 나아갔다면 각각 개별적으로 처벌이 가능한 기본범죄와 중한 결과라는 복수의 범죄에 대하여 단일의 구성요건에 해당하는 부진정 결과적 가중범이라는 하나의 범죄의 결과를 도출해냈다는 데에 특징이 있는 점에서 결합범과 거의 유사하다.

한편 이 두 범죄 형태, 즉 결합범과 부진정 결과적 가중범은 원칙적으로 수죄로서 각각의 개별 범죄의 경합에 의해서 처벌하여야 한다. 그러나 단일 구성요건으로 규정되어 이러한 개별 범죄의 경합에 의한 처벌보다 훨씬 높은 형이 책정되어 있다.[394] 이것이 과연 형벌의 근거와 정도를 책임의 범위로 한정하는 책임주의의 원칙에 부합한 것인가에 대해 의문이 제기되지 않을 수 없다.

여기서 먼저 결합범의 본질은 무엇이며 이러한 본질에 따른 결합범의 분류와 특징·구조 그리고 그에 따른 결합범의 정비방안은 어떠한 방향으로 잡아야 하는가에 대해서 살펴볼 필요가 있다.

---

394) 가령 폭행죄와 절도죄의 실체적 경합은 형량이 8년 이하의 징역 또는 1,500만 원 이하의 벌금이다. 그러나 양 범죄의 결합범인 강도죄는 3년 이상의 유기징역이다.

또한 단지 형의 불균형을 시정하기 위해 인위적으로 창조해
낸 개념인 부진정 결과적 가중범이라는 형태의 범죄가 과연 형
법의 해석론에서 존재할 필요가 있는가와 형법학에서의 앞으로
의 부진정 결과적 가중범의 정비방안은 어떠한 방향으로 잡아나
가야 하는가를 법적 성격과 범죄의 실현단계에서의 결합범과의
비교를 중심으로 체계적으로 살펴보고자 한다.

제2절 결합범과 부진정 결과적 가중범의 법적 성격

1. 개 념

(1) 결합범

우선 결합범[395]의 특징은 개별적으로 독립해서도 처벌이 가능

---

[395] 결합범에 해당하는 범죄로는 현행 우리 형법에서 강도죄와 살인
죄의 결합범인 강도살인죄(제338조), 폭행죄 또는 협박죄와 절도
죄의 결합범인 강도죄(제333조)와 준강도죄(제335조), 폭행죄 또
는 협박죄와 간음죄(화간의 경우는 범죄가 되지 않으나 제241조
제1항의 '간통'일 경우와 제305조 '13세 미만의 부녀에 대한 간음'
일 경우는 간음행위만으로도 범죄가 된다)의 결합범인 강간죄(제
297조), 폭행죄 또는 협박죄와 추행죄(성폭력범죄의처벌및피해자
보호등에관한법률 제13조 '공공밀집장소에서의 추행' 및 제305조
'13세 미만의 부녀에 대한 추행'일 경우)의 결합범인 강제추행죄
(제298조), 강도죄와 강간죄의 결합범인 강도강간죄(제339조), 체

한 독립된 2 이상의 구성요건에 해당하는 한 개 혹은 수 개의

포·감금죄 또는 약취·유인죄와 공갈죄의 결합범인 인질강도죄(제336조), 체포·감금죄 또는 약취·유인죄와 강요죄의 결합범인 인질강요죄(제324조의 2), 강도죄와 상해죄의 결합범인 강도상해죄(제337조), 강간죄와 상해죄의 결합범인 강간상해죄(제301조), 강간죄와 살인죄의 결합범인 강간살인죄(제301조의 2), 주거침입죄와 절도죄의 결합범인 야간주거침입절도죄(제330조), 주거침입죄와 강도죄의 결합범인 특수강도죄(제334조)와 해상강도죄(제340조), 손괴죄와 주거침입죄 그리고 절도죄의 결합범인 특수절도죄(제331조), 체포·감금죄와 학대죄 등의 결합범인 중체포·중감금죄(제277조), 인질강요죄와 상해죄의 결합범인 인질상해죄(제324조의 3), 인질강요죄와 살인죄의 결합범인 인질살해죄(제324조의 4), 손괴죄와 폭행죄의 결합범인 폭발성물건파열죄(제172조 제1항), 역시 손괴죄와 폭행죄의 결합범인 가스·전기 등 방류죄(제172조의 2 제1항) 등을 예로 들을 수 있다(여기서 강간죄가 결합범이 아니라는 견해는 정성근/박광민, 앞의 책(총론), 386면이 있다; 그리고 성폭력범죄의처벌및피해자보호등에관한법률 제13조(공중밀집장소에서의 추행)는 "대중교통수단, 공연·집회장소 기타 공중이 밀집하는 장소에서 사람을 추행한 자는 1년 이하의 징역 또는 300만 원 이하의 벌금에 처한다"라고 규정되어 있다. 이는 단순추행행위를 처벌할 수 있는 근거조항이다; 한편 일본 형법상의 결합범에 해당하는 범죄로는 손괴죄 또는 폭행·협박죄와 도주죄와의 결합범 혹은 통모도주의 형태를 띤 가중도주죄(제98조), 폭행·협박과 그로 인한 재물의 절취가 결합한 강도죄(제236조), 강도살인죄(제240조 후단), 강도강간죄(제241조 전단) 등을 예로 들 수 있다; 다만 일본 형법상 가중도주죄에 대해서는 그 성립이 전제로 되어 있는 두 가지 형태인 손괴도주와 2인 이상의 통모도주의 양자에 대하여 ① 손괴도주는 결합범이기 때문에 손괴행위 시에 실행의 착수를 인정하지만 통모도주는 결합범이면서 통모행위가 아닌 도주행위 시에 실행의 착수를 인정한다는 점, ② 통모하여 도주한 상대방인 통모자 자신은 어떠한 형법상의 규정으로도 처벌이 불가능한 점, ③ 주체로서 구인장의 집행을 받은 자는 제98조의 가중도주죄의 주체가 된다면 당연히 처벌이 가능하지만 그 자체로서는 단독도주죄로서 처벌이 불가능한 점을 근

288

행위396)가 결합하여 한 개의 구성요건에 해당하는 범죄가 되는
일죄의 한 유형이라고 할 수 있다.397) 이러한 결합범을 책임원칙

거로 하여 가중도주죄의 결합범성을 부정하는 견해가 있다(香川
達夫, 「結合犯と結果的加重犯」, 74~75면)).

396) 결합범의 개념에서 행위의 복수성에 결합범의 특징을 강조하는
입장으로는 정영일, 앞의 책(총론), 369면 참조.

397) 다만 여기서 행위의 수에 대해서는 조금 더 생각해 보아야 할 필
요가 있다. 행위의 수 평가에 있어서 형법적 측면에서 수를 평가
할 때에는 수 개의 자연적 행위라 하더라도 사회적·형법적 행위
표준설에 의한 의미에서는 구성요건상 한 개의 행위가 되는 경우
가 있으며 결합범도 여기에 속한다고 볼 수도 있다. 이렇게 본다
면 결합범은 수 개가 아닌 한 개의 행위로서 성립되는 범죄 형태
가 된다(임웅, 앞의 책(총론), 566면; 후술하는 다행위범에서도
같은 현상이 나타난다. Johannes Wessels 저·허일태 역, 독일형
법총론, 세종출판사, 1998, 379면); 또한 결합범이 포괄일죄라는
것과 관련하여 일본에서는 결합범은 서로 異種의 범죄가 결합한
것이기 때문에 구성요건적 측면의 이질적 포괄성의 문제가 제기
되는 관계로 법조경합의 경우로 취급되어야 한다고 주장하는 학
설도 있다(板倉宏, 刑法總論, 勁草書房, 2004년 4월, 342~343혈
참조; 阿部純二, 「包括的一罪」, 西原春夫·宮擇浩一·阿部純二·
板倉宏·大谷實·芝原邦爾 編, 刑法判例研究4, 1980·1981, 참조);
한편 부분 범죄로서의 개별 범죄와 전체 범죄가 모두 충족되지만
그중 전체 범죄의 구성요건만 충족된다는 특별관계의 측면을 강
조하여 법조경합의 경우로 취급되어야 한다는 우리나라의 견해는,
손동권, 앞의 책(총론), 591면 참조; 또한 구성요건 자체가 복수
의 행위를 예정하고 있는 경우에는 이를 단일의 범죄로서 포괄하
여 단순일죄로 보아야 하기 때문에 복수의 행위로서 이루어져 있
는 결합범도 각각 독립하여 범죄로 되기는 하지만 이를 포괄하여
복수의 행위가 통합되어 하나의 범죄로 되기 때문에 단순일죄가
된다고 보는 학설도 있음에 주목할 필요가 있다(김성돈, 앞의 책
(총론), 826면; 淺田和茂, 刑法總論, 成文堂, 2005, 473면); 그리고
독립된 구성요건에 해당하는 법익침해와 관련하여 독일 형법에서
의 결합범의 개념을 살펴볼 필요가 있다. 독일에서 결합범은 단일

에 반하는 측면이 있음에도 인정하는 이유는 별개의 구성요건상의 독립범죄가 결합될 경우에는 결합되는 수 개의 범죄행위의 위험성을 단순히 합한 것보다 더 큰 위험성, 즉 '범죄의 시너지 효과'로 인해 그 불법성이 가중되어 단일의 결합범으로 묶어서 가중처벌을 할 필요가 있기 때문이다.398)

결합범의 개념에서 문제되는 것 중 중요한 하나는 다행위범의 개념이다. 이러한 다행위범(Mehraktige Delikte)399)은 일행위범

(법익침해)범(Einfache Delikte)과 대비되는 개념으로 사용된다. 즉 하나의 법익침해를 규정하고 있는 범죄를 단일범이라고 하고, 둘 이상의 법익을 침해하고 있는 경우를 결합범이라고 한다(우리나라에서 같은 취지로 이해하고 분류하고 있는 견해는 배종대, 앞의 책(총론), 2005, 194면; 가령 독일 형법상 살인과 상해 그리고 손괴는 단일범으로서 한 개의 법익만 침해한다. 그러나 절도는 소유권과 점유라는 2개의 법익을 침해하는 결합범이 되는 것이다. 또한 강도의 경우에는 소유권, 점유권 및 개인의 의사결정과 활동의 자유를 침해하는 결합범이 되는 것이다. 이는 법익에 대한 위험성이나 침해를 기준으로 하여 2개의 법익 모두에 대한 최소한의 위험이 발생하여야 결합범의 실행의 착수나 미수가 가능한 것이고, 이는 이러한 2개의 법익 모두가 침해되지 않더라도 경우에 따라서는 중요한 법익의 침해만으로도 기수를 인정할 수 있다는 해석이 독일의 통설이다(Roxin Claus, Strafrecht Allgemeiner Teil Band Ⅰ. Grundlagen. Der Aufbau der Verbrechenslehre, 4. Auflage., München 2006, § 10 Ⅵ Rn. 126).

398) 이는 앞의 폭행죄와 절도죄의 실체적 경합범과 두 범죄의 결합범인 강도죄의 양형의 차이에서 입법의 근거를 찾을 수 있다(권오걸, 앞의 책(총론), 620면; 오영근, 앞의 책(총론), §39/23).

399) 다행위범의 개념은 매우 범위가 넓다. 즉 독일에서의 불완전한 2행위범(unvolkomme zweiaktigen Delikte)이나 단축된 결과범(kupierte Erfolgsdelikte) 모두 다행위범에 속한다(Roxin, a.a.O, Rn 128); 그리고 다수의 택일적 행위 중 어느 하나의 충족으로

(Einaktige Delikte)[400]과 구별의 기준대상으로 삼는 범죄 형태
이다. 결합범과의 개념 구분은 다행위범은 독립하여서는 범죄가
되지 않는 복수의 행위를 포괄하여 한 개의 범죄구성요건으로
하고 있는 범죄의 형태라는 데에서 찾아볼 수 있다. 가령 사기죄
를 예로 들 수 있는데 기망행위와 그로 인한 교부에 의한 재물
취득행위는 복수행위로서 각각 독립하여서는 범죄가 될 수 없다.
그러나 이러한 복수행위가 결합하면 사기죄라는 하나의 범죄구
성요건이 된다는 점에 특징이 있다.[401] 즉 독립하여서는 각각의
행위가 모두 별개의 범죄가 되지 않는다는 점과 반드시 후행행
위는 선행행위로부터 나온다는 점(제1의 행위를 통해서만 제2의
행위가 이루어지는 범죄)에 결합범의 개념과 구분되는 다행위범
만의 특징이 있는 것이다.[402] 여기서 행위의 개수가 아닌 구성요

　　범죄가 성립되는 유형(우리 형법 제253조 위계 등에 의한 촉탁살
　　인등죄, 우리 형법 제362조 장물의 취득, 알선 등 죄, 우리 형법
　　제98조 간첩죄)도 모두 다행위범에 속하는 유형이다; 우리 형법
　　제207조 통화의 위조 등 죄도 하나의 구성요건에 수 개의 동종행
　　위의 반복을 예상하는 경우이므로 다행위범이라고 볼 수 있다.

400) 이러한 구분은 독일 형법상 손괴죄는 단일의 행위로 이루어진 범
　　죄이므로 일행위범이고, 강도죄의 경우는 폭행·협박행위 후에
　　뒤따라오는 취거(Wegnahme)라는 행위로 이루어진 다행위범이
　　다. 마찬가지로 강간죄 역시 폭행·협박행위와 간음행위로 이루
　　어진 다행위범이다. 일행위범과 다행위범의 이러한 구분은 특히
　　준강도죄에서 그 차이를 명확하게 찾아볼 수 있다(Roxin, a.a.O,
　　Rn 127); 강도살인죄의 경우도 폭행 또는 협박과 재물의 취거
　　그리고 살인행위라는 다행위로 이루어진 다행위범이라는 예에서
　　구분할 수 있다.

401) 정성근/박광민, 앞의 책(총론), 610면; 淺田和茂, 前揭書, 473면;
　　淺田和茂 교수 역시 이러한 다행위범을 단순일죄로 본다.

건상의 법익침해의 개수에 중점을 두어 개념을 정의할 때에는
결합범과 다행위범은 서로 다른 개념이 된다.[403]

402) 김성룡, 「'형법상 결합범에 대한 입법론적 검토'에 대한 토론」, 형
    사법연구 제22호(2004 겨울) 특집호, 118면 참조; 이러한 점에서
    다행위범과 결합범은 각각의 복수의 행위가 개별적으로 처벌이
    가능한 독립된 범죄가 되느냐 되지 않느냐에 차이에 있다. 강간
    죄는 폭행·협박죄와 간음의 결합범(김일수/서보학, 새로 쓴 형
    법각론(제6판), 박영사, 2004, 158면)이라는 것과 따라서 간음행위
    자체가 독자적으로 범죄행위가 되지 않는다는 근거로 결합범과
    다행위범을 같은 의미로 사용하는 견해도 있다(한상훈, 「형법상
    결합범의 유형과 입법론적 검토」, 형사법연구 제22호(2004 겨울)
    특집호, 89면 참조). 그러나 강간죄는 다행위범이기도 하지만 결
    합범이기도 하다. 간음행위는 화간일 경우에는 처벌되는 범죄행
    위가 되지 않지만 간통죄의 구성요건에 해당한다면 범죄행위가
    되기 때문이다. 결합범을 행위의 수에 중점을 두지 않고 침해되
    는 법익이 복수일 때를 대상으로 하는 범죄라고 한다면 강간죄는
    결합범이 되기도 하지만(간음행위가 간통죄의 경우 혹은 13세 미
    만의 부녀에 대한 간음인 경우) 되지 않는 경우(간음행위가 화간
    일 경우)도 있다는 것이 분명하다. 즉 다행위범과 결합범은 중복
    되는 면이 있으나 일반적으로 다행위범의 개념이 결합범보다 더
    넓으며, 양자의 개념 사이에 특별한 관계가 있는 것은 아니다:
    한편 양형의 측면에서 보았을 때 두 범죄의 결합에 의한 위험성
    때문에 가중처벌되는 결합범의 취지에 비추어 우리 형법 제297조
    의 강간죄는 모든 경우에 결합범이 되는 것이 아니고 예외적으로
    간통일 경우에 결합범이 된다. 그러나 거의 모든 경우에 결합범
    이 되는 강제추행죄(제298조)의 형량이 제297조보다 더 낮다. 주
    의 깊게 고찰해야 할 항목이라 할 것이다.

403) 다행위범은 결합범과 중복되는 부분이 있지만 양자를 같은 개념으
    로 보는 것은 무리이며 별개의 범죄의 형태로 보면 족하다: 결합
    범의 개념에서 보호법익의 수를 중요시한다면 상해치사죄(제259
    조)를 비롯한 결과적 가중범도 결합범의 개념에 포함되는 것이 된
    다. 상해치사죄가 신체의 완정성과 생명의 2가지를 모두 보호법익
    으로 하고 있다는 것을 생각하면 된다(Hans-Heinrich Jescheck/

292

(2) 부진정 결과적 가중범

부진정 결과적 가중범404)은 중한 결과에 대하여 과실이 있는 경우뿐만 아니라 '고의'가 있는 경우에도 성립하는 결과적 가중범을 의미한다.405) 이러한 부진정 결과적 가중범에 관하여는 그 인

Thomas Weigend, Lehrbuch des Strafrechts Allgemeiner Teil, 5. Auflage, Berlin, 1995, §26 Ⅱ. 4; 김일수/서보학, 앞의 책(총론), 149면; 배종대, 앞의 책(총론), 194면).

404) 현행 우리 형법의 다수설은 제2장에서 언급했듯이 부진정 결과적 가중범으로 해석될 수 있는 범죄로서 특수공무방해치상죄(제144조 제2항), 현주건조물방화치사상죄(제164조 제2항), 폭발성물건파열치상죄(제172조 제2항), 인질치상죄(제324조의 3), 가스·전기 등 방류치상죄(제172조의 2 제2항), 가스·전기 등 공급방해치상죄(제173조 제3항), 현주건조물일수치상죄(제177조 제2항), 교통방해치상죄(제188조 전문), 음용수혼독치상죄(제194조), 체포·감금치상죄(제281조 제1항 전문), 중상해죄·존속중상해죄(제258조), 중권리행사방해죄(제326조), 중손괴죄(제368조 제1항), 중손괴치상죄(제368조 제2항 전문)를 들고 있다(정성근/박광민, 앞의 책(총론), 438면 참조; 다만 필자의 견해로는 중상해죄, 중권리행사방해죄, 중손괴죄는 부진정 결과적 가중범이 아니다. 중상해의 경우는 생명에 대한 위험의 고의를 가지고 상해행위의 실행에 착수한 자는 상해죄와 살인미수죄의 경합범으로 보아 살인미수죄를 적용하면 형의 불균형이 없다. 중권리행사방해죄의 경우도 생명에 대한 위험 발생의 고의를 가지고 강요죄(제324조)와 점유강취 및 준점유강취죄(제325조)의 실행에 착수한 자는 역시 살인미수죄를 적용하면 형의 불균형이 없고, 중손괴죄도 마찬가지이다; 한편 이러한 결과적 가중범을 특수한 결과적 가중범의 유형으로 분류하고 있는 견해로는 김성돈, 앞의 책(총론), 565면 참조).

405) 본고에서 논하는 부진정 결과적 가중범은 중한 결과가 고의에 의해 발생한 부진정 결과적 가중범만을 연구대상으로 한다. 중한 결과가 과실에 의해 발생한 진정 결과적 가중범은 우리 형법 제15

정 여부가 긍정설[406]과 부정설[407]로 나누어 학설이 대립되고 있

조 제2항에 그 근거조항이 명시되어 있고, 이는 독자적인 결과적 가중범의 연구 영역에 속한다. 또한 고의범만의 결합을 다룬 결합범과의 비교고찰대상으로 적절치 않다는 점도 하나의 이유이다; 한편 일본에서의 부진정 결과적 가중범이라는 개념은 「고의 있는 결과적 가중범」이라는 개념에서 시작되었다. 이는 중한 결과로서 되어 있는 사실이 과실로서 실현된 경우라면 당연히 결과적 가중범으로서 처벌되겠지만 당해 결과가 고의적으로 실현된 경우 행위자는 어떻게 처벌되어야 할까라는 문제로서 대두되었다. 그리하여 처음에는 부진정 결과적 가중범이 아닌 단순한 고의결합범의 문제로서 논의가 시작되었다. 일본에서 이러한 고의 있는 결과적 가중범은 대표적으로 형법 제126조 기차전차전복등치사죄와 제240조 강도치사죄를 들 수 있으며 이를 인정하는 근거로서는 법정형의 불균형과 독일에서의 분류모방 등을 들 수 있다. 이에 관해 자세한 것은 임석원, 「결과적 가중범의 미수에 관한 연구」, 성균관대학교 법학 박사학위논문, 2005, 20~29면 참조.

406) 김성돈, 앞의 책(총론), 563면; 김일수/서보학, 앞의 책(총론), 468면; 박상기, 앞의 책(총론), 298면; 배종대, 앞의 책(총론), 720면; 신동운, 앞의 책(총론), 246면; 안동준, 앞의 책(총론), 285면; 오영근, 앞의 책(총론), §13/13; 이상우, 「결과적 가중범과 책임주의의 조화」, 법조, 2004년 4월, 204면; 이재상, 앞의 책(총론), §15/7; 이형국, 앞의 책(총론), 341면; 임웅, 앞의 책(총론), 512면(임웅 교수는 법정형의 불균형해소의 필요성 때문에 부진정 결과적 가중범을 인정하며 이러한 해석은 확장해석이 아니라 당연해석(물론해석)에 속하고 죄형법정주의에 위배된다고 보지 않는다); 정영일, 앞의 책(총론), 137면; 진계호, 앞의 책(총론), 289면; G. Jakobs, Strafrecht, AT, 2. Aufl., 1993, S. 330 Rn, 30f; Hans Heinrich Jescheck, Lehrbuch des Strafrecht, AT, 4, Aufl., 1988, S. 656; Fritjof. Haft, Strafrecht, AT, 4. Aufl., 1990, S. 168.

407) 권문택, 「결과적 가중범」, 고시계 1972년 7월, 62면; 권오걸, 앞의 책(총론), 384면; 김용욱, 「부진정 결과적 가중범에 대한 비판적 고찰」, 죽헌 박양빈 교수 회갑기념논문집, 현대형사법론, 1996, 94~95면; 백형구, 「결과적 가중범」, 월간고시, 1988년 1월, 101~

음을 주목할 필요가 있다.

먼저 부정설의 근거로는 중한 결과에 대해 과실이 있는 경우에 인정되는 진정 결과적 가중범이라는 구성요건이 있으므로 중한 결과를 고의로 실현한 경우는 기본범죄가 '그 중한 결과를 구성요건적 결과로 하고 있는 고의범'에 흡수되어[408] 고의결과범으로서 고의범이 될 뿐이지 굳이 부진정 결과적 가중범이라는 구성요건을 적용할 여지가 없다고 본다. 또한 중한 결과의 고의범을 또 인정하여 상상적 경합으로 처리하면 이중평가금지원칙에도 반한 게 된다는 점과 형의 불균형문제는 법조경합으로 처리하면 자연스럽게 해결된다는 점, 우리 형법에서는 독일 형법(제18조)에서처럼 "적어도 과실(wenigstens Fahrlässigkeit)"이 있음을 요구하지 않는다는 점을 근거로 든다.

반면 긍정설의 근거로는 일단 형벌의 불균형을 시정해야 한다는 근본적 이유[409]에서 출발하여, 중한 결과를 예견할 수 있으면 결과적 가중범이 성립하는 것이므로 예견가능성을 인식가능성이라는 용어와 동일하게 해석한다면 여기에 중한 결과에 대하여 고의가 있는 경우를 제외한다고 할 수 없다고 한다. 또한 중한 결과

102면; 정성근/박광민, 앞의 책(총론), 440면; 황산덕, 형법총론(제7정판), 방문사, 1982, 141면.

408) 법조경합을 의미한다.

409) 가령 살인의 고의로 주거용 건물에 방화하여 사람을 살해하였을 때 부진정 결과적 가중범인 현주건조물방화치사죄(사형, 무기 또는 7년 이상의 징역)를 적용하지 않고 살인죄(제250조 제1항)와 현주건조물방화죄(제164조 제1항)의 상상적 경합을 인정하면 중한 결과에 대해 '과실'만 있는 현주건조불방화치사죄(제164조 제2항)보다 더 가벼운 사형, 무기, 또는 5년 이상의 징역에 처하게 된다.

가 고의에 의한 경우 그 자체로서 부진정 결과적 가중범이기 때문이 아니라 형벌의 부당함이 초래되기 때문에 비로소 결과적 가중범이라고 부를 수 있게 되기 때문[410]이라는 점을 근거로 하여 부진정 결과적 가중범을 인정하고 있다. 우리나라의 판례도 마찬가지 입장이다.[411]

2. 구 조

(1) 결합범

현행 우리 형법상의 결합범은 보호법익 침해에 있어서 개인적 법익을 침해하는 범죄 형태로만 형태가 정해져 있다. 또한 그 구조는 고의범인 두 범죄, 즉 제1범죄와 제2범죄를 합한 것으로 되

---

410) 예컨대 현주건조물방화치사죄(형법 제164조 제2항: 사형, 무기 또는 7년 이상의 징역)는 그 자체로서 부진정 결과적 가중범인 것이 아니라 살인죄(제250조 제1항: 사형, 무기 또는 5년 이상의 징역)와 관련하여 비로소 부진정 결과적 가중범이라고 부를 수 있는 것일 뿐 영아살해죄(제251조: 10년 이하의 징역)와 관련해서도 여전히 그런 것은 아니다. 산모가 집에 방화하여(참작할 만한 동기로) 영아를 살해한 경우에 현주건조물방화치사죄를 적용하여 사형, 무기 또는 7년 이상의 징역에 처하는 것은 납득할 수 없기 때문이다. 따라서 "어떠한 결과적 가중범이 중한 결과의 발생에 대하여 고의가 있는 경우인 부진정 결과적 가중범인지는 그에 대하여 가해지는 형벌의 불균형 여부를 검토하여 상대적으로 결정하여야 한다"는 생각을 의미한다(김용욱, 「부진정 결과적 가중범에 대한 비판적 고찰」, 96~97면 참조).

411) 대판, 1995. 1. 20, 94도 2842; 대판 1990. 6. 26, 90도765.

296

어 있다. 즉 범죄의 기본적 형태인 단일범인 제1범죄와 역시 단일범인 제2범죄가 결합한 형태가 기본적 구조라고 할 수 있다.

그러나 결합범은 이러한 기본적 형태만 존재하는 것이 아니다. 제1범죄와 제2범죄 중 하나가 결합범의 형태로 되어 있는 범죄가 있는가 하면 제1범죄와 제2범죄 모두 결합범의 형태로 재결합되어 있는 범죄도 있다.

따라서 결합범은 그 구조적 측면에서 편의상 다음과 같이 두 가지 형태로 구분할 수 있다. 우선 제1범죄와 제2범죄 모두 단일범만의 결합으로 이루어진 기본적 구조의 결합범을 진정 결합범이라고 가정한다. 이는 원래 범죄의 형태는 하나의 행위가 하나의 고의로서 하나의 단일한 구성요건을 실현하고, 하나의 법익이 보호되는 단일범이 기본인 점[412]과 결합범이라는 범죄의 형태는 단일범이 결합한 범죄 유형이라는 점을 간과하여서는 아니 되기 때문이다. 즉 구성요건이 보호하는 법익의 수를 기준으로 한 구별로 보았을 때 결합범은 단일범에 대응하여 나온 개념인 점을 근거로 하여 단일범끼리의 결합을 결합범이라고 할 수 있다.

그리고 제1범죄와 제2범죄 중 하나라도 결합범의 형태로서 단일범과 결합되거나 제1범죄와 제2범죄 모두 결합범의 형태로서 재결합된 형태는 부진정 결합범이라고 가정해 보자.[413] 이를 도

---

412) 김일수/서보학, 앞의 책(총론), 148면; 박상기, 앞의 책(총론), 84면; 배종대, 앞의 책(총론), 194면; 임웅, 앞의 책(총론), 545면; 정성근/박광민, 앞의 책(총론), 610면.

413) 이러한 필자의 분류방식의 기준과 관련하여 결합범의 실행행위를 제1실행행위와 제2실행행위로 나누고 제1실행행위가 기수에 도달한 이후에만 제2실행행위로 나아가 전체 범죄의 기수가 성립될

표로 정리하여 제시하면 다음과 같다.

〈도표 1〉 우리 형법상 결합범의 구조에 따른 분류

진정 결합범		특수절도죄(제331조 제1항), 중체포·중감금죄(제277조), 강도죄(제333조), 준강도죄(제335조), 인질강도죄(제336조), 야간주거침입절도죄(제330조), 강간죄(제297조), 강제추행죄(제298조), 인질강요죄(제324조의 2), 폭발성물건파열죄(제172조), 가스·전기등방류죄(제172조의 2제1항)
부진정 결합범	제1범죄(단일범) + 제2범죄(결합범)	특수강도죄(제334조), 해상강도죄(제340조)
	제1범죄(결합범) + 제2범죄(단일범)	강도살인죄(제338조), 강도상해죄(제337조), 강간상해죄(제301조), 강간살인죄(제301조의 2), 인질상해죄(제324조의 3), 인질살해죄(제324조의 4)
	제1범죄(결합범) + 제2범죄(결합범)	강도강간죄(제339조)

수 있는 경우의 결합범, 즉 제1실행행위와 제2실행행위가 모두 기수에 이른 경우에만 성립할 수 있는 결합범을 "진정 결합범"이라고 하고, 제1실행행위가 반드시 기수에 이르지 않고 미수에 그쳤다고 하더라도 제2실행행위로 나아가 전체적인 결합범의 기수에 이를 수 있는 결합범을 "부진정 결합범"이라고 명하는 견해가 있다(한상훈, 「형법상 결합범의 유형과 입법론적 검토」, 108면): 이는 "진정 결합범"의 제1실행행위가 단일범이어야 한다는 점에서 필자의 분류와 어느 정도 일치하는 면이 있으나 한 개의 행위로서 결합범 전체의 기수가 되는 경우(가령 강도죄의 실행의 착수한 행위인 폭행에 살인의 고의가 있었고 살인의 결과가 일어난 경우)는 설명하기가 곤란하다. 다만 범죄의 본질적 측면보다는 행위의 기수 시점에 중점을 두었다는 점에서 의의가 있다.

(2) 부진정 결과적 가중범

기본범죄와 중한 결과로 구성되어 있는 부진정 결과적 가중범의 구조는 단순히 기본범으로서의 고의범[414]과 중한 결과로서의 고의범을 결합한 것은 아니다. 이는 기본범의 행위가 중한 결과 발생의 위험성을 현실적으로 포함하고 있다는 의미에서 구체적으로 위험이 있고 그 위험이 중한 결과로서 직접적으로 실현되었다는 점에서 기본범죄와 중한 결과에 대한 단순고의범의 경합범보다도 결과와의 관계가 보다 밀접하다고 볼 수 있다.[415]

이러한 부진정 결과적 가중범에 있어서 기본범죄는 대체로 사

---

414) 한편 기본범죄는 고의범인 경우가 대부분이지만 과실범이 기본범으로 규정되어 있는 결과적 가중범도 있다. 가령 일본 형사특별법상의 "인의건강에관한공해범죄의처벌에관한법률" 제3조 제2항은 "기본범죄의 주체로서 '업무상 필요한 주의를 태만히 하여 공장 또는 사업장에서의 사업 활동에 종사하는 사람의 건강을 해하는 물질을 배출하여 공중의 생명 또는 신체의 위험을 발생하게 한 자'가 이로 인하여 사람을 사상케 한 때에는 처벌한다"고 규정함으로써 기본범죄가 과실범인 결과적 가중범을 인정하고 있다; 우리나라에서도 "환경범죄의 단속에 관한 특별조치법" 제5조 제2항에서 기본범죄가 과실범인 결과적 가중범을 규정하고 있다; 그러나 형법에 기본범죄가 과실범인 결과적 가중범을 규정해 놓지는 않았고 결과적 가중범이 하나의 단일한 범죄 형태라는 점과 과실범을 기본범으로 하는 결과적 가중범에서는 과실행위 도중에 중한 결과의 발생을 예견할 수 없다는 점(변종필, 「결과적 가중범의 정비방안」, 형사법연구 제22호 특집호, 2004, 320면)을 고려해 보았을 때 기본범죄가 고의범인 결과적 가중범만을 논의의 대상으로 삼아야 한다고 생각한다.

415) 井田 良, 刑法總論の理論構造, 東京: 成文堂, 2005, 426혈.

람의 신체나 생명과 같은 법익침해를 직접적이고 강하게 야기하기 쉬운 성질의 범죄가 많다. 또한 공공의 위험을 수반하는 행위가 대부분이다.416) 이러한 기본범죄로부터 인과관계에 의해 물리적으로 상호간에 연결된 중한 결과가 발생하여야 부진정 결과적 가중범이 된다.417)

한편 현행 우리 형법에서 부진정 결과적 가중범으로 해석되는 범죄는 구조적 측면에서 현주건조물방화치사죄(제164조 제2항)를 제외하고는 거의 대부분이 중한 결과가 상해죄로 구성되어 있다.418) 여기서 중한 결과가 고의에 의해서만 발생했다고 가정했을 때 부진정 결과적 가중범의 구조는 대부분 구성요건상의 복수의 법익을 침해하고 있으며 제1범죄인 기본범죄와 제2범죄인 중한 결과의 결합으로 이루어졌음을 알 수 있다. 이는 부진정 결과적 가중범의 구조 또한 결합범과 같다고 볼 수 있으며, 결합범과 같은 기준으로 제1범죄와 제2범죄가 단일범인가 결합범인가에 따라서 역시 진정 결합범인 부진정 결과적 가중범과 부진정 결합범인 부진정 결과적 가중범으로 나눌 수 있다. 이를 도표로 제시하면 다음과 같다.

---

416) 폭행죄, 방화죄 등의 범죄의 성질을 분석해 보면 쉽게 알 수 있을 것이다.

417) 內田浩, 「結果的加重犯の構造とその成立要件」, 刑法雜誌, 제44권 제3호, 有斐閣, 2005, 302혈.

418) 이는 상해죄와의 형의 불균형을 바로잡기 위해 정책상 부진정 결과적 가중범이라는 개념을 인정하게 된 결과이다.

〈도표 2〉 부진정 결과적 가중범의 구조적 분류

진정 결합범인 부진정 결과적 가중범	특수공무방해치상죄(제144조 제2항), 현주건조물방화치사상죄(제164조 제2항), 가스·전기 등 공급방해치상죄(제173조 제3항), 현주건조물일수치상죄(제177조 제2항), 교통방해치상죄(제188조 전문), 음용수혼독치상죄(제194조), 체포·감금치상죄(제281조 제1항 전문), 중손괴치상죄(제368조 제2항 전문)
부진정 결합범 (결합범+단일범)인 부진정 결과적 가중범	폭발성물건파열치상죄(제172조 제2항), 인질치상죄(제324조의 3), 가스·전기 등 방류치상죄(제172조의 2 제2항), 중체포·중감금치상죄(제281조 제1항 전문)

3. 본 질

위의 구조에서 동일성을 확인한 결합범과 부진정 결과적 가중범은 얼핏 보았을 때 주체가 제1범죄(기본범죄)의 실행에 착수한 자라는 면에서 신분범과 비슷하다는 느낌을 가질 수 있다. 일반적으로 신분범이라 함은 일반범과 대비되는 범죄의 유형으로서 행위자의 일정한 신분이 범죄성립 그 자체에 영향을 미치거나 또는 행위자의 신분으로 인하여 형의 가중·감경에 영향을 미치는 범죄를 의미한다.[419]

---

419) 신분범과 비슷한 개념으로 '의무범(Pflichtdelikt)'이라는 것이 있다. '의무범'은 구성요건에 해당되는 요건 외에 형법 외적인 특별의무를 침해하는 자만이 정범으로 될 수 있는 범죄를 의미한다(Claus Roxin, 「Täterschaft und Tatherrschaft」, 7. Auflage., 1999, S 354); 즉 형법상의 신분개념이 아닌 '형법 외적인 특별의무의 침해'

즉 범죄는 원칙적으로 누구라도 범할 수 있는 것이 원칙이고, 특히 그 주체가 한정되어 있지 않은 일반범이 원칙이다. 그러나 범죄 가운데에는 그 주체가 한정되어 일정한 신분이나 자격을 가지고 있어야만 범죄가 성립하는 범죄 유형이 있다. 혹은 일정한 신분이 없더라도 범죄는 성립하지만 신분이 있음으로 인해서 형이 가중되거나 감경되는 형태의 범죄 유형도 있다. 이 모두를 신분범이라 한다.[420] 이렇게 신분범에서 범죄 주체를 한정한 이유는 일정한 범위의 사람만이 침해할 수 있는 법익이 따로 있고 이러한 범위의 사람에게는 독립하여 법익을 보호해야 하는 특별한 의무가 주어지기 때문이다.[421] 이러한 신분의 개념은 우리 형법 제33조를 근거로 해서 "남녀의 성별, 내·외국인의 구별, 친족관계, 공무원인 자격과 같은 관계뿐만이 아니라 널리 일정한 범죄행위에 관련된 범인의 인적 관계인 특수한 지위 또는 상태를 지칭"한다고 할 수 있다.[422]

라는 데에 개념상의 특징이 있다. 이러한 의무범에 관한 좀더 자세한 설명과 논의과정은 Javier Sánchez-Vera, 「Pflichtdelikt und Beteiligung-Zugleich ein Beitrag zur Einheitlichkeit der Zurechnung bei Tun und Unterlassen」, 1999 참조.

[420] 천진호, 「'공범과 신분'규정에 대한 입법론적 검토」, 형사법연구 제22호(2004 겨울) 특집호, 293면: 井田 良, 「刑法總論の理論構造」, 東京: 成文堂, 2005, 388면.

[421] 井田 良, 전게서, 389면.

[422] 대판 1994. 12. 23, 93도1002: 손동권, 「공범과 신분에 관한 연구 ―특히 형법 제33조가 규정한 신분의 포섭범위와 분류를 중심으로―」, 정성근 교수 회갑기념논문집(上), 1997, 264면: 정성근/박광민, 앞의 책(총론), 583면: 즉 현재까지 형법상 신분범의 개념의 특징은 행위에 중점을 둔 것이 아니라 행위자에 중점을 두어

이러한 신분은 형식적 분류방법에 따라서 다음과 같이 세 가지로 분류할 수 있다.[423] 형법상의 형벌을 기초로 하여 일정한 신분이 있어야 비로소 범죄가 성립되는 경우인 구성적 신분,[424] 신분이 없어도 범죄는 성립하지만 그 신분에 의하여 형벌이 가중 또는 감경되는 가감적 신분,[425] 행위자에게 일정한 신분이 있으면 범죄의 성립 또는 형벌이 조각되는 신분인 소극적 신분[426] 으로 나눌 수 있다.

행위자를 특정 지을 수 있는 개념이라는 데에 그 특징이 있는 것이다; 이러한 행위자를 특정 지을 수 있는 개념에는 一身的 상태를 포함한다. 이에는 상습성, 업무성, 누범, 자수, 보증인적 지위 등이 포함된다(정성근/박광민, 앞의 책(총론), 583면; 천진호, 「'공범과 신분'규정에 대한 입법론적 검토」, 295면).

423) 이하의 분류는 손동권, 「공범과 신분에 관한 연구 −특히 형법 제33조가 규정한 신분의 포섭범위와 분류를 중심으로−」, 269~270면 참조; 井田 良, 전게서, 389면 참조; 한편 형식적 분류방법과 별도로 실질적 분류방법에 따른 분류도 가능하다. 실질적 분류방법에 대하여는 김성돈, 앞의 책(총론), 783면 이하.

424) 이러한 구성적 신분의 존재를 성립요건으로 하는 범죄를 '진정 신분범'이라고도 한다. 여기에 해당하는 범죄로는 수뢰죄(우리 형법 제129조), 위증죄(제152조), 횡령 및 배임죄(제355조) 등이 있다.

425) 이러한 가감적 신분이 규정된 범죄를 '부진정 신분범'이라고 한다. 여기에 해당하는 범죄로는 존속살해죄(제250조 제2항), 영아살해죄(제251조) 등이 있다. 이러한 가감적 신분은 이론적으로 다시 가감적 위법신분과 가감적 책임신분으로 나누어질 수 있다. 자세한 신분상의 분류와 학설의 대립에 대해서는 손동권, 「공범과 신분에 관한 연구 −특히 형법 제33조가 규정한 신분의 포섭범위와 분류를 중심으로−」, 271면 이하.

426) 여기에는 의사신분과 같은 위법조각적 신분, 형사미성년자와 같은 책임조각적 신분(제14조), 친족상도례에서의 친족의 신분(제328조) 등이 있다.

결합범은 연결되는 뒷부분의 범죄를 범하는 자의 행위 주체의 범위를 앞부분의 범죄를 행한 자로 제한하는 일종의 신분범이라는 점을 간과하여서는 안 된다. 다시 말해 뒷부분의 범죄를 범하는 자가 앞부분의 범죄의 실행에 착수한 자라는 신분상의 제한 때문에 독립하여 법익을 보호하는 특별한 의무가 주어지는 자라고 보아야 한다.[427] 즉 진정 결합범과 부진정 결합범으로 구분할 수 있는 위의 결합범의 구조에서 누구라도 제2범죄를 범할 수는 있지만 제1범죄행위의 실행에 착수한 자가 주체가 됨으로써 형량을 가중시키는 신분을 취득하여 그 법효과인 형량이 가중되어 결합범이라는 단일의 구성요건에 해당하게 되어 처벌되는 부진정 신분범(가감적 신분범)인 것이다.[428] 이는 제1범죄를 범하는

---

427) 이러한 필자의 생각에 대하여 결합범에서 말하는 제1행위와 제2행위는 수평적·병렬적이며 행위 관련적이고, 신분범에서 말하는 신분이란 행위자 관련적 요소로서 선행행위를 의미하므로 결합범에서 실행행위로 평가되는 제1행위는 행위자 관련적 신분이 될 수 없다고 보아 결합범과 신분범이 양립할 수 없다고 보는 견해도 있다(한상훈, 「형법상 결합범의 유형과 입법론적 검토」, 96~97면): 그러나 신분범의 행위자 관련적 요소는 신분개념으로서의 병렬적인 행위자적 요소보다는 "행위의 주체를 한정하는 요소"로서 파악되어야 하며 이는 신분범으로서의 범죄가 적시하고 있는 요소가 우선 '신분개념'에 해당하여야 하고 이러한 신분이라는 매개 개념에 따라서 신분범의 범위가 달라지는 것이 아니라 직접 행위 주체의 범위를 한정하는 요소이고 이에 따라서 특별한 법익보호의무가 주어진 자인가에 따라서 '행위 주체의 범위가 한정된 범죄'의 여부가 가려지는 것이다(임광주, 「종래의 신분범에 대한 근본적인 재검토」, 법학논총 제22집 제1호. 2005년 6월, 한양대학교 법학연구소, 87면 참조).

428) 종래의 전통적인 입장에서처럼 부진정 신분범에서 '형변경요소'로 규정하고 있는 신분이나 목적적 요소와는 달리 신분이나 목적을

것은 제2범죄의 범죄성립과는 무관한 형변경요소이며, 제1범죄가
실행에 착수한 이상 제2범죄의 주체를 한정하는 부진정 신분범
으로서의 역할은 끝났다고 보아야 한다. 제2범죄의 단독 법정형
을 그만큼 변경한 형량(증가한 형량)의 법정형으로 하여 별도의
구성요건으로 규정하고 있는 것이 결합범과 부진정 결과적 가중
범이다.[429]

가령 부진정 결합범인 강도강간죄와 부진정 결과적 가중범인
현주건조물방화치사죄를 예로 들어 설명해 보자. 먼저 부진정 결
합범으로서 강도가 강간한 경우는 행위자가 강간한 점과 관련하
여 우선 강간죄(제297조)가 성립하고 행위의 주체가 강도행위의
실행에 착수하였다는 점과 관련하여서는 강간죄의 법정형만으로
는 부족하여 거기에다가 더 보탠 형량, 즉 제339조의 강도강간죄
의 법정형이 별도의 구성요건상의 법효과로서 가중되어 부과되
는 구성요건이 되는 것이다.

부진정 결과적 가중범인 현주건조물방화치사죄를 설명하다면

전혀 따지지 않고 포괄적으로 단지 '형의 가중 또는 감경요소를
적시하고 있는 구성요건인가'에 초점을 두었을 때 결합범과 부진
정 결과적 가중범의 '부진정 신분범성'은 더욱 명백히 드러난다.
부진정 신분범에서 의미하는 신분은 범죄의 성립을 위해서 필요
한 것이 아니라, 다만 형의 가감을 위해 필요한 것일 뿐이기 때문
이다. 이는 결합범과 부진정 결과적 가중범이 '행위자'뿐만 아니라
'형의 가중 또는 감경요소를 적시하고 있는 구성요건인가'를 판단
하는 데에 있어서 '행위자'가 아닌 '행위'에 중점을 두어서도 부진
정 신분범이 성립한다는 근거로 될 수 있다.

429) 이는 '변경형량구성요건규정'이라고도 한다(임광주, 「종래의 신분
범에 대한 근본적인 재검토」, 96면 참조).

행위자가 살인한 점과 관련하여 살인죄(제250조)가 성립하고 행위의 주체가 현주건조물방화죄의 실행에 착수하였다는 점과 관련하여 살인죄의 법정형만으로는 부족하여 더 보탠 형량, 즉 제164조 제2항의 현주건조물방화치사죄의 법정형이 별도의 구성요건상의 법효과로서 부과되는 형량이 되는 것이다.[430]

제3절 범죄의 실현단계에 따른 고찰

1. 실행의 착수

(1) 결합범

실행의 착수 시기에 관해서는 현재 형식적 객관설,[431] 실질적 객관설,[432] 주관설,[433] 절충설(개별적 객관설 또는 주관적 객관

---

430) 이는 결합범과 부진정 결과적 가중범은 그 구조상 성립할 범죄의 적용법조(제2범죄)와 성립할 법효과로서의 법정형의 적용법조(결합범)를 서로 구별하는 방식을 택할 때 결합범과 부진정 결과적 가중범의 신분범성은 모순 없이 채택될 수 있다고 본다.

431) 실행의 착수를 법적 구성요건의 내용을 기준으로 구성요건에 해당하는 정형적인 행위, 또는 그 일부를 개시한 때에 실행의 착수가 있다고 보는 견해이다(백남억, 형법총론, 법문사, 1963, 245면).

432) 형식적 객관설을 완화하여 비록 엄격한 구성요건 해당 행위가 아니더라도 이와 밀접한 또는 결합된 행위를 하거나 법익침해에 직접적인 위험을 야기한 시점에서 실행의 착수가 있다고 보는 견해

설),434) 중간행위개입시설435)의 대립이 있다. 여기에서는 통설인 절충설의 입장에서 실행의 착수 시기를 논하기로 한다.

결합범을 부진정 신분범이라고 보았을 때 기본적으로는 제2범죄가 성립하되 제1범죄로 인하여 가중된 법정형을 별도의 구성요건으로 묶어서 하나의 구성요건으로 가중처벌한다. 따라서 제2범죄의 고의가 있었다면 제1범죄의 실행의 착수 시에 전체적인 범행계획에 비추어 보호법익을 직접 위태롭게 할 만한 행위가 있었다고 보아 결합범 전체의 실행의 착수가 있다고 볼 수 있다.436)

이다(平野龍一, 刑法總論Ⅱ, 有斐閣, 1975, 314頁; 淺田和茂, 전게서, 371면).

433) 행위자의 의사가 외부로 행위로서 나타나기 시작한 때에 실행의 착수가 있다고 보는 학설이다(牧野英一, 刑法總論, 有斐閣, 1949, 195頁; 宮本英脩, 刑法大綱, 弘文堂書房, 1935, 179면).

434) 객관설과 주관설의 단점을 시정하고 두 견해를 절충한 견해로서, 행위자의 범죄의사와 보호법익에 대한 위험성을 고려하여 실행의 착수를 인정한다. 즉 행위자의 전체적 범죄계획에 비추어 범죄의사가 보호법익을 직접 위태롭게 할 만한 행위 속에 명백하게 나타난 때 실행의 착수가 있다고 한다(김일수/서보학, 앞의 책(총론), 518면; 김종원, 「실행의 착수」, 법정 1977년 5월, 34면; 박상기, 앞의 책(총론), 345면; 성시탁, 「실행의 착수」, 고시계 1985년 5월, 33면; 손해목, 앞의 책(총론), 851면; 신동운, 앞의 책(총론), 463면; 안동준, 앞의 책(총론), 181면; 이재상, 앞의 책(총론), §27/28; 임웅, 앞의 책(총론), 335면; 정성근/박광민, 앞의 책(총론), 384면; 진계호, 앞의 책(총론), 450면; 木村龜二, (阿部純二 增補), 刑法總論, 有斐閣, 1978, 345면).

435) 김성돈, 앞의 책(총론), 471면.

436) 同旨: 임웅, 앞의 책(총론), 336면; 정성근/박광민, 앞의 책(총론), 386면; 김성룡 교수는 필자가 나눈 제1범죄를 제1행위, 제2범죄를 제2행위라고 하면서 최소한 제1행위의 미수와 제2행위의 미수가 인정되어야 결합범의 실행의 착수가 있다고 보아야 할 것

이는 결합범 전체에서 제1범죄의 실행의 착수를 인정해 제2범죄의 실행의 착수에 이르지 아니한 때에도 결합범 전체에 대한 실행의 착수를 인정할 수 있게 되어 미수범으로 처벌할 수 있다는 장점이 있다. 또한 제2범죄의 고의의 발생시점에 따라서 생길 수 있는 결합범의 실행의 착수 시발시점의 불일치의 경우도 제1범죄의 실행의 착수 시기로 결합범 전체를 통일시킴으로써 일관성을 유지할 수 있다.[437]

이고, 전체의 고의를 가졌더라도 단지 하나의 법익침해에 향해진 행위만이 착수되었다면 아직은 결합범 전체의 실행의 착수는 없다고 한다(김성룡, 「형법상 결합범에 대한 입법론적 검토에 대한 토론」, 형사법연구 제22호, 2004년 겨울특집호, 123면); 그러나 결합범은 분명히 제2범죄를 행하는 자이며 다만 제1범죄를 행하는 자가 제2범죄를 행함으로써 행위로 인하여 형이 가중되는 신분범이며 이로 인해 가중된 법정형을 하나의 변경형량구성요건으로 묶었다는 데에 중점을 두어야 한다. 이렇게 본다면 결합범은 제1범죄의 실행의 착수로 전제범죄의 실행의 착수가 있게 된다; 다만 야간주거침입절도죄의 경우 일반절도죄의 실행의 착수 시기가 주간에 주거에 침입하는 시기가 아닌 절취대상물을 물색하기 위한 직접적 행위에 있다는 것을 근거로 야간주거침입행위가 실행의 착수가 아니라는 견해가 있다(김경락, 「특수강도죄의 실행의 착수 시기」, 성균관법학 제18권 제1호, 2006, 384면). 그러나 이는 야간주거침입절도죄의 본질이 절도죄에 중점과 기준을 둔 부진정 신분범임을 간과한 해석이라고 생각한다. 절도죄의 행위주체가 야간에 주거에 침입한 행위를 행한 자이고 이러한 자는 절도를 행하여서는 아니 되는 결과특수방지의무가 주어지는 자이기 때문에 형이 가중되는 것이다.

437) 가령 진정 결합범인 강도죄는 제1범죄인 폭행·협박을 개시하면 강도죄 전체의 실행의 착수가 되나 강도강간죄는 실행의 착수 시점이 제2범죄인 강간죄의 고의발생시점에 따라서 제1범죄시에 강간의 고의가 있었으면 폭행·협박이 있으면 바로 강도강간죄의 실행의 착수가 된다. 그러나 제1범죄행위인 폭행·협박행위 후

(2) 부진정 결과적 가중범

중한 결과가 고의에 의한 부진정 결과적 가중범의 경우에는 인정이유가 형의 균형에 입각하여 형의 불균형이 발생하지 않는 경우는 형의 상상적 경합을 인정하여 중한 범죄로서 처벌하고, 형의 불균형이 발생하는 경우에만 중한 결과가 과실에 의해 발생한 경우와 균형을 맞추기 위하여 부진정 결과적 가중범을 인정한다.[438]

이러한 부진정 결과적 가중범의 구조 또한 대부분 구성요건상의 복수의 법익을 침해하고 있으며 기본범죄와 중한 결과의 결합으로 이루어졌고 기본범죄와 중한 결과는 이를 단순히 결합한 것보다 더 위험성이 크다는 범죄의 시너지효과 면에서 하나의 범죄로 묶었다는 데에 의미를 두어야 한다.[439] 그렇다면 부진정

절도행위 전에 강간의 고의가 생겼으면 제2범죄인 강간죄의 실행의 착수 시에 전체적인 강도강간죄의 실행의 착수가 있게 된다. 특수절도죄의 경우도 마찬가지이다. 이에 따른다면 진정 결합범과 부진정 결합범에 따라서 실행의 착수 시기에 차이가 나는 불합리가 발생할 가능성이 있다.

438) 한편 진정 결과적 가중범의 실행의 착수 시기는 기본범죄의 실행에 착수한 때본라고 생각한다. 그러나 중한 결과가 과실범이라는 점 때문에 기범죄의 실행의 착수가 결과적 가중범의 실행의 착수로는 되지 않는다고 하는 학설도 있다(淺田和茂, 전게서, 278면) : 이는 아마도 결과적 가중범을 넓은 의미의 과실범으로 보았기 때문이 아닌가 생각된다.

439) 이는 결과적 가중범의 일반적 특성에서도 확인할 수 있다 : 결과적 가중범의 기본범죄와 중한 결과 간의 관계를 결합범으로 보는 학설도 같은 취지라고 생각된다(신동운, 앞의 책(총론), 246면 :

결과적 가중범 역시 기본적으로는 중한 결과가 성립하되 기본범죄의 위험성으로 인하여 가중된 법정형을 별도의 구성요건으로 묶어서 가중처벌하는 것으로 보아 중한 결과의 고의가 있었다면 기본범죄의 실행의 착수 시에 전체적인 범행계획에 비추어 부진정 결과적 가중범 전체의 실행의 착수가 있다고 볼 수 있다.

2. 미 수

(1) 결합범

일반적으로 미수란 실행에 착수하였으나 행위를 종료하지 못하였거나 종료하였어도 결과가 발생하지 아니한 경우를 의미한다.440) 결합범의 미수도 이와 같은 미수의 개념에 비추어 보면 "결합범의 실행에 착수하였으나 행위를 종료하지 못 하였거나 결과가 발생하지 아니한 경우"를 가리킨다.

여기서 결합범은 연결되는 뒷부분인 제2범죄의 범죄를 범하는 자의 행위 주체의 범위를 앞부분인 제1범죄의 실행에 착수한 자로 제한하는 일종의 부진정 신분범이라고 볼 수 있음을 앞에서 확인하였다. 다만 제2범죄가 성립하되 제1범죄의 실행에 착수한 자로 주체가 제한되기 때문에 가중된 법정형을 별도의 구성요건으로 묶어서 가중처벌하는 것으로 보아 제2범죄의 고의가 있었

───────────────

中義勝, 刑法總論, 有斐閣, 1971, 96면).

440) 김성돈, 앞의 책(총론), 461면; 박상기, 앞의 책(총론), 343면; 임웅, 앞의 책(총론), 331면; 정성근/박광민, 앞의 책(총론), 377면.

다면 제1범죄의 실행의 착수 시에 전체적인 범행계획에 비추어 결합범 전체의 실행의 착수가 있게 되는 점도 확인하였다. 따라서 결합범의 미수는 제1범죄의 실행에 착수하였으나 제2범죄의 결과가 발생하지 아니한 경우를 의미한다고 할 수 있다.

결합범 전체의 미수 발생 시점을 도표로 제시하면 다음과 같다.

〈도표 3〉 제2범죄의 결과가 발생하지 않은 경우(미수에 그친 경우) 결합범의 종류에 따른 전체 미수 발생시점

진정 결합범		제1범죄가 기수에 이르러야만 전체적 결합범의 미수범 인정가능	강도죄(제333조), 강간죄(제297조), 강제추행죄(제298조) 중 제1범죄가 폭행죄인 경우
		제1범죄가 미수에 그쳤어도 전체적 결합범의 미수범 인정가능441)	강도죄(제333조), 강간죄(제297조), 강제추행죄(제298조) 중 제1범죄가 협박죄인 경우, 특수절도죄(제331조 제1항), 중체포·중감금죄(제277조), 준강도죄(제335조), 인질강도죄(제336조), 야간주거침입절도죄(제330조), 인질강요죄(제324조의 2), 폭발성물건파열죄(제172조), 가스·전기 등 방류죄(제172조의 2 제1항)
부진정 결합범	제1범죄(단일범) + 제2범죄(결합범)	제1범죄가 미수에 그쳤어도 전체적 결합범의 미수범 인정가능	특수강도죄(제334조), 해상강도죄(제340조)
	제1범죄(결합범) + 제2범죄(단일범)		강도살인죄(제338조), 강도상해죄(제337조), 강간상해죄(제301조), 강간살인죄(제301조의 2), 인질상해죄(제324조의 3), 인질살해죄(제324조의 4)
	제1범죄(결합범) + 제2범죄(결합범)		강도강간죄(제339조)

여기서 현행 형법상의 결합범은 그 미수를 판단함에 있어서
제1범죄의 미수범 처벌규정 유무에 따라서 전체적 결합범의 미
수 발생 시점이 다르다는 점을 알 수 있다.

(2) 부진정 결과적 가중범

중한 결과가 고의에 의한 부진정 결과적 가중범은 그 미수를
논함에 있어서 기존의 논의는 기본범죄와 중한 결과를 각각 따
로 독립하여 각자의 미수를 논하고 있었다. 그리하여 미수가 발
생되는 경우도 기본범죄와 중한 결과 중 하나라도 미수에 그치
면 전체적 부진정 결과적 가중범의 미수의 경우의 수를 논하는

---

441) 필자의 결합범 전체의 미수 시점에 관한 이론 전개에는 고의의 발
생시점에 있어서 수반(승계)고의를 인정하는 학설에 의해서는 불
가능할 가능성도 가지고 있다. 그러나 고의는 적어도 실행행위 당
시의 인식을 전제로 하고 있기 때문에 만약 제1범죄의 기수 이후에
제2범죄의 고의가 발생한다면 이는 결합범 처벌규정이 존재한다고
하더라도 제1범죄와 제2범죄의 실체적 경합범으로 처리해야 마땅
하다. 결합범의 제1행위가 기수에 도달한 시점에서 그 후에 발생한
제2범죄의 사후고의는 부정하는 것이 원칙이기 때문이다(김성돈,
앞의 책(총론), 248면: 박상기, 앞의 책(총론), 120면: 임웅, 앞의
책(총론), 151면): 그러나 수반고의(승계고의)를 인정한다면, (수
반고의에 대해서는 김일수/서보학, 앞의 책(총론), 200면 참조) 결
합범의 제1행위와 제2행위에 있어서도 제1행위 기수 후에 바로 발
생한 제2행위의 기수가 제2행위의 주체를 제1행위의 기수범으로
한정지어 주는 신분범의 역할을 하는 것과 관련지어서 결합범 전체
의 미수를 제1범죄 이후에 제2범죄의 고의가 발생하더라도 인정할
가능성은 있다. 다만 그러한 경우 유추해석금지의 원칙에 반하여
죄형법정주의원칙을 침해할 가능성이 농후하다.

기준을 잡아왔다.[442] 그러나 위에서 보았듯이 부진정 결과적 가
중범도 역시 부진정 신분범이라는 본질적인 측면에서 접근할 필
요가 있다. 따라서 고의에 의한 중한 결과를 범하는 자가 제1범
죄인 기본범죄의 실행에 착수한 자로 주체가 한정되는 부진정
신분범이기 때문에 특별방지의무가 부과되어 형벌이 가중되고,
가중된 법정형을 별도의 구성요건으로 묶어서 가중처벌하는 것
으로 보아야 한다. 따라서 부진정 결과적 가중범의 미수는 기본
범죄의 실행에 착수한 자로 범죄의 주체를 한정하였으나 중한
결과가 발생하지 아니한 경우를 의미한다고 할 수 있다.[443]

이하에서 기본범죄의 미수범 처벌규정 유무에 따라서 부진정 결
과적 가중범의 미수 발생 시점을 도표로 제시하면 다음과 같다.

---

442) 김성돈, 앞의 책(총론), 581면 참조.

443) 기존 논의의 잘못된 점 중에 하나는 부진정 결과적 가중범인 현
주건조물일수치상죄의 미수와 관련하여 기본범죄가 미수에 그치
고 고의에 의한 중한 결과가 발생한 경우를 전체 부진정 결과적
가중범의 미수라고 본다는 데에 있다(임웅, 앞의 책(총론), 517
면). 그러나 부진정 결과적 가중범이 부진정 신분범인 점을 염두
에 두었을 때 일단 중한 결과가 기수에 이르렀다면 기본범죄의
실행에 착수한 이상 기본범죄의 미수·기수 여부에 관계없이 전
체적 부진정 결과적 가중범은 기수에 도달하였다고 보아야 한다.

〈도표 4〉 중한 결과(제2범죄)의 결과가 발생하지 않은 경우
(미수에 그친 경우) 중한 결과가 고의에 의한 부진정
결과적 가중범의 전체 미수 발생 시점

진정 결합범인 부진정 결과적 가중범	제1범죄(기본범죄)가 기수에 이르러야만 전체적 부진정 결과적 가중범의 미수범 인정가능	특수공무방해치상죄(제144조제2항) 중 제136조(공무집행방해죄)와 제138조(법정 또는 국회회의장모독죄)를 범하고 공무원을 상해에 이르게 한 경우
	제1범죄(기본범죄)가 미수에 그쳤어도 전체적 부진정 결과적 가중범의 미수범 인정가능	특수공무방해치상죄(제144조 제2항) 중 위의 형태를 제외한 나머지, 현주건조물방화치사상죄(제164조 제2항), 가스·전기 등 공급방해치상죄(제173조 제3항), 현주건조물일수치상죄(제177조 제2항), 교통방해치상죄(제188조 전문), 음용수혼독치상죄(제194조), 체포·감금치상죄(제281조 제1항 전문), 중손괴치상죄(제368조 제2항 전문)
부진정 결합범(결합범+단일범)인 부진정 결과적 가중범	제1범죄(기본범죄)가 미수에 그쳤어도 전체적 부진정 결과적 가중범의 미수범 인정가능	폭발성물건파열치상죄(제172조 제2항), 인질치상죄(제324조의 3), 가스·전기 등 방류치상죄(제172조의 2 제2항), 중체포·중감금치상죄(제281조 제1항 전문)

3. 기 수

(1) 결합범

기수란 실행에 착수한 행위가 구성요건의 내용을 충족한 경우를 의미한다.[444] 결합범의 기수도 결합범의 본질과 관련지어 생각한다면 결합범이라는 단일 구성요건의 내용을 충족한 경우를 의미한다고 할 수 있다.

결합범은 연결되는 뒷부분인 제2범죄의 범죄를 범하는 자의 행위 주체의 범위를 앞부분인 제1범죄의 범죄를 행한 자로 제한하는 일종의 부진정 신분범이다. 그리하여 제2범죄가 성립하되 주체가 제1범죄의 실행에 착수하였기 때문에 가중된 법정형을 별도의 한 개의 구성요건으로 묶어서 가중처벌하는 것으로 보아야 함은 기술하였다. 그리하여 제2범죄가 기수에 이르렀다면 제1범죄가 미수에 그쳤다고 하더라도 실행에 착수한 이상 행위 관련의 부진정 신분범으로서의 역할, 즉 제2범죄의 형량을 변경시키는 주체로서의 역할은 완전히 끝났다고 보아야 한다. 따라서 전체적인 범행계획에 비추어 결합범 전체의 기수가 성립하는 것으로 보아야 한다.

다만 제1범죄와 관련지어 보았을 때 진정 결합범 중 강도죄(제333조), 강간죄(제297조), 강제추행죄(제298조) 중 제1범죄가

---

444) 박상기, 앞의 책(총론), 333면; 임웅, 앞의 책(총론), 331면; 정성근/박광민, 앞의 책(총론), 367면.

폭행죄인 경우는 반드시 제1범죄와 제2범죄가 모두 기수에 도달해야만 전체의 결합범이 기수에 도달하였다고 볼 수 있다. 나머지 진정 결합범과 모든 부진정 결합범은 제1범죄의 기수·미수 여부에 관계없이 실행에 착수하기만 하면 제2범죄가 기수에 도달한 이상 전체 결합범의 기수에 도달하였다고 보아야 한다.

(2) 부진정 결과적 가중범

중한 결과가 고의에 의한 부진정 결과적 가중범은 고의에 의한 중한 결과를 범하는 자가 그 신분이 기본범죄를 범하는 부진정 신분범으로 주체가 한정됨은 앞에서 본 바와 같다. 그리하여 신분범성으로 인하여 형벌이 가중되고, 가중된 법정형을 별도의 한 개의 구성요건으로 묶어서 가중처벌하는 것으로 보았을 때 역시 결합범과 같은 취지로 기수를 인정할 수 있다.

결국 중한 결과만이 기수에 도달했다면 결합범에서의 취지와 마찬가지로 기본범죄가 실행에 착수된 이상 기본범죄의 기수·미수 여부에 관계없이 중한 결과범의 형량을 변경시키는 역할은 끝났다고 보아야 한다. 따라서 전체적 부진정 결과적 가중범이 기수에 도달하였다고 보아야 하는 것이다.

다만 기본범죄와 관련지어 보았을 때 특수공무방해치상죄(제144조 제2항) 중 미수범 처벌규정이 없는 제136조(공무집행방해죄)와 제138조(법정 또는 국회회의장모독죄)를 기본범죄로서 범하고 고의에 의한 중한 결과로서 공무원을 상해에 이르게 한 경우에는, 기본범죄와 중한 결과 모두가 기수에 도달해야만 전체적 부진정 결과적 가중범이 기수에 도달하였다고 볼 수 있다. 나머지 부진정 결과적 가중범은 기본범죄의 기수·미수에 관계없이 실행에 착수하기만 하면 역시 중한 결과가 기수에 도달한 이상 전제적 부진정 결과적 가중범의 기수에 도달하였다고 할 수 있다.

제4절 연구 방향

비교적 형법학의 연구 영역에서 소외되어 왔던 결합범과 부진정 결과적 가중범에 대한 연구가 최근에 활기를 띠고 있음을 매우 고무적이다. 결합범을 입법한 입법자의 의사를 최대한 존중하는 입장에서 불합리한 점을 지적하고 정비방안을 논하는 쪽으로 방향을 잡아 보면 다음과 같다.

우선 결합범을 논할 때 결합범의 본질은 그 주체가 제1범죄의 '행위'에 중점을 둔 부진정 신분범이라는 점에서 출발해야 한다.

단일범을 기본으로 하는 형법에서 결합범은 제2범죄를 범하는 자가 제1범죄의 실행에 착수한 자로 주체가 제한되고 제1범죄의 실행에 착수한 자(혹은 기수에 도달한 자)는 그 순간부터 제2범죄를 범해서는 안 되는 특수한 결과방지의무가 주어지게 된다. 이러한 특수한 의무를 위반하게 되면 단순한 제2범죄를 범한 자에 비해서 무거운 형량이 부과되고, 이를 별도의 변경형량구성요건으로서 묶어서 보다 중하게 처벌하는 데에 결합범의 본질이 있는 것이다.

다음으로 서론에서의 결합범의 문제제기와 결합범의 본질을 토대로 하여 향후 형법에서의 결합범과 부진정 결과적 가중범의 입법정비방안은 다음과 같은 두 가지의 방향으로 기준을 잡아 볼 수 있다.

첫 번째로, 결합범을 축소하되 진정 결합범만을 남겨두고 부진정 결합범은 폐지하는 쪽으로 나아가야 한다. 그리하여 수죄, 즉 경합범으로 처리하는 해결방안을 선택해야 한다. 순서는 결합범과 결합범 간의 재결합범 폐지→단일범과 결합범 혹은 결합범과 단일범 간의 결합범 폐지의 순서로 방향을 잡아야 할 것이다. 단일범이 기본 형태인 형법에서 예외적으로 형벌을 가중해서 입법화한 결합범의 무분별한 입법과 형이 감소되지 않고 가중되는 부진정 신분범인 결합범은 죄형법정주의의를 기본으로 하는 형법의 보장적 기능과 형벌의 근거와 정도를 책임의 범위로 한정하는 책임주의 원칙을 침해할 가능성이 크다.

더구나 한 번 형이 가중되어 본래의 단일범의 결합에 따른 시너지 효과 달성이 이미 충족된 이러한 결합범을 다시 재결합한 부진 고의에 의해 발생한 경우와 과실에 의해 발생한 경우의 형의 불균형을 바로잡기 위해서 인위적으로 급조해 낸 개념이라고밖에 볼 수 없다. 이는 현주건조물방회치사죄를 제외한 대부분의 부진정 결과적 가중범의 중한 결과가 사망이 아닌 상해인 점에서 알 수 있다. 또한 중한 결과가 고의에 의해 발생한 부진정 결과적 가중범은 그 본질이 중한 결과를 범하는 행위의 주체가 기본범죄의 실행에 착수한 자로 제한되는 부진정 신분범으로서 결합범과 같은 구조를 가지고 있음도 앞에서 살펴보았다.

결국 중한 결과가 고의에 의해 발생한 부진정 결과적 가중범의 경우는 기본범죄와 중한 결과의 결합범으로 해석하여 결합범으로 입법하여야 한다. 그리고 나서 법정형을 조정하여야 한다. 그 후 결합범과 마찬가지로 부진정 결합범은 점차 축소하는 쪽으로 개정하는 것이 바람직한 입법정비 방향이 될 것이다.

|참고문헌|

Ⅰ. 국내문헌

1. 단행본

권오걸, 형법총론, 형설출판사, 2005.
김성돈, 형법총론, 현암사, 2006.
김성천/김형준, 형법총론(제3판), 동현출판사, 2005.
김일수/서보학, 새로 쓴 형법총론(제11판), 박영사, 2006.
＿＿＿＿＿＿＿, 형법각론(제6판), 박영사, 2005.
김종원, 형법각론(상), 법문사, 1971.
남흥우, 형법총론, 박영사, 1983.
박상기, 형법총론(제6판), 박영사, 2004.
＿＿＿, 형법각론(제6판), 박영사, 2005.
박상원, 형사법 강좌(Ⅰ): 형법총론(상), 한국형사법학회, 박영사,
　　　1981.
배종대, 형법총론(제8전정판), 홍문사, 2005.
백형구, 형법각론, 청림출판사, 1999.
손동권, 형법총론(제2판), 율곡출판사, 2005.
손해목, 형법총론, 법문사, 1996.
신동운, 형법총론(제2판), 법문사, 2006.
오영근, 형법총론(보정판), 박영사, 2005.
＿＿＿, 형법각론, 박영사, 2005.
유기천, 형법학(총론강의), 개정24판, 일조각, 1983.
이영란, 한국형법학 -총론강의-, 숙명여대 출판부, 2002.
이재상, 형법총론(제5판 보정판), 박영사, 2005.

320

_____, 형법각론(제5판 보정판), 박영사, 2006.

이정원, 형법총론(제3판), 법지사, 2004.

이진국, 형사입법자의 형벌법규 제정권한의 한계에 관한 연구, 한국 형사정책연구원, 2003.

이형국, 형법총론연구 I, 법문사, 1984.

_____, 형법총론연구 II, 법문사, 1986.

_____, 형법총론(제3판), 법문사, 2005.

_____, 형법각론연구 I, 법문사, 1997.

임웅, 형법총론(개정판), 법문사, 2004.

_____, 형법각론, 법문사, 2003.

정성근/박광민, 형법총론(제3판), 삼지원, 2006.

_____________, 형법각론(제2판), 삼지원, 2006.

정영석, 형법총론(제5전정판), 법문사, 1987.

정영일, 형법총론, 박영사, 2005.

정웅석, 형법강의(제6판), 대명출판사, 2005.

조병선, 환경형법, 청주대학교 출판부, 1998.

진계호, 형법총론(제7판), 대왕사, 2003.

허일태 역/Johannes Wessels, 독일형법총론, 세종출판사, 1998.

황산덕, 형법총론, 방문사, 1982.

2. 논 문

권문택, "결과적 가중범", 고시계, 1972. 7.

김경락, "특수강도죄의 실행의 착수 시기", 성균관법학 제8권 제1호, 성균관대학교 비교법연구소, 2006.

김상희, "강간치상죄에 있어서의 상해의 인정범위", 판례월보 제300 호, 1995. 9.

김선복, "결과적 가중범의 미수", 비교형사법연구 창간호, 1999. 9.

김성돈, "과실 개념에서 주의의무 위반성과 예견가능성", 형사정책연구 제6권 제4호, 통권 제24호, 1995. 겨울.

김용욱, "개정형법과 결과적 가중범", 사회과학연구 제13집, 배제대학교 사회과학연구소, 1996. 2.

______, "부진정 결과적 가중범에 대한 비판적 고찰", 박양빈 교수 회갑기념논문집, 현대형사법론, 1996.

______, "결과적 가중범의 개정방향", 연세법학연구, 제6집 제1권, 1999, 연세법학연구회.

김일수, "결과적 가중범", 고시연구, 1988. 5.

류전철, "결과적 가중범의 의의와 미수범 성립 여부", 조선대학교 법학논총 제7집, 2001.

문채규, "결과적 가중범에서 기본범죄와 중한 결과 간의 직접 관련성", 안동대학교 사회과학논총, 제8집, 1996. 12, 안동대학교 사회과학연구소.

박강우, "결과적 가중범의 인과관계와 미수범 처벌", 저스티스 제34권 제5호, 2001. 10.

박광민, "결과적 가중범의 본질과 직접성의 원칙", 저스티스 제94호, 2006.10.

박광민/임석원, "결과적 가중범의 미수 -그 인정 여부와 유형을 중심으로-", 성균관법학 제15권 제2호, 성균관대학교 비교법연구소, 2003.

박양빈, "결과적 가중범", 이형국 교수 회갑기념논문집, 현대형사법의 쟁점과과제, 법문사. 1998.

______, "결과적 가중범의 미수", 오선주 교수 정년기념논문집, 2001. 2, 형설출판사.

백원기, "미수의 개념에 대한 소고", 차용석박사 회갑기념논문집, 1994.

백형구, "결과적 가중범", 월간고시, 1988. 1.

변종필, "결과적 가중범에서 기본범죄가 미수인 경우의 법해석", 비교형사법연구 제6권 제1호, 2004. 7월, 한국비교형사법학회.

_____, "결과적 가중범의 정비방안", 형사법연구 제22호 특집호, 2004.

서보학, "과실범에 있어서 주의의무 위반의 체계적 지위와 판단기준", 형사법연구 제15호, 2001.

성낙현, "결과적 가중범의 미수에 관한 한국과 독일 형법의 비교" 비교형사법연구 제8권 제1호, 2006. 7월, 한국비교형사법학회.

손동권, "공범과 신분에 관한 연구 -특히 형법 제33조가 규정한 신분의 포섭범위와 분류를 중심으로 -", 정성근 교수 회갑기념 논문집(上), 1997.

신동운, "결과적 가중범", 고시연구, 1993. 6.

신양균, "결과적 가중범의 불법구조에 대한 연구", 전북대학교 법학연구 제17집, 1990.

_____, "결과적 가중범의 미수", 고시연구, 2004. 3.

심재우, "결과적 가중범과 인과관계", 판례연구 제2집, 고려대학교 법학연구소, 1983.

안경옥, "결과적 가중범의 직접성의 원칙", 형사법연구 제12호, 1999. 11.

안명기, "결과적 가중범과 미수", 판례월보 221호, 1989. 2월, 판례월보사.

_____, "결과적 가중범과 미수", 판례연구 제3집, 서울지방변호사회, 1990.

오영근, "중지미수에 관한 연구", 형사정책연구 제14권 제1호(통권 제53호), 한국형사정책연구원, 2003.

이상우, "결과적 가중범과 책임주의의 조화", 법조, 2004. 4, 통권 571호, 법조협회.

이영진, "강간치상죄에 있어서 경미한 상해의 취급(상), (하)", 판례월보 제312호, 313호.

이용식, "결과적 가중범", 고시계, 1992. 11.

_____, "결과적 가중범의 미수", 고시계, 2005.5.

______, "결과적 가중범에 관한 연구 -전형적 위험의 실현과 미수의 인정여부에 관한 하나의 문제제기-", 서울대학교 법학 제46권 제1호(통권 134호), 서울대학교 법학연구소, 2005.

______, "과실범이론의 변화에 관하여 -과실의 개념내용-", 서울대학교 법학 제44권 제2호, 2003. 6.

이호중, "과실범의 예견가능성", 형사법연구 제11권, 1999.

임광주, "형법에 있어서 법률착오의 개념과 유형 -종래의 착오론에 대한 근본적인 재검토를 위하여-", 저스티스 통권 제74호, 2003. 8.

______, "종래의 신분범에 대한 근본적인 재검토", 법학논총 제22집 제1호, 한양대학교 법학연구소, 2005. 6

임석원, "결과적 가중범의 미수에 관한 연구", 성균관대학교 대학원 법학박사학위논문, 2004.

______, "결과적 가중범의 미수", 형사법연구 제23호, 2005. 6

______, "결합범의 본질과 부진정 결과적 가중범", 비교형사법연구 제8권 제1호, 2006. 7

임 웅, "결과적 가중범", 성균관법학 제13권 제1호, 2001. 4.

장영민, "개괄적 과실(culpa generalis)? -결과적 가중범에서의 결과귀속의 문제-", 형사판례연구 제6권, 1998. 7.

정성근, "결과적 가중범", 고시계, 1983. 2.

정영일, "과실범에 있어서 인적 불법론에 관한 연구", 서울대학교 대학원 법학박사학위논문, 1992.

조상제, "상해치사죄의 불법가중표지 -소위 직접성의 원칙에 관한 독일학설과 판례를 중심으로-", 성시탁 교수 회갑기념논문집, 형사법학의 과제와 전망, 1993.

______, "결과적 가중범의 객관적 가중표지와 주관적 귀속 형식", 안암법학 제2집, 1994, 고려대학교 법학연구소.

______, "형법상 과실의 체계적 정서", 고시계 1998. 9.

______, "결과적 가중범의 제한해석", 이재상 교수 회갑기념논문집, 형

사판례의 연구 I, 박영사, 2002.

______, "결과적 가중범의 공범 -상해치사죄의 교사범-", 저스티스 2004. 2, 통권 제77호, 한국법학원.

천종철, "결과적 가중범에 관한 연구", 연세대학교 대학원 법학박사 학위논문, 1993.

______, "결과적 가중범의 미수의 문제", 사회과학연구 제16집, 서원 대학교 사회과학연구소, 2003. 2

천진호, "공범과 신분 규정에 대한 입법론적 검토", 형사법연구 제22 호 2004 겨울 특집호.

______, "결과적 가중범과 중지미수", 형사법연구 제26호 2006 겨울.

한상훈, "형법상 결합범의 유형과 입법론적 검토", 형사법연구 제22 호 2004 겨울 특집호.

허일태, "결과적 가중범과 책임주의", 김종원 교수 회갑기념논문집, 1991.

황정익, "결과적 가중범의 주관적 구성요건", 손해목 교수 화갑기념 논문집, 1993.

Ⅱ. 일본문헌

1. 단행본

団藤重光, 刑法綱要總論(改訂版), 東京: 創文社, 1992.

大谷實, 刑法總論の重要問題, 東京: 立花書房, 1990.

______, 新版刑法講義總論, 東京: 成文堂, 2000.

大塚仁, 犯罪論の基本問題, 東京: 有斐閣, 1982.

______, 刑法入門, 東京: 有斐閣, 1996.

福田平, 全訂刑法總論(第4版), 東京: 有斐閣, 2004.

______, 刑法總論, 東京: 有斐閣, 1996.

______, 刑法解釋學の主要問題, 東京: 有斐閣, 1990.

山口厚, 刑法總論, 東京: 有斐閣, 2001.

山口厚/井田良/佐伯仁志, 理論刑法學の最前線, 岩波書店, 2001.

阿部純二, 刑法總論, 日本評論社, 1997.

岩波コンパクト六法, 東京: 岩波書店, 2004.

伊藤眞, 刑法總論, 東京: 弘文堂, 2001.

林幹人, 刑法總論, 東京: 東京大學出版會, 2000.

前田雅英, 刑法總論講義, 東京: 東京大學出版會(第3版), 1998.

井田良, 刑法總論の理論構造, 東京: 成文堂, 2005.

齊藤信宰, 刑法講義(總論) 第三版, 東京: 成文堂, 2001.

佐藤司, 刑法講義(總論), 東京: 信山社, 1993.

曾根威彦, 刑法の重要問題: 總論, 東京: 成文堂, 1993.

________, 刑法總論(第3版), 東京: 弘文堂, 2000.

淺田和茂, 刑法總論, 東京: 成文堂, 2005.

川端博, 刑法總論講義, 成文堂, 1995.

香川達夫, 刑事法叢書 4, 結果的加重犯の本質, 東京: 慶應通信, 1978.

丸山雅夫, 結果的加重犯論, 東京: 成文堂, 1990.

2. 논 문

內田浩, "結果的加重犯の構造とその成立要件", 刑法雜誌44卷3号, 2005.

牧野英一, "結果的加重犯と未遂", 刑法研究第8卷, 有斐閣, 1939.

木村龜二, "結果的加重犯の未遂 －强盜殺人罪を中心として－", 刑法の基本問題, 有斐閣, 1979.

山本光英, "傷害致死罪における直接性關係(傷害行爲後の心筋梗塞)(StGB §226)", 比較法雜誌 32券 4號(通卷 107號), 1999.

石堂功卓, "强盗致死傷罪(一)", 中京法學一卷一号, 1966.

________, "結果的加重犯と因果關係", ジュリスト(別冊); 刑法判例百

選總論(第四版) 142號, 1997.

宇佐美 佐保子, "結果的加重犯の未遂 −危險性說からの歸結−", 明治大學大 學院紀要 第28集, 1991.

井田良, "危險運轉致死傷罪の立法論的・解釋論的檢討", 法律時報75卷2号, 2003.

齊藤信宰, "結果的加重犯について", 東北學院大學論集(法律學), 24号, 1984.

下村康正, "結果的加重犯の未遂", 法學新報, 65卷4号, 1958.

香川達夫, "結果的加重犯と犯罪競合", 金尺大學法文學部論集法経編, 9号, 1961.

________, "結果的加重犯と競合の問題", 警察研究, 40卷2号, 1969.

丸山雅夫, "結果的加重犯の未遂(一)", 警察研究, 55卷10号, 1984.

________, "結果的加重犯の未遂(二)", 警察研究, 55卷11号, 1984.

________, "結果的加重犯における競合問題(二)", 警察研究56卷8号, 1985.

________, "刑法における「傷害」の程度と結果的加重犯, 上: 輕微な「傷害(致傷)」事例の取り扱いをめぐって", 判例時報, 1521號 (435号), 1995. 5月.

________, "刑法における「傷害」の程度と結果的加重犯, 下: 輕微な「傷害」判例の取り扱いをめぐって", 判例時報, 1524號(436号), 1995. 6月.

________, "結果的加重犯の加重根據", 刑法基本講座(第2券): 構成要件論, 1994. 10月.

Ⅲ. 독일문헌

1. 단행본

Eser, Albin, Strafrecht *I*, 3. Aufl., München: C. H. Beck, 1980.

__________, Strafrecht II, 3. Aufl., München: C. H. Beck, 1980.

__________, Strafrecht III, 2. Aufl., München: C. H. Beck, 1981.

Hillenkamp, Thomas, 32 Probleme aus dem Strafrecht Allgemeiner Teil, 10. Aufl., 2001.

Jakobs, Günther, Strafrecht, Allgemeiner Teil, Berlin: Walter de Gruyter, 1991.

Jescheck, Hans Heinrich, Lehrbuch des Strafrechts, Allgemeiner Teil, 4. Aufl., Berlin: Duncker & Humblot, 1988.

Kaufmann, Arthur, Das Schuldprinzip, Heidelberg: Carl Winter-Universitätsverlag, 1961.

Maurach, Reinhard/Zipf, Strafrecht, Allgemeiner Teil, 8 Aufl. 1992.

Puppe, Ingeborg, Die Erfolgszurechnung im Strafrecht, Baden-Baden, 2000.

Rengier, Rudolf, Erfolgsqualifizierte Delikte und verwandte Erscheinungsformen, Tübingen, 1986.

Roxin, Claus, Strafrecht, Allgemeiner Teil, 1, 2. Aufl. 1994.

__________, Strafrecht, Allgemeiner Teil Band I. Grundlagen. Der Aufbau der Verbrechenslehre, 4. Auflage., München 2006.

Rudolphi, Hans-Joachim, Systematischer kommentar zum Strafgesetzbuch, 3. Aufl., 1986.

Schönke, Adolf/Schröder, Horst, Strafgesetzbuch, Kommentar, 26. Aufl. 2001.

2. 논 문

Cho, Sang Je, Strafgrund der erfolgsqualifizierten Freiheitsberaubung: "Tatsachenblindheit" als Strafgrund bei §239 Abs. 2 und 3 StGB, Dissertation Bonn, 1991.

328

Christian, Köhler, Beteiligung und Unterlassen beim erfolgsqualifizierten Delikt am Beispiel der Körperverletzung mit Todesfolge(§ 227 I StGB), Berlin/Heidelberg/New York, 2000.

Geilen, Gerd, "Unmittelbarkeit und Erfolgqualifizierung", in: Festschrift für Hans Welzel zum 70. Geburtstag, Berlin: Walter de Gruyter, 1974.

Gössel, Karl-Heinz, "Dogmatische Überlegungen zur Teilnahme am erfolgsqualifizierten Delikt nach §18 StGB", in: Festschrift für Richard Lange zum 70. Geburtstag, Berlin: Walter de Gruyter, 1976.

Hirsch, Hans Joachim, "Zur Problematik des erfolgqualifizierten Delikt", *GA* 1972.

__________________, "Der 'unmittelbare' Zusammenhang zwischen Grunddelikt und schwerer Folge beim erfolgqualifizierten Delikt", in: Festschrift für Dietrich Oehler zum 70. Geburtstag, Köln/Berlin/Bonn/München, 1985, S.111ff.

Kristian, Kühl, "Erfolgsqualifizierte Delikte in der Rechtsprechung des Bundesgerichtshofs, in: Claus-Wilhelm Canaris u.a. (Hrsg.)", 50Jahre Bundesgerichtshof, Bd. IV, 2000.

Küpper, Georg, Der "unmittelbare" Zusammenhang zwichen Grunddelikt und schwerer Folge beim erfolgqualizierten Delikt, Berlin: Duncker & Humblot, 1982.

Lorenzen, Claus, Zur Rechtsnatur und verfassungsrechtlichen Problematik der erfolgsqualifizierten Delikte, Berlin: Duncker & Humblot, 1981.

Rudolphi, Hans-Joachim, "Anmerkung zu BGH JR 1976, 73 (=BGHSt, 26, 175)", JR 1976.

Schubarth, Martin, "Das Probleme der erfolgsqualifizierten Delikte",

ZStW 85 1973.

Ulsenheimer, Klaus, "Zur Problematik des Versuchs erfolgs-
qualifizierter Delikte", GA 1966.

__________________, "Zur Problematik des Rücktritts vom Versuch
erfolgsqualifizierter Delikte", in: Festschrift für Paul
Bockelmann zum 70. Geburgstag, München: C. H. Beck.
1979.

Zieschang, Frank, "Mittäterschaft bei bloßer Mitwirkung im
vorbereitungsstadium?" in: *ZStW* 107, 1995.

· 저자 ·

임석원
林錫源

·약 력·

동국대학교 법과대학 법학과 법학사
동국대학교 대학원 법학과 법학석사(형사법 전공)
성균관대학교 대학원 법학과 법학박사(형사법 전공)

한국형사법학회 정회원
한국비교형사법학회 정회원
한국형사정책학회 정회원
한국공안행정학회 정회원
동국대학교 법과대학 법학과 조교
성균관대학교 법과대학 법학과 조교
동국대학교 법과대학 법학과 강사
한국항공대학교 사회교육원 법학과 강사
성균관대학교 비교법연구소 선임연구원

현재   성균관대학교 비교법연구소 선임연구원
       한국항공대학교 항공우주법학과 강사

·주요논문·

「결과적 가중범의 미수에 관한 연구」(박사학위논문)
「사회치료 처우에 관한 연구」(석사학위논문)
「결과적 가중범의 미수 -그 인정 여부와 유형을 중심으로-」(공저)
「결과적 가중범의 미수」
「결과적 가중범의 제문제 -미수와 공범을 중심으로-」
「컴퓨터범죄 처벌법규의 재검토 -한국과 미국의 입법을 중심으로-」
「결합범의 본질과 부진정 결과적 가중범」
「법정적 부합설의 재검토 -병발사례를 중심으로-」
「결합범과 공동정범 -양적초과를 중심으로-」
「기업의 생명침해에 대한 형법적 대응」

결과적 가중범의 쟁점

· 초판 인쇄	2007년 5월 15일
· 초판 발행	2007년 5월 15일
· 지 은 이	임석원
· 펴 낸 이	채종준
· 펴 낸 곳	한국학술정보㈜
	경기도 파주시 교하읍 문발리 526-2
	파주출판문화정보산업단지
	전화 031) 908-3181(대표) · 팩스 031) 908-3189
	홈페이지 http://www.kstudy.com
	e-mail(출판사업부) publish@kstudy.com
· 등 록	제일산-115호(2000. 6. 19)
· 가 격	20,000원

ISBN   978-89-534-6485-8 93360 (Paper Book)
         978-89-534-6486-5 98360 (e-Book)